U0486178

极简古代埃及史

［印度］
谢琳·瑞特纳加
—— 著 ——

朱海忠
—— 译 ——

世界图书出版公司
北京·广州·上海·西安

图书在版编目（CIP）数据

极简古代埃及史 /（印）谢琳·瑞特纳加著；朱海忠译. —北京：世界图书出版有限公司北京分公司，2021.6
ISBN 978-7-5192-7905-9

Ⅰ.①极… Ⅱ.①谢…②朱… Ⅲ.①埃及－古代史 Ⅳ.①K411.2

中国版本图书馆 CIP 数据核字（2020）第 185413 号

The History of Ancient Egypt by Shereen Ratnagar
Originally published in English under the title The History of Ancient Egypt © Worth Press Ltd, Bath, England, 2017.
Simplified Chinese edition copyright：
2021 Beijing World Publishing Corporation, Ltd.
All rights reserved.

书　　名	极简古代埃及史 JIJIAN GUDAI AIJISHI
著　　者	［印度］谢琳·瑞特纳加
译　　者	朱海忠
责任编辑	陈俞蒨
封面设计	棱角视觉
出版发行	世界图书出版有限公司北京分公司
地　　址	北京市东城区朝内大街 137 号
邮　　编	100010
电　　话	010-64038355（发行）　64033507（总编室）
网　　址	http://www.wpcbj.com.cn
邮　　箱	wpcbjst@vip.163.com
销　　售	新华书店
印　　刷	北京雅昌艺术印刷有限公司
开　　本	710mm×1000mm　1/16
印　　张	15.5
字　　数	348 千字
版　　次	2021 年 6 月第 1 版
印　　次	2021 年 6 月第 1 次印刷
版权登记	01-2019-2283
国际书号	ISBN 978-7-5192-7905-9
定　　价	98.00 元

版权所有　翻印必究

（如发现印装质量问题，请与本公司联系调换）

目 录

埃及学概览 2

古代埃及时间表 17

古埃及研究机构 239

参考书目 240

词汇表 242

王朝与国王年表	10	第六王朝时期的两部自传	156
古王国	14	陵墓墙壁上的铭文	160
新王国	15	铁器时代的埃及	162
埃及文明	16	社会中的妇女	164
尼罗河的赠礼	22	西亚的贸易与外交	174
法老	34	东方的视界	184
对王国的管理	42	法老时代的城镇	188
马与战车	52	亚历山大里亚	200
村落生活	56	罗马对埃及的行政管理	202
宗教：创世神话、信仰和习俗	68	埃及的基督教	204
古代的神灵	80	早期的埃及学年表	210
宗教：祭司与神庙	82	罗塞达石碑	212
宗教：来世生活	98	早期的埃及学家	214
代尔·埃尔-麦迪那的工匠居民点	110	博物馆	218
新宗教	114	知识遗产	220
图坦哈蒙的陵墓	116	文化延续	224
雕塑与绘画	126	拯救与修复	228
埃及珠宝	134	埃及学现状	236
文字、文学与书吏	142		

人狮合一的法老塔哈尔卡
（前690—前664年）

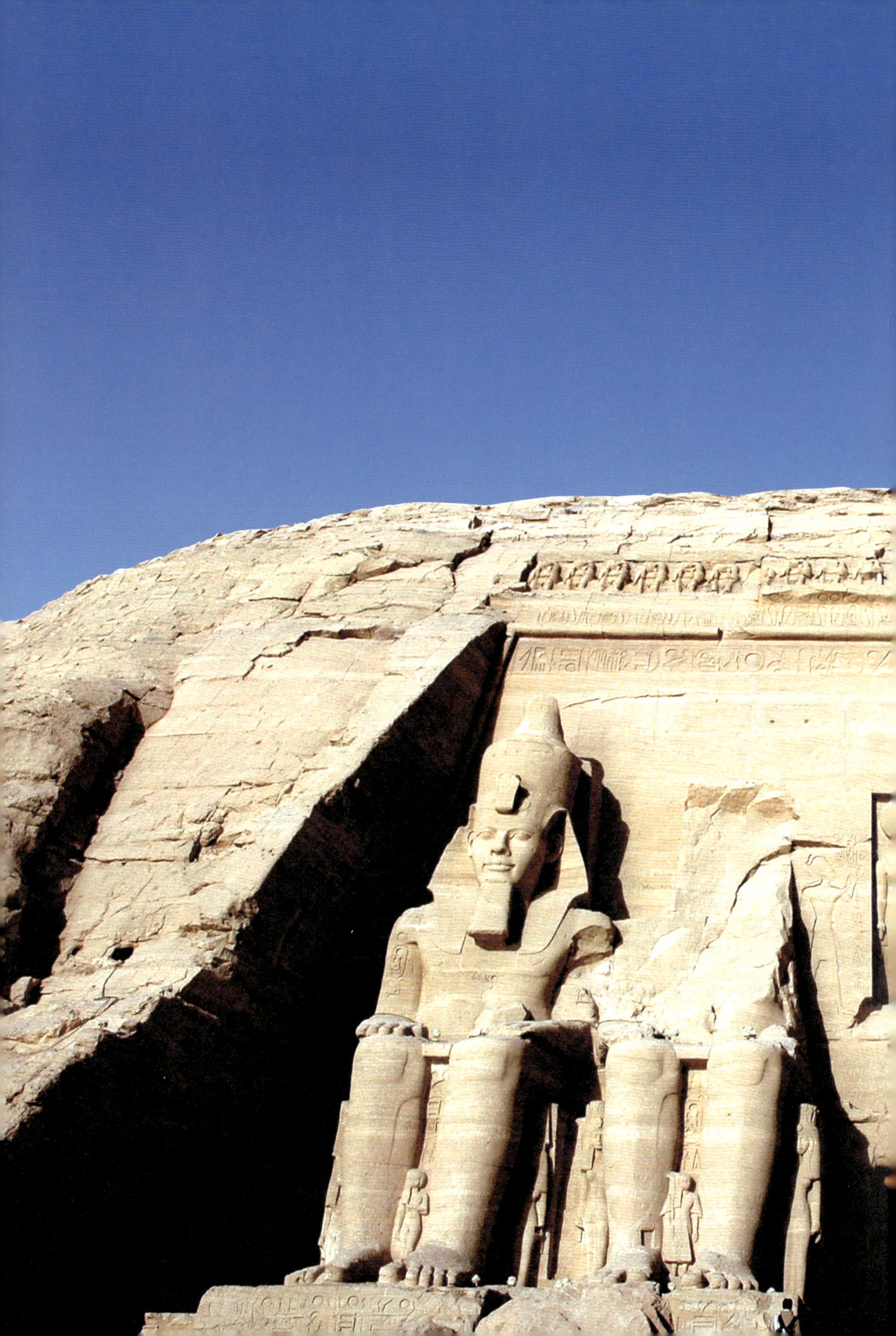

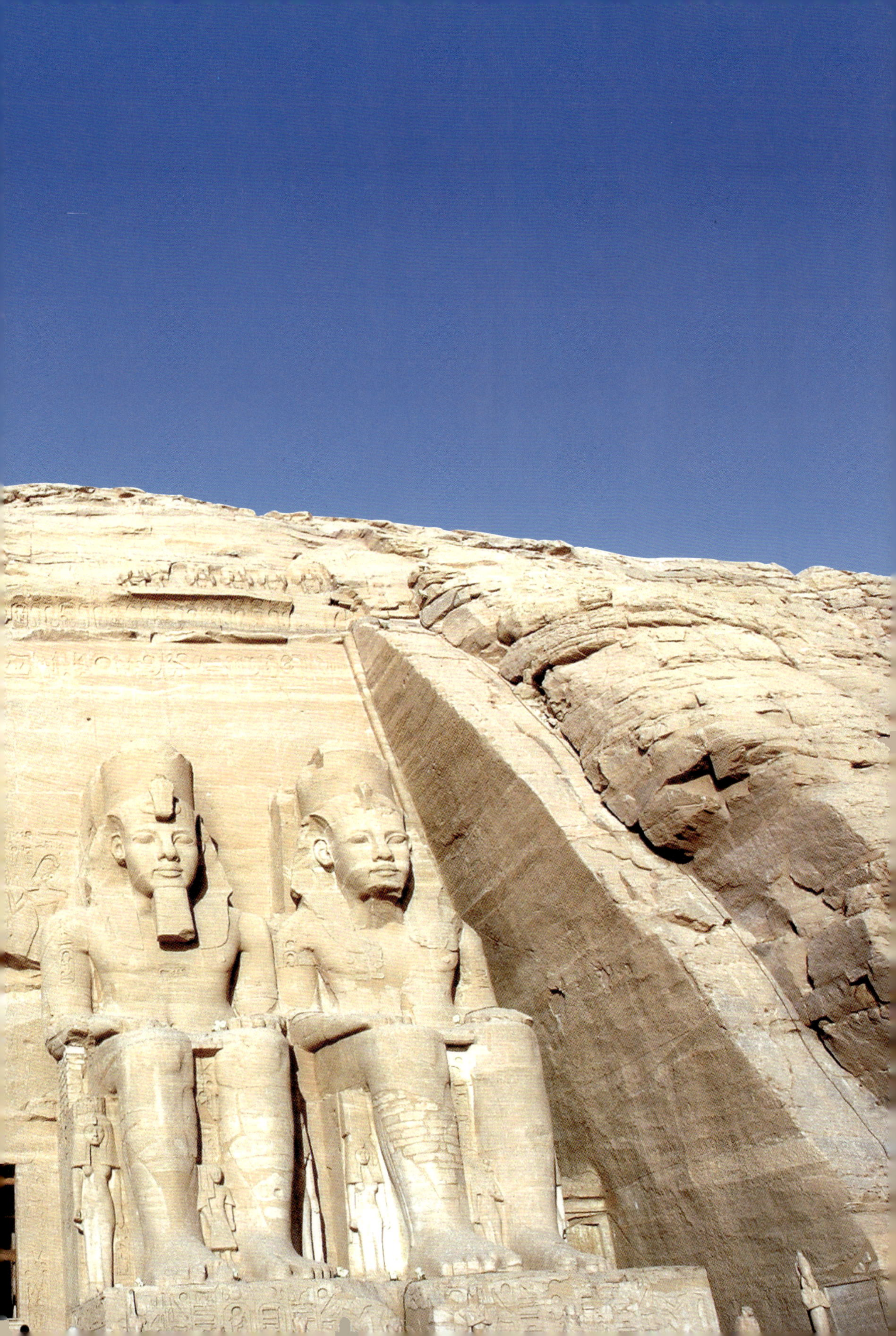

埃及学概览

王朝时期

第四王朝法老齐福林

史前时期（前3050年以前）
- 大部分时间属于石器时代。
- 使文明得以兴盛的农业和畜牧业初具雏形，驴已被驯养并投入使用。
- 人们开始制作亚麻布，使用眼部化妆品。
- 开始出现丰富的随葬品。
- 人们住在用芦苇和泥巴建造的房子里。
- 这一时期末，制陶业发达。
- 公元前3400年之后，铜器制造技术开始发展起来。
- 这一时期后期出现了象形文字。

古风或早王朝时期（前3050—前2663年）
- 埃及人与黎巴嫩居民进行贸易，以换取当地的优质杉木。
- 贵族用晒干的泥砖建造坟墓。
- 纸莎草随处可见。
- 尼罗河上的航船有船舱和船桨。
- 上下埃及得以统一，由一个国王进行统治。
- 国家机构初步成形。

古王国时期（第三至六王朝，前2663—前2195年）
- 建造金字塔的年代。
- 在金字塔体系中，埃及人开始将已故国王与太阳神拉结合在一起加以崇拜。
- 神庙多数与太阳神联系在一起并附属于金字塔。
- 孟菲斯成为重要中心，但早期的国家并不以城市为中心。
- 政府机构必定高度发达，由此才能组织大量劳工建造金字塔。
- 除了金字塔用石头建造之外，大部分建筑都以晒干的泥砖建成。
- 吉萨的大斯芬克斯。
- 对努比亚发动军事远征。
- 开始在东部沙漠地带采掘金矿。
- 埃及人掌握了独特的蓝-绿彩瓷技术。
- 传记成为一种重要的文学体裁。
- 象形文字的拼写体得以确立。
- 金字塔墓室的墙壁上刻着"金字塔铭文"（为死者准备的魔咒和符文）。
- 僧侣体（草体）文字开始被使用。

两只鹤（鹤是托特神的化身）

埃及帝国时代：埃及在巴勒斯坦和叙利亚拥有众多领土（在各城镇都驻扎着守卫部队）。这一时代大约始于公元前1480年第十八王朝法老图特摩斯二世的军事胜利，结束于公元前1180年第二十王朝法老拉美西斯三世撤走埃及在迦南的驻军。

阿玛尔那时期：埃及在政治、宗教和艺术等诸多方面都发生了激进的革新。这一时期开始于阿蒙诺菲斯三世（约前1388—前1348年）统治的末期，但宗教变革在埃赫那吞（前1360—前1343年）之后未能持续，到图坦哈蒙（前1343—前1333年）统治时期，艺术创新终结。从泰尔·埃尔-阿玛尔那（埃赫那吞新建的都城）出土的王室通信档案来看，这段时期也是一个国际外交的时代。

拉美西斯时期：从第十九王朝（始于前1298年）一直延续到第二十王朝法老拉美西斯五世统治结束（前1140年）。此后一直到公元前1064年，尽管也有国王叫拉美西斯（从拉美西斯六世到拉美西斯十一世），但他们的政绩平平，使得埃及在整个地中海世界的声誉远不如前。

努比亚人统治时期：第二十五王朝（前752—前656年）。公元前1100年之后，随着埃及的衰落，努比亚王国逐渐繁盛，权力日增，在公元前752年吞并了上埃及。尼罗河三角洲地区的贵族也屈从于努比亚的霸权。有些努比亚（库什）国王的雕塑非常精致。他们最终被亚述人击败。

舍易斯时期：第二十六王朝（前664—前525年）。权力中心位于三角洲地区的舍易斯。在这段时期里，越来越多的移民（叙利亚人、希腊人、犹太人等）涌入埃及，与此同时，埃及统治者热衷于复古，第二十六王朝统治时期由此被称为埃及历史上的文艺复兴时期。埃及人喜欢用打磨出光泽的深色硬石材料为统治者制作雕像。在这段时期的雕塑作品中，统治者的形象通常是理想化的，而不是像此后那样呈现出衰老与憔悴的神态。

青铜时代：青铜被制作成工具和武器，金属加工开始专业化。这一时代与法老时代并行。

铁器时代：埃及很可能在公元前6世纪进入铁器时代，相对较晚。铁的冶炼更加便宜，在地壳中也更为丰富（尽管在埃及并非如此）。在很多国家，铁器技术取代了铜器和青铜技术。

后法老时期：埃及失去了独立的地位。波斯帝国首先将埃及设置为帝国的一个行省并持续到亚历山大入侵，亚历山大里亚取代了孟菲斯成为新的都城。其后是托勒密时代，希腊语取代了埃及语的优先地位。随着罗马人的统治，经济系统也发生了变动，税收从此以现金或实物形式支付。拜占庭的统治者们延续了外族对埃及的压迫。从公元640年开始，埃及成为阿拉伯世界的一部分。

以黄金制成的荷鲁斯神崇拜雕像的头部

埃及学概览

第一中间期（前 2195—前 2160 年）
- 国家的政治控制衰退。
- 大部分墓地都很小。
- 浮雕作品的质量下降，不如以前精美。
- 许多人在纪念碑上刻上经文，以确保来世的生活幸福。

中王国时期（第十一和第十二王朝，前 2160—前 1650 年）
- 埃尔·拉呼恩（卡呼恩）和底比斯的地位上升。
- 政治集权与行政整合时期。
- 为获取原材料，埃及向周边地区派出各类使团。
- 围绕努比亚及其资源形成了既得利益。
- "托德宝藏"：毕布罗斯统治者送给法老的贵重金属和珠宝贡品。这些财宝涉及的地区远及阿富汗。
- 孟图霍特普二世（尼布赫帕特拉）在代尔·埃尔-巴赫里建造了陵庙综合体。
- 法老们在其神庙建造了巨大的雕像。
- 开发法雍洼地。
- 底比斯的阿蒙神与拉神融合。
- 与奥赛里斯神话联系在一起的阿拜多斯成为朝圣中心。
- 世俗文学的黄金时代。
- 墓葬中出现"巫沙布提"小雕像（人形陶俑）。

第二中间期（前 1650—前 1550 年）
- 喜克索斯人入侵并征服埃及，统治中心在三角洲的阿瓦利斯。
- 塞特神在阿瓦利斯受到崇拜。
- 亚细亚人不断涌入。
- 努比亚独立于埃及，努比亚王朝的势力不断增长。
- 战车被引入埃及。
- 圣甲虫开始流行。

新王国时期（前 1550—前 1064 年）
- 法老国家处于发展鼎盛期。

左上图：绘于图坦哈蒙陵墓中一个盒子上的战斗与狩猎场景画
左图：未完成的涅菲尔提的头像

- 卡尔纳克（底比斯）的阿蒙神成为国家之神。
- 宗教发生了短期变动。在此期间，太阳神阿吞成为唯一被正式认可的神灵。
- 安纳托利亚、叙利亚、巴比伦和埃及的国王们相互之间以阿卡德语通信，展开国际外交。
- 埃及法老与巴比伦、米坦尼的王室女子通婚。
- 图特摩斯二世开创了埃及在亚洲的军事征讨。
- 埃及女王哈特谢普苏特组织了红海贸易活动。
- 提伊与涅菲尔提提是两位重要的王后。
- 在"国王谷"的巴班·埃尔－莫鲁克进行大规模建设。
- 哈特谢普苏特在代尔·埃尔－巴赫里修建神庙。
- 拉美西斯二世在底比斯修建拉美塞姆（Ramesseum）神庙。
- 拉美西斯二世在阿布·辛拜尔修建多座宏伟的神庙。
- 亡灵书。
- 宏伟的雕塑与浮雕。
- 丰富的文学作品。
- 阿蒙神高级祭祀的重要地位与影响。

图坦哈蒙陵墓中发现的药膏瓶

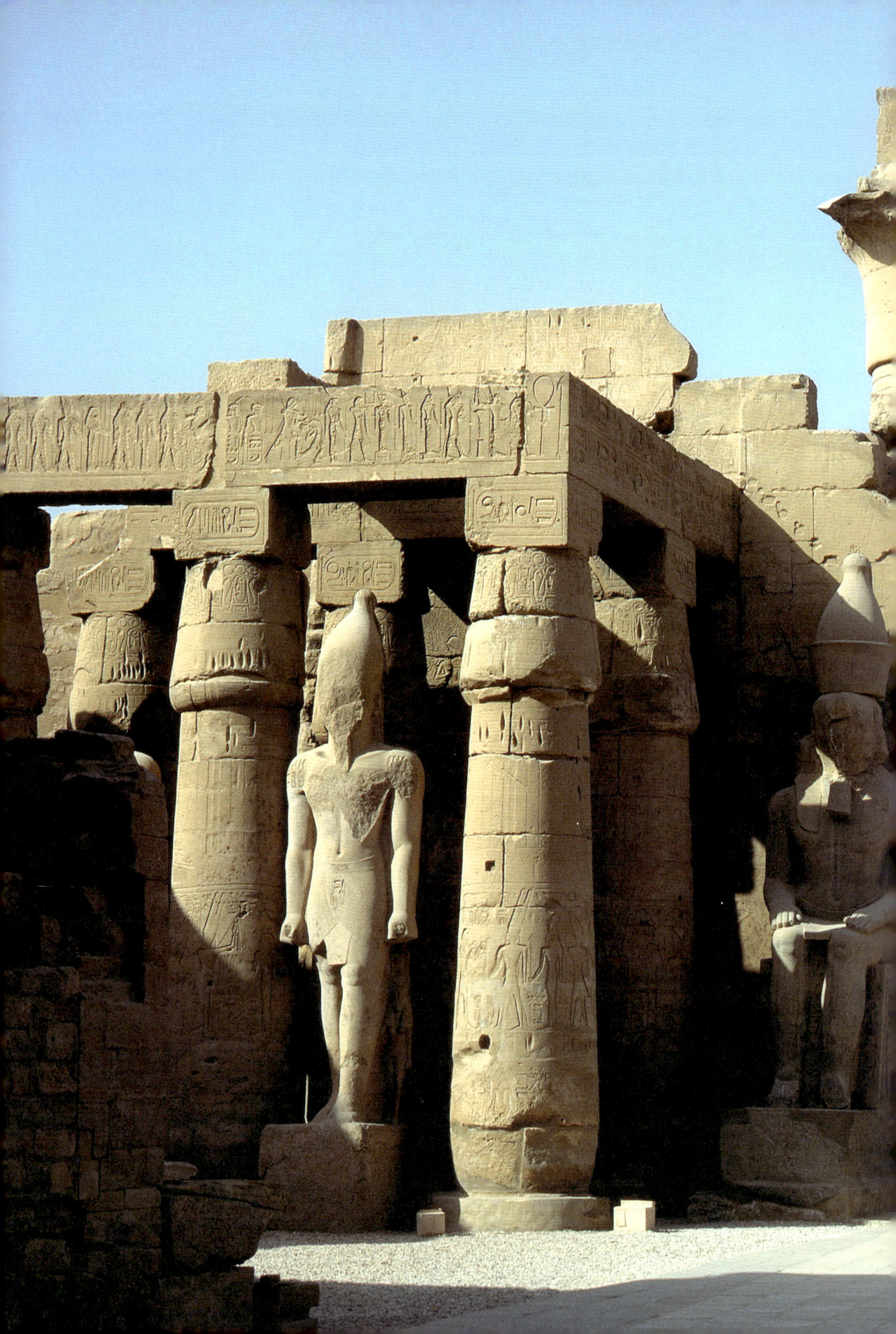

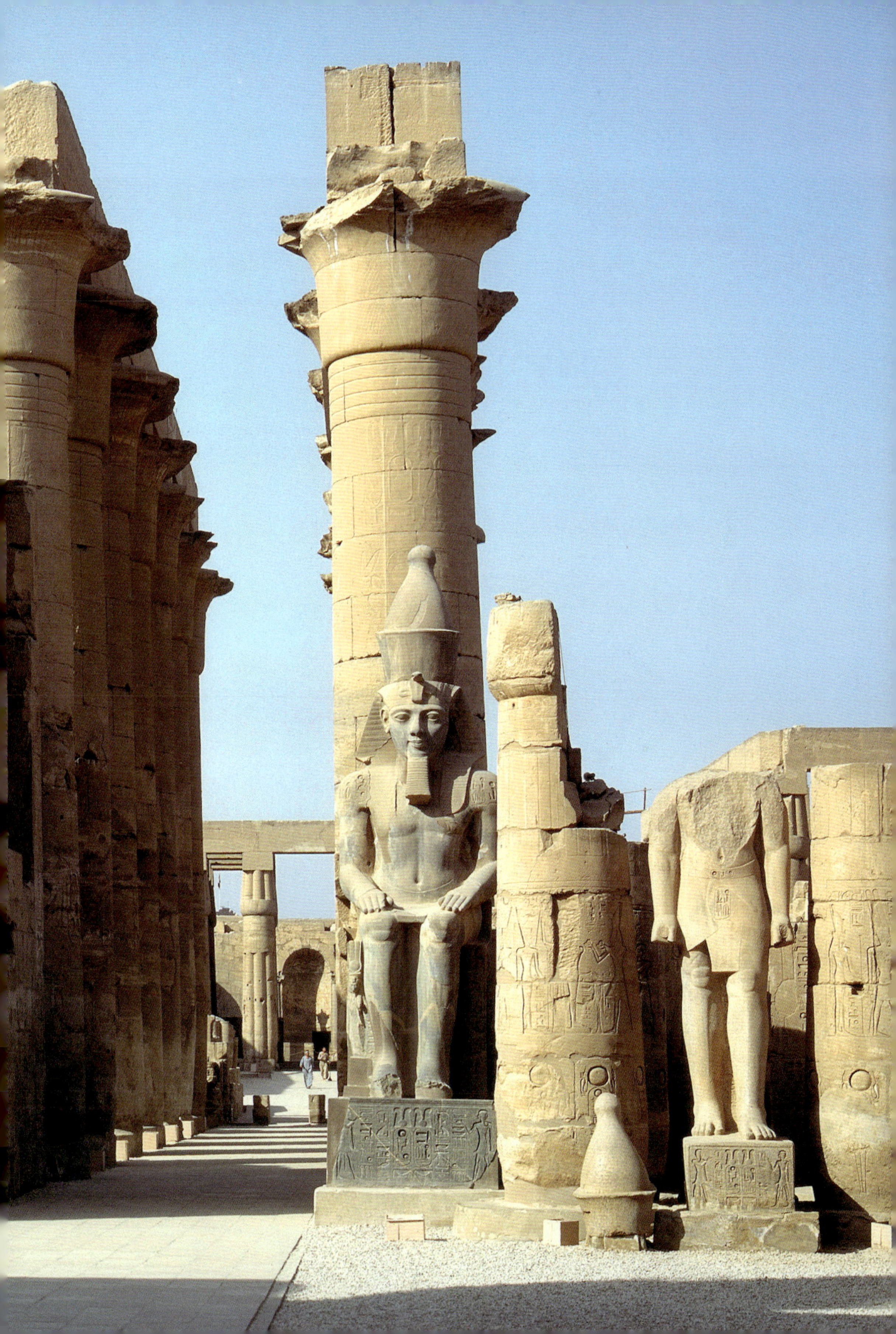

埃及学概览

上图：一副灵柩上的绘画细节（罗马时期）
右图：镀有金银的奥西里斯木制神像

第三中间期（前1064—前656年）
- 埃及有两个权力中心，分别在中埃及和三角洲。
- 对巴勒斯坦进行了几次突袭。
- 经历了一次努比亚王朝的统治。
- 卡尔纳克神庙区的布巴斯梯斯入口。
- 位于卢克索的皮努杰姆一世的巨像。
- 葬于底比斯墓区的统治者遗体被运走并藏匿，以防遭到破坏。
- 动物神祇开始流行。
- 世俗体文字开始使用。
- 大量铸造青铜器，雕塑作品中渗入了新的风格元素。
- "卡腾涅齐"（以多层纸莎草和亚麻混以石膏灰泥制作而成）被用以安放木乃伊下葬。

舍易斯时期（前664—前525年）
- 亚述征服埃及。
- 希腊雇佣军为法老而战。
- 阿黑门尼德波斯征服埃及。
- 孟菲斯的阿普里斯宫殿。
- 三角洲的王室墓葬与神庙。
- 犹太人从巴比伦国王尼布甲尼撒统治地区逃往埃及寻求避难。
- 埃及人大量冶炼铁。

波斯人和马其顿人统治时期（前525—前332年）
- 希罗多德游历埃及。
- 埃及成为波斯帝国的一个行省。
- 一个犹太人定居点在埃利芬廷附近发展起来。
- 开始兴建菲莱。
- 希腊人、波斯人、犹太人大量涌入，阿拉米语开始被使用。
- 希腊文献记录在纸莎草上。
- 货币在埃及铸造。
- 玻璃技艺达到顶峰。

亚历山大大帝的入侵（前332年）
- 亚历山大咨询阿蒙神谕。
- 建造新都亚历山大里亚。

托勒密时期（前310—前30年）
- 希腊化王朝统治的三百年间，除了克利奥帕特拉七世之外，其他国王都不说埃及语。
- 托勒密统治者在亚历山大里亚鼓励学术活动。
- 托勒密五世的一份诏令以象形文字、世俗体文字和希腊文三种文字刻在罗塞达石碑上。
- 战争中使用大象。
- 向印度派遣使节。
- 灌溉技术得到发展。
- 曼涅托用希腊文写成一部法老的埃及史著作。
- 亚历山大港的灯塔。
- 菲莱的伊西丝神庙。
- 开始在东方开采翡翠。

罗马时期（前30—395年）
- 罗马大部分的谷物和所有的纸莎草都由埃及供应。
- 基督教传至埃及。
- 科普特文献。
- 早期罗马帝国时期流行对伊西丝神的崇拜。
- 基督徒在公元4世纪之前一直遭受迫害。
- 4世纪后期罗马皇帝禁止异教徒的宗教。
- 象形文字铭文已近尾声。
- 孟菲斯的萨拉皮姆。
- 阶级分层变得明显。
- 许多农民陷入贫困。

拜占庭时期（395—640年）
- 在埃及建造了许多壮观的教堂。
- 随着旧宗教的禁止，埃及开始基督教化。
- 科普特基督徒反对君士坦丁堡基督徒的神学观点。
- 基督教修道院遍布埃及。
- 乡村的贫困状况恶化。
- 装订的抄本取代了纸莎草纸卷。

阿拉伯人统治时期（始于640年）
- 科普特语很快不再作为口语使用。
- 阿拉伯人的统治以埃尔-福斯塔特（现代的开罗）作为新都。伊斯兰教逐步取代科普特基督教成为大多数人信仰的宗教。

王朝与国王年表

■ 古风时期

第一王朝（前3050—前2813年）
纳尔迈（美尼斯？）
阿哈（美尼斯？）
哲尔
杰特
登
阿涅德吉布
塞麦尔凯特
卡阿

第二王朝（前2813—前2663年）
霍特普塞海姆威
奈布尔
尼涅特捷尔
温尼格
塞尼德
塞海米布／帕里布森
涅菲尔卡拉
涅菲尔卡索卡尔
哈塞海姆／哈塞海姆威

哈塞海姆

■ 古王国时期（前2663—前2195年）

第三王朝
萨那克特：前2663—前2654年
乔塞尔：前2654—前2635年
塞凯姆凯特：前2635—前2629年
卡巴：前2629—前2623年
内布卡瑞：前2623—前2621年
胡尼：前2621—前2597年

第四王朝
斯尼弗鲁：前2597—前2547年
齐奥普斯（胡夫）：前2547—前2524年
杰德夫拉：前2524—前2516年
齐福林（哈夫拉）：前2516—前2493年
米凯里努斯（孟卡拉）：前2493—前2475年
谢普塞斯卡弗：前2475—前2471年

米凯里努斯夫妇

第五王朝
乌塞尔卡夫：前2471—前2464年
萨胡拉：前2464—前2452年
尼弗利尔卡拉：前2452—前2442年
谢普塞斯卡拉：前2442—前2435年
尼弗尔勒弗拉：前2435—前2432年
纽塞拉：前2432—前2421年
门考霍尔：前2421—前2413年
伊塞西（杰德卡拉）：前2413—前2385年
乌那斯：前2385—前2355年

第六王朝
特提：前2355—前2343年
佩皮一世：前2343—前2297年
奈姆蒂姆萨夫一世（麦然拉）：前2297—前2290年
佩皮二世：前2290—前2196年
奈姆蒂姆萨夫二世：前2196—前2195年

■ 第一中间期

第七、八王朝（前2195—前2160年）
尼杰尔卡拉
尼托克利斯
奈弗尔卡拉
奈比
谢美
汉都
麦然浩
尼卡拉
泰莱鲁
奈弗尔卡浩
佩皮松比
奈弗尔卡民
艾比
瓦加拉
库威海皮
奈弗利尔卡拉

阿蒙尼美斯三世

第九、十王朝（前2160—前2040年）
阿赫托伊一世／安克提斐
奈弗尔卡拉
阿赫托伊二世／瓦卡拉
塞讷嫩
阿赫托伊三世
阿赫托伊四世
美里哈托尔
阿赫托伊五世
美利卡拉

第十一王朝（1）
孟图霍特普一世：前2160—前？年
伊利奥特弗一世：前？—前2123年
伊利奥特弗二世：前2123—前2074年
伊利奥特弗三世：前2074—前2066年

■ 中王国时期

第十一王朝（2）

孟图霍特普二世（尼布赫帕特拉）：前2066—前2014年

孟图霍特普三世（珊克卡拉）：前2014—前2001年

孟图霍特普四世：前2001—前1994年

孟图霍特普二世

第十二王朝

阿蒙尼美斯一世：前1994—前1964年

塞索斯特里斯一世：前1974—前1929年

阿蒙尼美斯二世：前1932—前1896年

塞索斯特里斯二世：前1900—前1880年

塞索斯特里斯三世：前1881—前1840年

阿蒙尼美斯三世：前1842—前1794年

阿蒙尼美斯四世：前1798—前1785年

索布克尼弗鲁：前1785—前1781年

第十三王朝（前1781—前1650年）

韦噶夫

阿蒙涅姆黑特松贝夫

塞海姆瑞－胡托威

阿蒙尼美斯五世

阿蒙尼－凯茅

阿蒙尼－伊利奥特弗－阿蒙尼美斯六世

索布考特普五世

奈布努尼

霍尔内杰尔约太夫－萨－凯茅

斯瓦杰卡拉

内杰米布拉

索贝克霍特普一世

伦塞尼布

霍尔

凯－阿蒙尼美斯七世

索贝克霍特普二世

肯杰尔

伊米罗麦沙

伊利奥特弗四世

索贝克霍特普三世

尼斐尔霍特普一世

西哈索尔

索贝克霍特普四世

索贝克霍特普五世

莱布

阿伊一世

索贝克霍特普六世

尼斐尔霍特普二世

索贝克霍特普七世

狄杜摩斯

塞内布谬

■ 第二中间期

（第十四王朝由一些支离破碎的小王国构成，它们之间互不关联，且常常相互竞争。第十六王朝是同期第十五王朝的附庸）

第十五王朝（喜克索斯）：前1650—前1535年

舍西

雅考布赫尔

希安

延沙斯

阿波斐斯：前1585—前1545年

卡姆底：前1545—前1535年

第十七王朝（底比斯）：前1650—前1550年

拉霍特普

杰胡提

孟图霍特普七世

奈比瑞奥一世

奈比瑞奥二世

修塞伦瑞

索贝凯姆塞夫一世

伊利奥特弗五世

伊利奥特弗六世

伊利奥特弗七世

索贝凯姆塞夫二世

塔阿一世（塞奈克坦瑞）

塔阿二世（塞肯内瑞）：前1558—前1554年

卡莫斯：前1554—前1550年

■ 新王国时期

第十八王朝

阿摩西斯（阿赫摩斯）：前1550—前1524年

阿蒙诺斐斯一世：前1524—前1503年

图特摩斯一世：前1503—前1491年

图特摩斯二世：前1491—前1479年

图特摩斯三世：前1479—前1424年

（哈特谢普苏特：前1472—前1457年）

阿蒙诺斐斯二世：前1424—前1398年

图特摩斯四世：前1398—前1388年

阿蒙诺斐斯三世：前1388—前1348年

阿蒙诺斐斯四世／埃赫那吞：前1360—前1343年

II

王朝与国王年表

拉美西斯二世

斯门卡拉/尼斐尔尼弗鲁阿吞：前1346—前1343年
图坦哈吞/图坦哈蒙：前1343—前1333年
阿伊（二世）：前1333—前1328年
霍列姆海布：前1328—前1298年

第十九王朝
拉美西斯一世：前1298—前1296年
塞托斯一世：前1296—前1279年
拉美西斯二世：前1279—前1212年
美楞普塔：前1212—前1201年
塞托斯二世：前1201—前1195年
（阿蒙美斯：前1200—前1196年）
西普塔：前1195—前1189年
塔瓦斯拉特：前1189—前1187年

第二十王朝
塞特拉克特：前1187—前1185年
拉美西斯三世：前1185—前1153年
拉美西斯四世：前1153—前1146年
拉美西斯五世（阿蒙赫考普谢夫一世）：前1146—前1141年
拉美西斯六世（阿蒙赫考普谢夫二世）：前1141—前1133年
拉美西斯七世（伊塔蒙）：前1133—前1125年
拉美西斯八世（塞特赫考普谢夫）：前1125—前1123年
拉美西斯九世（卡姆瓦塞特一世）：前1123—前1104年
拉美西斯十世（阿蒙赫考普谢夫三世）：前1104—前1094年
拉美西斯十一世（卡姆瓦塞特二世）：前1094—前1064年

■ 第三中间期

第二十一王朝
斯门德斯：前1064—前1038年
阿蒙涅姆尼苏：前1038—前1034年

普撒塞尼斯一世

（皮努杰姆一世：前1049—前1026年）
普撒塞尼斯一世：前1034—前981年
阿蒙尼摩佩特：前984—前974年
奥韶考：前974—前968年
西阿蒙：前968—前948年
（普撒塞尼斯二世：前945—前940年）

第二十二王朝
舍尚克一世：前948—前927年
奥索尔康一世：前927—前892年
（舍尚克二世：前895年）
塔凯罗特一世：前892—前877年
奥索尔康二世：前877—前838年
舍尚克三世：前838—前798年
舍尚克四世：前798—前786年
皮迈：前786—前780年
舍尚克五世：前780—前743年

"底比斯第二十三王朝"
哈希埃斯：前867—前857年
塔凯罗特二世：前841—前815年
帕杜巴斯特一世：前830—前799年
（尤普特一世：前815—前813年）
奥索尔康三世：前799—前769年
塔凯罗特三世：前774—前759年
鲁达蒙：前759—前739年
伊尼：前739—前734年
佩夫特加瓦威巴斯特：前734—前724年

塔哈尔卡

第二十三王朝（塔尼斯）
帕杜巴斯特二世：前743—前733年
奥索尔康四世：前733—前715年

第二十四王朝（舍易斯）
特夫那赫特：前731—前723年
波克霍利斯：前723—前717年

第二十五王朝
皮耶：前752—前717年
沙巴卡：前717—前703年
沙巴塔卡：前703—前690年
塔哈尔卡：前690—前664年
塔努塔蒙：前664—前656年

■ 舍易斯时期

第二十六王朝

冈比西斯

普萨姆提克一世：前664—前610年

尼科二世：前610—前595年
普萨姆提克二世：前595—前589年
阿普里斯：前589—前570年
阿玛西斯：前570—前526年
普萨姆提克三世：前526—前525年

■ 后期

第二十七王朝（波斯王朝）
冈比西斯：前525—前522年
大流斯一世：前521—前486年
薛西斯一世：前486—前465年
阿塔薛西斯一世：前465—前424年
薛西斯二世：前424年
大流斯二世：前423—前405年

第二十八王朝
阿密尔塔奥斯：前404—前399年

第二十九王朝
尼斐利提斯一世：前399—前393年
普萨姆斯：前393年
阿考利斯：前393—前380年
尼斐利提斯二世：前380年

第三十王朝
尼克塔尼博一世：前380—前362年
提奥斯：前362—前360年
尼克塔尼博二世：前360—前342年

第三十一王朝（波斯王朝）
阿塔薛西斯三世奥克豪斯：前342—前338年
阿尔塞斯：前338—前336年
大流斯三世：前335—前332年

■ 希腊化时期

马其顿王朝
亚历山大三世：前332—前323年
菲利坡·阿利戴奥斯：前323—前317年

亚历山大三世

亚历山大四世：前317—前310年

托勒密王朝
托勒密一世索塔尔：前310—前282年
托勒密二世菲拉德尔弗斯：前285—前246年
托勒密三世尤尔盖提斯一世：前246—前222年
托勒密四世菲洛帕托尔：前222—前205年
托勒密五世埃庇法尼斯：前205—前180年
托勒密六世菲洛米特：前180—前164年
托勒密八世尤尔盖提斯二世：前170—前163年
托勒密六世（第二次执政）：前163—前145年
托勒密七世尼奥·菲洛帕托尔：前145年
托勒密八世（第二次执政）：前145—前116年
托勒密九世索塔尔二世：前116—前110年
托勒密十世亚历山大一世：前110—前109年
托勒密九世（第二次执政）：前109—前107年
托勒密十世（第二次执政）：前107—前88年
托勒密九世（第三次执政）：前88—前80年
（托勒密十一世：前80年）
托勒密十二世尼奥·狄奥索斯：前80—前58年
托勒密十二世（第二次执政）：前55—前51年
克利奥巴特拉七世菲洛帕托儿：前51—前30年
托勒密十三世：前51—前47年
（托勒密十四世：前47—前44年）
（托勒密十五世恺撒洛斯：前41—前30年）

■ 罗马时期（前30—395年）

■ 拜占庭时期（395—640年）

■ 阿拉伯时期（640—1517年）

■ 奥斯曼时期（1517—1805年）

■ 总督时期（1805—1914年）

■ 英国的保护国（1914—1922年）

■ 君主国（1922—1953年）

■ 共和国（1953— ）

古王国

古王国（约前 2686—前 2181 年）

第一个伟大的法老时代；第三至第六王朝的统治中心在下埃及（萨卡拉、吉萨）；建造金字塔是最主要的国家工程。

图例：
- ▲ Pyramid
- Royal Tomb
- Major Provincial Tomb
- Court Cemetery
- ● Important Place

0 — 50 miles

新王国

新王国（约前1550—前1069年）

繁荣、扩张的年代；第十八至第二十王朝的统治中心在底比斯；"帝王谷"成为王室成员的墓区。

- ▲ Temple
- ⌂ Royal Tomb
- ▭ Major Provincial Tomb
- ▢ Court Cemetery
- ⌂ Fortification
- ● Important Place

埃及文明

古代埃及人始终令世人为之着迷，即使其文明衰亡之后亦是如此。罗马皇帝尽管不了解埃及属民的文化，但对埃及的"古老智慧"充满了敬畏，并曾将多个方尖碑运往罗马。参观伦敦海格特公墓的现代游客在对位于公墓东侧的卡尔·马克思表达了敬意之后，可能会对这座位于公墓西侧的19世纪的方尖碑、莲花柱和"埃及大道"感到惊奇，因为这些景观为维多利亚的墓葬增添了浮华。像西格蒙德·弗洛伊德（生于19世纪中叶，爱好收藏文物）这样的知识分子也会对古代埃及的某些文化着迷。

冥神奥西里斯，绘于第二十一至二十二王朝时期的一副棺椁之上。

埃及的伟大传统

在历史上，只有某些社会达到了我们称之为"文明"的文化阶段。这些社会形成了独特的"伟大传统"或高级文化符码（如文学表达、雕塑建模、房屋建造等），以及跨地区的经济组织和技术突破。这些文化元素在一个广阔的区域内由多个不同的群体共享。

随着金属（铜和青铜）冶炼技术的出现，许多大河流域见证了此类文明的崛起，其中包括美索不达米亚的幼发拉底河、非洲的尼罗河、南亚的印度河，以及中国的黄河。每个文明都有自己的特色，并为世界留下了独特的遗产。

萨卡拉北部墓穴中发现的彩色玻璃容器，公元前1430年。

古代埃及时间表

前11000—前5000年：在西部沙漠地区和上埃及的一些遗址（如塞比尔）中发现了许多石器时代的狩猎采集者所使用的工具，另一些工具可能埋在尼罗河的冲积层下。

前10000—前5000年：在西部沙漠的利比亚一些地区（乌韦纳特、吉勒夫·凯比尔）发现了岩石艺术，艺术内容展示了这一时期原始居民的狩猎与放牧情景。

前7000—前6000年：在西部沙漠中发现了旧石器时代晚期和新石器时代早期的食物生产遗址，如纳布塔等。人们猎取瞪羚和野兔。后期，农业和畜牧业中开始使用石制工具。

前7000—前5000年：西部沙漠地区和尼罗河河谷均出现了农耕和动物饲养文化，在河床和绿洲放牧动物。随着河谷的定居点及其人口的逐渐增多，一种独特的村落文化发展起来。

牧民领着牛渡河

上图：古埃及文明的坐标：位于吉萨的斯芬克斯（前2500年）。
左图：古埃及的另一典型图景：一副木棺内部的彩绘（约前950年）。

多变的个性

城邦最初出现于美索不达米亚,各邦曾彼此相互混战。然而,公元前3000年左右,埃及(阿斯旺以北的尼罗河河谷)在政治上就已经统一在一个国王的统治之下。由于幼发拉底河下游的各支流河道逐渐西移,美索不达米亚的许多村庄和城镇未受当代种植的影响而被挖掘,但在埃及,尼罗河狭窄的河谷已被耕种了数千年,仅存的先人活动遗址位于东、西部沙漠边缘地带。

沙漠地区干燥的土壤环境使尸体和文物的保存程度超越了其他大河流域,但我们对狭窄的冲积平原上的城镇知之甚少。到目前为止,在埃及没有发现能与印度河下游平原地区的摩亨佐·达罗相媲美的城市建筑。但是,在印度河流域的文化中,人们不提倡将上层精英葬于装饰华丽的墓穴里。在古代中国,商朝统治者的墓葬中包含大量的青铜器皿,而在埃及,铜主要用于制作工艺品,法老用以传续不朽的是金字塔、雕像、石柱和神庙。

今天,提起古代埃及,我们可能会想到木乃伊、金字塔(总共有近百座)、圣甲虫、由珠子串成的宽项圈,以及性感的涅菲尔提提或克利奥巴特拉。其实,埃及提供的东西远不止这些,还包括:

- 农民使用草与花环作为身体的装饰物。
- 用草纤维和绳子编织凉鞋。
- 埃及人很喜欢猫。如果宠物猫死了,家人会沉痛哀悼。
- 睡觉时,埃及人枕在高高的、弯曲的枕头上。
- 对于村子里的水井,埃及人不是将井水打上来,而是人下到水面。
- 非王室精英会在他们的墓墙上写下很长的自传,后来发展成为一种独特的文学体裁。

繁盛

缺粮很罕见。虽然有些浮雕描绘了人们正处于饥荒之中,但总体而言,埃及的农业生产效率高,而且对农民家庭及其牲畜的劳动力没有过多的要求。埃及人很可能比世界其他文明古国的人更多地使用黄金,他们比古希腊人或古印度人制作了更多的石雕。

然而,埃及的繁盛并不仅仅表现为高水平的艺术或技术产品,以及丰富的石雕,背后其实还包含了更深层的动因。首先,埃及人之所以注重雕塑,是因为他们认为雕塑是神或死者的永生灵魂的栖居之所。此外,大部分纪念建筑、浮雕、绘画和家具的建造和制作都由王室和神庙作坊集中组织,由此可以确保工匠和艺人能够获取合适的原材料、工具和测量仪器。政府还集中组织管理,为各作坊提供督导,指派祭司、王室成员或具有相似社会地位的人确立地方标准。

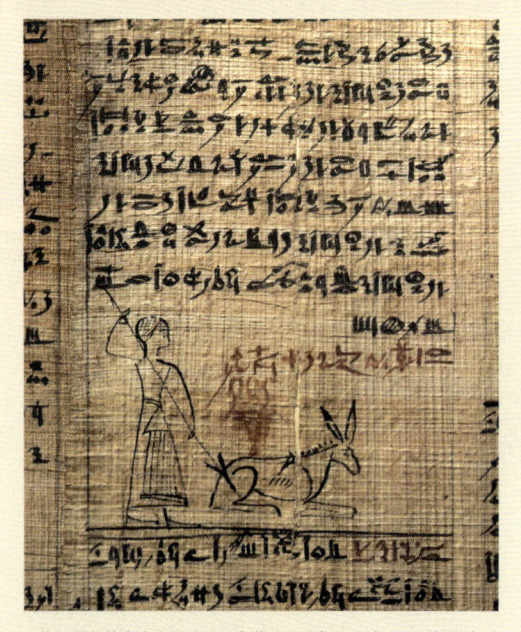

一份用僧侣体文字书写的用于丧葬的纸莎草(约前525—前343年)

前7000—前5000

便于接触

约公元前650年之后，来自希腊的雇佣兵、知识分子、商人、统治者遍布埃及，希腊人对于埃及文化的解释由此成为整个欧洲的范本。与美索不达米亚文明、印度文明或中国文明相比，欧洲人接触埃及文明更加方便。

享受生活

乍一看，古埃及人似乎沉迷于悲观与死亡。除了殡葬文献、祭庙、墓穴和木乃伊之外，他们几乎没有其他的考古记录。然而，在所有这些对死亡的忧虑表征之外，我们同样可以发现埃及人对生活与感官的享受。比如，常见的莲花符号实际上是色情的证据。公元前1300年左右的一块大石头上有一幅名画，描绘了一位舞者仅穿一条绣花腰布，向后弯腰。她的卷发如瀑布般垂至地面。

珍重的物产

在所有古代文明中，使用黄金最多的是古代埃及。黄金提取自东部沙漠干涸河床里的砂砾（用驴驮运至尼罗河冲洗）和岩脉。后来，埃及的黄金来自努比亚。如今，埃及所有产地的黄金均已告罄。黄金的耗竭可能是在公元前1000年之后，那时，埃及不再向国外出口和赠送黄金。东部沙漠还提供一些半珍贵宝石，如玛瑙、石榴石、绿长石等；泡碱（用于食品防腐，以及作为一种彩陶工业原料）、玻璃、金属来自从瓦底-纳特伦到三角洲西部的地区；闪长岩来自西部沙漠（和努比亚）；石膏来自法雍。有多种色调的石灰岩来自尼罗河东岸的图拉（河对面是吉萨）。半透明的雪花石膏来自东部沙漠的瓦底-哈玛玛特。

① 1英寸约为25.4毫米。——编者注

约前7000—前3000年：由于一段时期的较高降雨量（每年超过2英寸①），撒哈拉沙漠出现了生物的"再度繁盛"。如今的不毛之地当时生长着各种植物。尼罗河河滩成为犀牛、大象和河马的栖息地。

- 气候的变化使猎人和捕手能在沙漠中的绿洲定居并从事农业生产。有些定居者位于河滩中或河滩周围的高地上。

约前6000年：食物生产经济在西部沙漠中的河床中出现：种植的植物包括小麦、大麦、亚麻等，饲养的动物包括绵羊、山羊、牛、猪和鹅等。一些重要的遗址包括三角洲西部边缘的梅里姆达、法雍，以及上埃及的代尔·塔萨等。

约前5500年：阿拜多斯附近的埃尔-阿姆拉、巴达里、中埃及的赫马米埃等地出现了铜文化，同时还出现了农业的培植和动物的驯养、石制工具、螺旋状陶器（coiled pottery）、用以缝制衣服的动物皮毛、骨制工具、篮筐类编织品、投掷棒，以及权标等。

- 在中埃及的巴达里文化里出现了公共墓地，死者被葬在浅坟中。

约前5000年：一个持久的传统开始于：（1）使用燧石碎片做成的精细空心箭头，这些都将在此后数百年的定居点和墓穴中被发现；（2）使用河马牙和象牙做成的身体装饰品、梳子和缝针；（3）使用粉状孔雀石（一种绿色矿物，铜矿的一种）涂抹眼睛，预防眼睛感染，富人在研磨这种化妆品时使用一些独特的调色板。

约前5000—前4000年：梅里姆达很可能是沙漠游牧民定居于三角洲的第一个村落。在这里发现了建造房屋的木桩遗迹，同时还有柳条制品与泥浆，篮子里抹上泥层用以存放谷物。陶器的形状十分简单。

早期的埃及陶器，常用于丧葬，典型色彩是赭红色和金属黑。

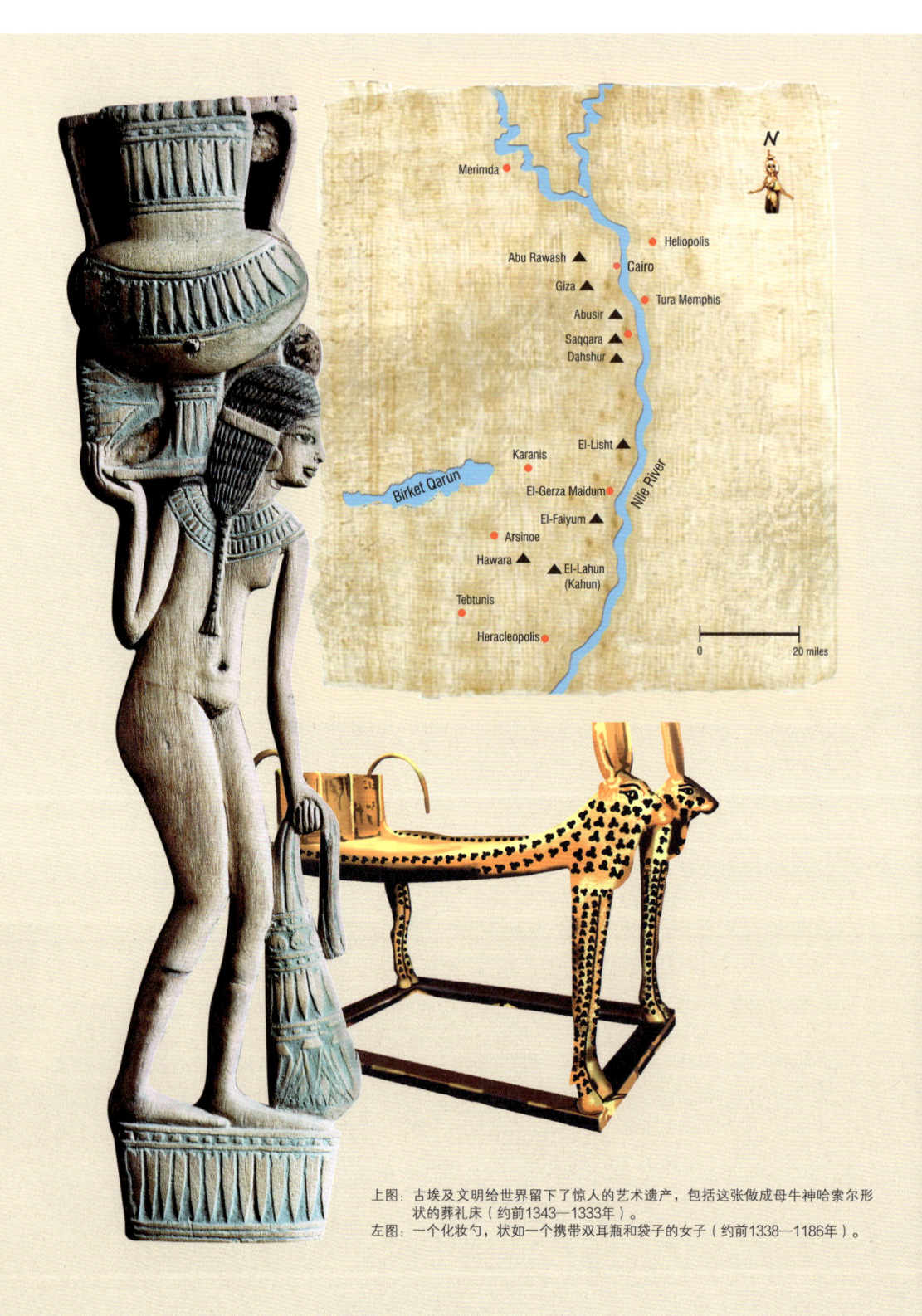

埃及文明

上图：古埃及文明给世界留下了惊人的艺术遗产，包括这张做成母牛神哈索尔形状的葬礼床（约前1343—1333年）。

左图：一个化妆勺，状如一个携带双耳瓶和袋子的女子（约前1338—1186年）。

女性在绘画中的形象常常是穿着带褶的透明衣裙，戴着长而重的假发。赞美自然世界的绘画通常描绘欢乐的乡村场景，其中可能包括一只正拨弄着鹤的羽毛的猴子，或者一棵怒放的合欢树与一只夹杂着棕色和白色羽毛的鸟。

在许多文学文本中也可见到幽默。比如，在尼弗利尔卡拉国王及其将领萨塞奈特的故事中，一位高级朝臣偶然发现国王偷偷溜进将领的屋子，先是向窗内扔块砖头表明自己已经到了，然后顺着匆忙扔下的绳梯爬进去。这位朝臣指出，国王在"深夜外出，独自一人，无人相伴"，但每次当他在朝廷上重述这件糗事时，他的声音总是被"歌者的歌声、乐师的音乐、欢呼者的欢呼声和吹口哨者的口哨声所湮没"。

尊重妇女

古代埃及妇女享有财产继承权和赠与权、在法庭上做证的权利，以及行使古代美索不达米亚或古代希腊妇女无法行使的政治权利。然而，农民，即创造了法老们所享受的财富的乡村无名氏，数世纪以来一直悄无声息、面相模糊。

永恒的遗产

埃及土地肥沃、物产丰饶。埃及人享受家庭生活带来的欢乐，尊重妇女，在其陵墓艺术中都不忘色欲。埃及吸纳了来自沙漠地区和亚洲的移民，偶尔也会与外族通婚，吸收其他文化中的一些元素。即使希腊人大量涌入时，冲突也很少发生。

西格蒙德·弗洛伊德曾用考古学作为比喻进行心理分析。他说，有意识的思想会很快消失，但无意识的思想会持续存在。为了证明这一点，他指着书房里杂乱堆放的文物（很多来自埃及）对病人说，这些文物只是在坟墓中发现的物件，但是，正因为"它们被埋在墓穴里，才使它们得以保存"。

约前5000年（以后）：陶器依然是手工制作而成的，但上埃及的制陶技术得以改进：陶器被烘硬，并被打磨出光滑的鹅卵石般的光泽；通常它有两种色调，上面是黑色，下面则是棕红色。

约前5000—前4000年：尼罗河河谷的居民使用来自沙漠的鸵鸟蛋壳，以及来自地中海和红海地区的贝壳。

早期埃及艺术专注于日常生活中的物品，包括一些个人装饰物件，如这些在涅伽达的墓穴中出土的梳子。

约前4000年：使用铜；开始制作石制容器；用亚麻织布，并且使用了纺锤和织坠。

- 陶工们发展出新的制陶技术，他们做出了一种红色器皿，烧制时将壶口置于火灰上，以将上部弄成黑色。

约前4000年（以后）：上埃及阿姆拉文化有很多遗址，三角洲地区有布托-玛阿迪文化。

- 硬石权杖作为一种武器开始与埃及统治者联系在一起。
- 根植于上埃及的阿姆拉／巴达里文化扩展很明显，它开始影响三角洲。

约前4000年：出现了又大又长的化妆调色石板，可能用于祈愿或仪式性场合。

约前4000年（以后）：神庙附近经常发现一些动物小雕像，如大象、河马等。

约前4000年：在雕塑中，人物以圆雕艺术呈现。

尼罗河的赠礼

第一个将尼罗河及其河谷称作"埃及"（Aigyptos）的人是荷马。本土居民称之为"黑土地"。公元前5世纪的希腊学者希罗多德在其《历史》（一本探求当时的希腊世界所知的各民族文化与历史的著作）中写道："我们今天所游历的埃及，如其以往一样，是尼罗河的赠礼。"

尼罗河的地理环境

尼罗河是一条很长的河流，在苏丹的喀土穆附近汇聚了青尼罗河与白尼罗河之后北上，再纳入最后一条支流——阿特巴拉河。

白尼罗河的发源地在中非的湖区，而青尼罗河（决定着埃及洪水的水位和持续时间）和阿特巴拉河发源于夏季季风雨丰沛的埃塞俄比亚山区。汇合后的尼罗河在阿斯旺地区从努比亚流入埃及，蜿蜒约560英里[1]到达三角洲北部后，经由数条支流，最终注入地中海。

尼罗河河谷是狭窄的，东西两侧是沙漠高地。降雨量微不足道，三角洲顶部的开罗附近每年的降雨量大约是1.2英寸（降雨一般在1月到3月之间）。上游河谷的降雨量更少。

- "黑土地"（埃及）：秩序
- "红土地"（埃及的两侧）：混乱

法老的两大领土（同样肥沃）
- 上埃及（狭窄的尼罗河河谷）
- 下埃及（三角洲）

西奈半岛：在三角洲东部，可经由陆桥进入，有丰富的铜矿和绿松石。

---

[1] 1英里约为1.6千米。——编者注

埃及的两大生命动力：（1）尼罗河：提供者与保护者；（2）太阳：大部分宗教思想和形而上学意识形态的源泉。

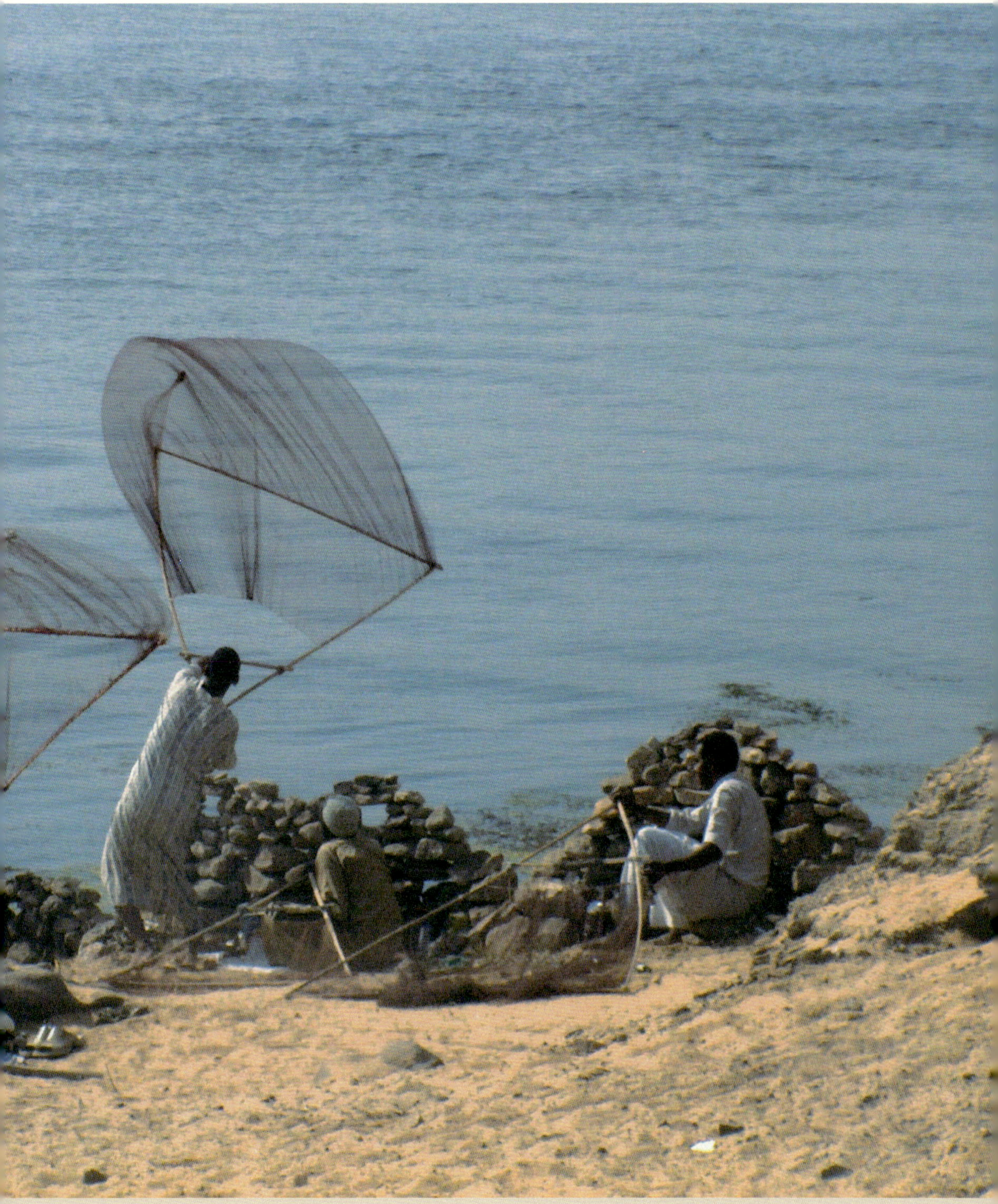

尼罗河的赠礼

养育者与保护者

肥沃的尼罗河河谷

河水泛滥期间的尼罗河，村庄建于山脚下。

1964年开始兴建的阿斯旺大坝改变了水流和土地面貌，但在过去，尼罗河的洪水可以预测。各支流的季风雨流在6月中旬左右到达阿斯旺，并在十天左右涌至开罗。到了8月，整个河谷被淹没。河道中的水量在9月达到顶峰，此时的城镇和村庄就像突出水面的岛屿。洪水会在河床中停留一百多天，将土壤彻底润湿，并留下一层薄薄的、富含植物养分的冲积层。与当今的埃及或古代世界其他地区不同，古代埃及的土地不需要额外的肥料。

与美索不达米亚的幼发拉底河、印度与巴基斯坦的印度河等见证了文明和城市最初崛起的河流不同，尼罗河赋予了土地肥力。尼罗河很少摧毁河谷中的定居点，它的洪水是渐进的，并且可以预测。作为世界上肥沃的农耕地之一，尼罗河河谷与三角洲还毗邻渔场、沙漠高地及其已成为牧场的干涸河床。公元前5世纪的希罗多德评论道，

"沙杜夫"是一个滑轮系统，埃及人借此用皮袋向上运水。

埃及人是世界上较为健康的社群之一。当埃及成为罗马帝国的一部分之后，罗马（以及后来的君士坦丁堡）的庞大人口所需要的粮食大部分都由埃及供应。

约前3550—前3200年：上埃及的格尔塞文化。拥有很多墓址的希拉康波里斯和涅伽达是两个主要的文化中心。

约前3550—前3400年：一段亚麻彩绘展示了几个叙事场景，其中包括两艘带舱的船以及一名在船尾掌舵的男子。一艘船上有多名桨手。人的头部和身体是棕色的，桨手的短胡须则是黑色的。

约前3500年：在第一瀑布（靠近阿斯旺）的埃利芬廷出现了定居点。在埃利芬廷和三角洲地区的布托，考古学家发现了与巴勒斯坦人有关的手工制品。

约前3500—前3000年：在今天开罗附近的玛阿迪，一个定居点兴旺起来。其经济基础很可能是经由陆路与西奈半岛及更远地区进行铜贸易。在玛阿迪发现的属于这一时期的巴勒斯坦式地下房屋、陶罐，以及金属铜、铜矿石和驴骨的残留物可以为上述观点提供佐证。

约前3400—前3300年：希拉康波里斯第100号墓（当地首领的埋葬地）的灰泥墙上的彩绘描绘了一次狩猎、一场战斗和一个船队（有些船带有船舱）的情景。

约前3400—前3300年：除了被捶打成型之外，铜此时被制成斧头和匕首。这一金属被越来越多地用于制作容器和工具。

约前3400—前3300年：涅伽达和希拉康波里斯的丰富随葬品表明，此时已出现了首领的特权。

约前3300—前3200年：在布托也可以见到上埃及文化的强大影响力（表现在陶器、燧石工具、建筑方法等方面）。这也许反映了上埃及对这一地区的某种统治。

约前3300年：阿拜多斯出现了最初的墓葬。

约前3300年（以后）：带有精美波纹表面的燧石刀片以压制型技术制造而成，可能同时使用了木制穿孔器。刀片还配有经过雕琢的象牙手柄。

- 三角洲人口稳步增长。
- 玛阿迪地区的居民开始使用上埃及的黑顶陶，同时还有颜料调色板。

约前3250年：最初的文字是一些小而孤立的图像，如鸟类、蛇、各种植物，以及插在图片中的各种物体。一名男子图像前的小蝎子显示其为"蝎王"（一位早期国王的名字）。

前王朝时期的陶器，上面的图案粗略地描绘了一群人（很可能是死者）乘船前往冥国的情景。

水管理

古代农民所面临的挑战是如何管理狭窄平原上的洪水，以使尽可能多的土地得到灌溉。"蝎王"（很可能是第一个国王）的仪式权标头描绘了统治者对于灌溉的关注：他手持一柄锸，富有仪式性地开始了一年的水管理。平原被土堤分割成一块块洼地；在一段时间里，堤岸被挖开，让河水流进洼地。每块洼地在40到60天内储蓄着超过3英尺[①]的河水。这一年度现象是古埃及宇宙学的一部分：埃及人相信，一次创世行为使土地从原始水域（象征混乱）中升起。随着原始大陆的出现，宇宙成形。然后从南至北，洼地里的水被依次排干。现在，土地已可耕作。在10月末或11月，开始播种小麦，然后是大麦。这两种作物都不需要深耕，在来年3月左右成熟。埃及因此有了三个季节：泛滥季、生长季和干旱季（3月之后）。尼罗河通常被称为"伊特鲁"（Iteru），或者"季节性河流"。如果在3月收获后必须播种另一种作物，或者夏季洪水泛滥不充分，则需要使用均重杆或"沙杜夫"从井中提水。

[①] 1英尺约为0.3米。——编者注

尼罗河的赠礼

农作物与食物

哺育埃及的作物是小麦和大麦。埃及人的主食是面包和浓稠的啤酒。啤酒的价值更多体现在其营养上而非让人沉醉。人们吃黄瓜、生菜、豆类、扁豆和洋葱；油取自芝麻和蓖麻；水果有枣子、甜瓜、无花果、葡萄等。蜂蜜来自三角洲之外的草场。睡莲和矢车菊被用来装饰物件或做成花环佩戴。牛肉除了供奉给神灵之外，还会与野禽一起被人们食用。埃及人养猪、养牛、养羊，将猫作为宠物来养相对较晚。鹤被捕捉后用面球喂养，待足够肥时被人们宰杀食用。候鸟也会被人们捕食，鱼类则更多地成为农民而非精英阶层的盘中餐。

植物

- 棕榈、金合欢、柽柳和无花果：当地主要的树种，不适用于造船或制作家具。
- 芦苇：用于制作篮筐、盒子、架子和凳子。
- 纸莎草：用于制作绳子、凉鞋和纸张（公元前1000年，埃及人将纸莎草用作书写材料出口）。
- 亚麻：茎的纤维用来织布。从早期开始，精美的亚麻布就被用作叙事彩绘，位于尼罗河河谷中部的盖伯林（Gebelein）的早期墓穴中即有这样的发现。

鹅、鹤、鸭的数量很多。

动物

- 驴：公元前4000年之后被驯化，埃及的主要役畜。
- 圣甲虫：会在地上滚动其虫卵的蜣螂，与天空中的太阳运动象征性地联系在一起。
- 鳄鱼（生活在尼罗河平原边缘低地）、眼镜蛇和蝰蛇、眼蝇。
- 王室男子猎杀狮子和羚羊。埃及人试图驯化羚羊、瞪羚甚至鬣狗，但没有成功。

重建法雍

尼罗河河谷的一个重要辅地是法雍洼地。洼地中央有个浅湖，湖面低于海平面大约164英尺。在公元前7000—前5000年，埃及地区的气候比现在湿润得多，尼罗河溢出的河水经由哈瓦拉河道流入湖中。随着气候变得像如今这般干旱，尼罗河的河床变窄，水流再也无法到达湖泊。公元前1840年左右，法老命人清理了哈瓦拉河道，法雍的一大片土地变得多产，土壤极其肥沃。法雍构成了一个主要的行政中心或"诺姆"：这里的舍代特城（Shedet）成为鳄鱼神索贝克的崇拜地。中王国时期，随着法雍地区变得愈加重要，索贝克神祠在其他数个地区也得以修建。通过修建尼罗河的支流河道拦截河水，法雍地区的可耕地面积进一步扩大。在

前3250—前3100

萨卡拉一位高官墓地中发现的游戏石盘，这些游戏盘反映了富人的娱乐活动。

约前3250—前3050年：位于阿拜多斯的U-j墓有12个墓室，在其中一个墓室中发现了属于这一时期的100多个巴勒斯坦酒罐。

约前3200—前3050年：有些学者称这段时期为"早王朝"时期。"蝎王"及其后的纳尔迈被认为是最初的两位国王，统治时间大约在公元前3100年。

- 这是一个为争夺上下埃及控制权而互相争斗的政治动荡期。各个政治单元纷纷扩张，农村人口则聚集在较大的村庄里。最终，上埃及的头领获得了至高权力。

约前3200—前3050年：阿拜多斯和希拉康波里斯的墓葬品包括各种各样的石制和金属工具、带有孔雀石块的化妆调色板、贝壳和石珠、陶器，以及小雕像。

河道的狭窄之处，阿蒙尼美斯三世竖立了两个巨大的石英岩石柱。公元前300年之后，在托勒密王朝和罗马人统治时期，法雍地区再次因农业而复兴。如今，这里的湖被称为泊凯特－卡润（Birket Qarun），每年都有很多漂亮的候鸟迁徙至此。这些候鸟是古代许多壁画的主题。

约前3200年（以后）：迄今为止，尼罗河沿岸的农民知道如何通过天狼星的出现来计算洪水的开始时间。在埃及，天狼星夏天时会从天空中消失，但它在黎明时重现意味着河水将上涨。埃及历法中的新年开始于天狼星和太阳同时出现在东方的地平线上。

约前3200—前3000年：在希拉康波里斯（又名奈罕），河西岸有座神庙。一座小城镇发展起来。这座小镇里有个U形建筑（可能是一座神庙），其砖墙上不时有凹陷的壁龛。小镇里还有至少三座大型墓葬，墓葬中有陶器、象牙、泥土雕像、珠子和护身符等随葬品。

约前3200—前3000年：学者们认为这是美索不达米亚对埃及产生影响的短暂时期，表现在有凹陷立面的砖砌建筑、圆柱形印章，可能还有书写的念头。砖砌建筑在阿拜多斯尤为明显。

约前3150—前3050年：最初的文字出现在陶器、罐子上的印章、木制或象牙标签，以及饰板或调色板上。文字通常包含一个私人姓名。

- 人类墓葬中发现的陶器表明，偶尔会出现用墨水书写的人名，如"卡"和"阿哈"。

前3100年（以后）：作为为死者举行仪式的地点，丧葬纪念碑显得非常重要。在浮雕中，刻画放在桌上的贡品成为一种不变的主题。

约前3100—前3000年：石瓶和石碗雕刻发展成为一个具有很高的抛光与审美标准的产业。

- 埃及人开始使用一种天然金银合金（很可能产自努比亚）。

纳尔迈调色板

河谷的统一

早期的埃及人使用孔雀石和方铅矿制作化妆品，用来涂抹眼睑，保护眼睛免受感染和炫光的伤害。他们也许认为这些材料具有神秘性，因为很多用于研磨的调色石板又大又不实用，更像是祈愿用的物品。

由深绿色大石板制成的纳尔迈调色板（约前3050年）是埃及国家形成时期的一份重要文献。调色板正反两面的顶端两侧绘有女神哈索尔的形象，而两面顶部的中间刻有国王纳尔迈的象形文字。

在调色板正面，国王戴着三角洲的红冠，他的名字再次写在脸部前方。在一名祭司和四名旗手的引领下，国王正前往战场视察一批战死的敌人。被砍头的尸体上方刻有一只船，这也许表明刚刚经历了一场水战。注意国王身上从左肩到腰部，然后悬在腰部以下的牛尾。

调色板的中间是一块用于研磨颜料的圆形凹槽，由两只神兽的颈部弯曲而成，很可能意味着危险已被控制。底部，国王化身为一头公牛，摧毁了外国敌对者的房屋与城墙。

在调色板的反面，国王戴着上埃及的白冠，正在用他的权标头处决一位敌军首领。在敌军首领的上方，以图形和象形文字的方式刻画了鹰神荷鲁斯俘获纸莎草（三角洲）地区有胡须的男子。国王的身后跟着为他提鞋和洗脚的人。底部是两具尸体和两种要塞的符号。

调色板似乎意味着上下埃及的统一。

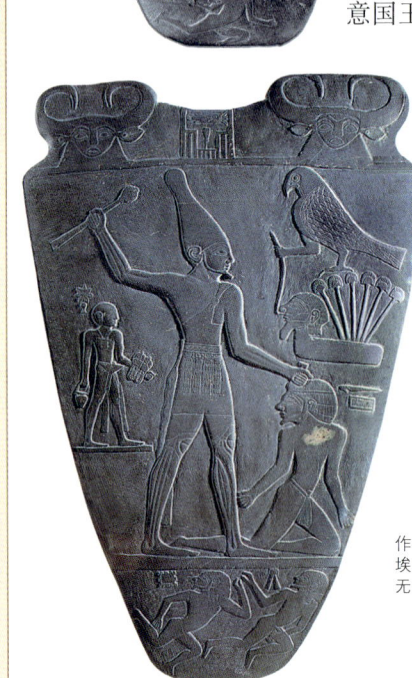

作为一个粉砂岩凸雕作品，纳尔迈调色板是埃及较早的二维艺术作品之一，反映了国王无可争议的地位。

前3100—前3050

"蝎王"权标头

状似透镜、用于仪式性场合的"蝎王"权标头是以浅浮雕方式雕刻而成的石灰石武器,制作的目的是用于纪念在纳尔迈之前的一位国王的事迹。权标头上的图案显示,戴着上埃及白冠的统治者正在掘土。这一行为也许是仪式性地宣告了农业季节的开始。一名官员屈腿准备接受挖起的第一块土。权标头的顶部是一排旗帜,象征着不同的省份。一些持扇者跟在国王身后。图案中还标示了水流。

约前3100—前3000年:数十个装有植物残留的高大罐子表明,用于丧葬仪式的各类物品被放在了坟墓中。

约前3050—前2663年:统治者死后将其妻子、仆人、守卫,甚至宠物埋葬在自己墓地周围的墓坑里的做法非常流行。

- 关于死亡之国永恒的宗教信念没能阻止一些盗墓者洗劫坟墓或亵渎尸体。(在阿拜多斯的一个墓地里,某位女王只有一条缠着亚麻布、戴着珠宝的胳膊幸存了下来)

在纳卡达的一个墓地里发现了一件绘有山羊和绵羊的陶器

约前3050年:在希拉康波里斯的主要遗迹中发现的仪式性石灰石权标头描绘了传说中的"蝎王"。

- 由深绿色石板制成的纳尔迈调色板在希拉康波里斯制作完成。
- 纳尔迈调色板上的符号与浮雕共同传达了这样的信息:"国王,荷鲁斯神的化身,俘获了沼泽地的居民。"

约前3050年:根据祭司曼涅托(约前3世纪,在第三十一王朝时期写了一部埃及史)的观点,当美尼斯成为首任国王时,上下埃及实现了政治统一。其他的埃及编年史也从美尼斯执政开始,但这一文化英雄的名字没有出现于任何人工制品上,很可能与纳尔迈是同一个人。(曼涅托和其他信息来源都将新都孟菲斯的修建和城墙的涂白归功于美尼斯)

约前3050年:丧葬实践出现了变化;在阿拜多斯,每个墓地都有几个放着供品的地下墓室;墓室上覆以土丘。到公元前2700年,地上建筑变得更大,以泥砖建造,且正面墙壁上带有壁龛。

约前3050—前2900年:将在仪式性场合中使用的化妆调色板供奉在神庙里是上下埃及实现政治统一的典型时代特征。

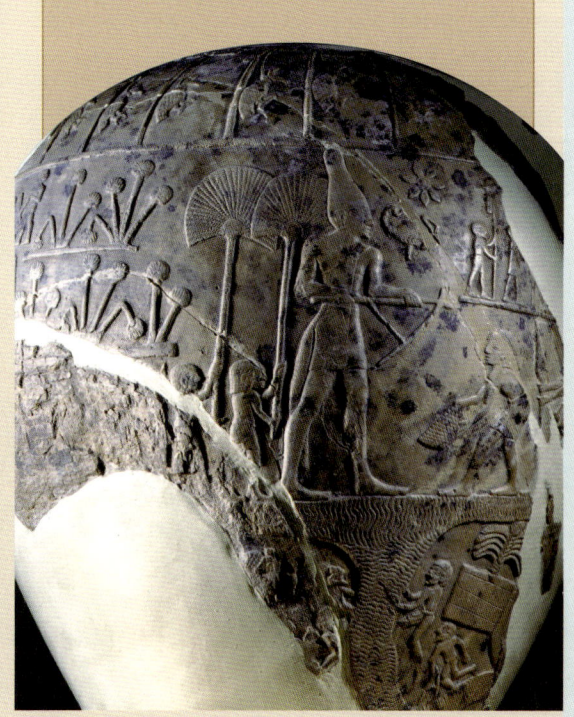

前王朝之后,权标变成了一个仪式性的物件而不是一件武器,传达着宗教观念或是加强国王的超凡地位。

尼罗河的赠礼

水路沿线的流动

因为有水路,所以,把谷物、鱼和油从乡村运往城镇非常方便。船只沿着尼罗河顺流而下需要船桨,但主要借助于水流。往上游行进意味着逆流而上,但可以利用盛行的北风。带轮子的推车和货车在埃及的出现晚于西亚和美索不达米亚。这不是因为技术落后,而是因为尼罗河提供了一种便宜的运输手段。

人们乘船航行是为了娱乐、工作、运载牲畜或商品,以及加入去往朝圣中心和丧葬之所的行列。船分为渔船、旅行船、厨船、货船和游船。巨大的石块通过船来运输,这表明船只经过了巧妙的设计和精心的建造。

船以及其他的水上交通工具是日常生活的一部分

有时候,埃及人将原木捆在一起做成木筏,用于装载重物顺流而下。两端船首高昂的纸莎草船用于仪式性航程,但也被渔民使用。

帆是长方形的,由亚麻制成,需要很长的绳索。有时候,帆的桅杆有两根,用以分散重量。在红海上行驶的船的船帆很宽。船尾两侧各有两个固定桨,或者仅有一个转向桨。在赫利奥波里斯附近,公元前5世纪的某个时期被埋在地下的一艘船由当地的悬铃木制成,形状像一把勺子,长约36英尺。

沿着尼罗河生长的纸莎草芦苇为众多作品提供了书写材料。这份以僧侣体写成的葬文(约前525—前343年)就是写在纸莎草上。

约前3050—前2800年：工匠制作珠子以及动物和人类的彩陶小雕像，通过混合两种彩陶原料而掌握了多色技法。

约前3050—前2813年：从纳尔迈／美尼斯开始，第一王朝的绝大部分国王都被葬在萨卡拉，但在阿拜多斯会有衣冠冢。

约前3000年：埃及可能短暂扩张到巴勒斯坦南部地区，在那里发现了埃及陶器。

- 在阿拜多斯发现了一只狒狒（一种非洲热带动物）的彩陶雕像。
- 出现了从努比亚获取象牙的证据。象牙被用于家具的腿部，标签上偶尔刻有统治者的名字。

约前3000年：房屋屋顶主要用涂上泥巴的芦苇做成，并有柱子支撑。后来，有证据表明，房屋用泥砖建造，屋顶放有巨大的原木（通常是雪杉）。

约前3000年（以后）：尼罗河西岸的孟菲斯与王室联系在一起，为政治和行政中心。每当举办法老的加冕仪式和周年庆典时，法老们仪式性地在其四周绕行。

约前3000—前2665年：王室在阿拜多斯和萨卡拉用泥砖建造墓地。墓地建在又大又深的坑里，顶上覆盖着厚木板。一些墓室嵌有黎巴嫩雪松，其他墓室储备着供来世享用的生活物品。

约前3000年：在阿拜多斯和萨卡拉，与死者同葬的手工制品越来越多地使用黄金制作。

约前3000年：阿拜多斯是奥西里斯神埋葬之地的传统形成。

- 从此时开始，在神庙中用动物献祭时可能使用手柄经过雕刻、有波纹表面的燧石刀，其中有些刀很大（长达26英寸）。

约前3000年（以后）：希拉康波里斯和涅伽达失去了以往的重要性。三角洲地区的布托和玛阿迪即将被废弃。在玛阿迪，最晚的考古层中仅仅散乱分布着一些废墟和人骨。

约前3000年（以后）：建造木制建筑，屋顶覆以席子、芦苇或木板条，就像女王哈特谢普苏特在吉萨建造的"帐篷"一样。

约前3000—前2870年：在萨卡拉一个墓地的储藏室里发现了这一时期最早的纸莎草纸卷。纸卷是空白的，以备书写之用。

瀑布及其以南地区

埃及人的生活很少因为东西部的沙漠而被封锁。在这些沙漠中生活着的绿洲居民和牧民经常在各绿洲（尤其是西部沙漠中的绿洲）之间游走。如果说埃及从来没有完全断绝与沙漠生活之间的来往，它与努比亚（阿斯旺以南的"库什之地"）之间的文化与政治联系也没有被割裂。纵观历史，埃及的南部边界靠近阿斯旺，在第一瀑布处的埃利芬廷岛（努比亚境内的尼罗河上游还有四个瀑布）。各瀑布绵延在尼罗河河谷，凸起的花岗岩巨石和急流使航行变得非常困难。

努比亚人经常参军入伍，他们的墓地在河谷随处可见。努比亚群体早先的一个名称"梅杰"（Medjay），后来变成"警察"的意思。法老们因为想要获得象牙、乌木、鸵鸟羽毛、猴子、动物皮毛，以及最重要的黄金，因此建立了边境哨所。一旦需要，这些哨所可以守卫阿斯旺以南的尼罗河上游地区。然而，抢夺奴隶和军事入侵频繁发生。

数个移民群体定居于尼罗河谷，并被当地社会同化。农业繁荣以及能够获取黄金是埃及强大起来的两大因素。在3月、4月收获之后，法老的建筑工地上就会有大量劳动力。

埃及人的生活与文化以河流冲积而成的河谷肥沃黑土为中心，红色的沙漠则是"他者"的领域，有野生动物出没，是危险的源泉。

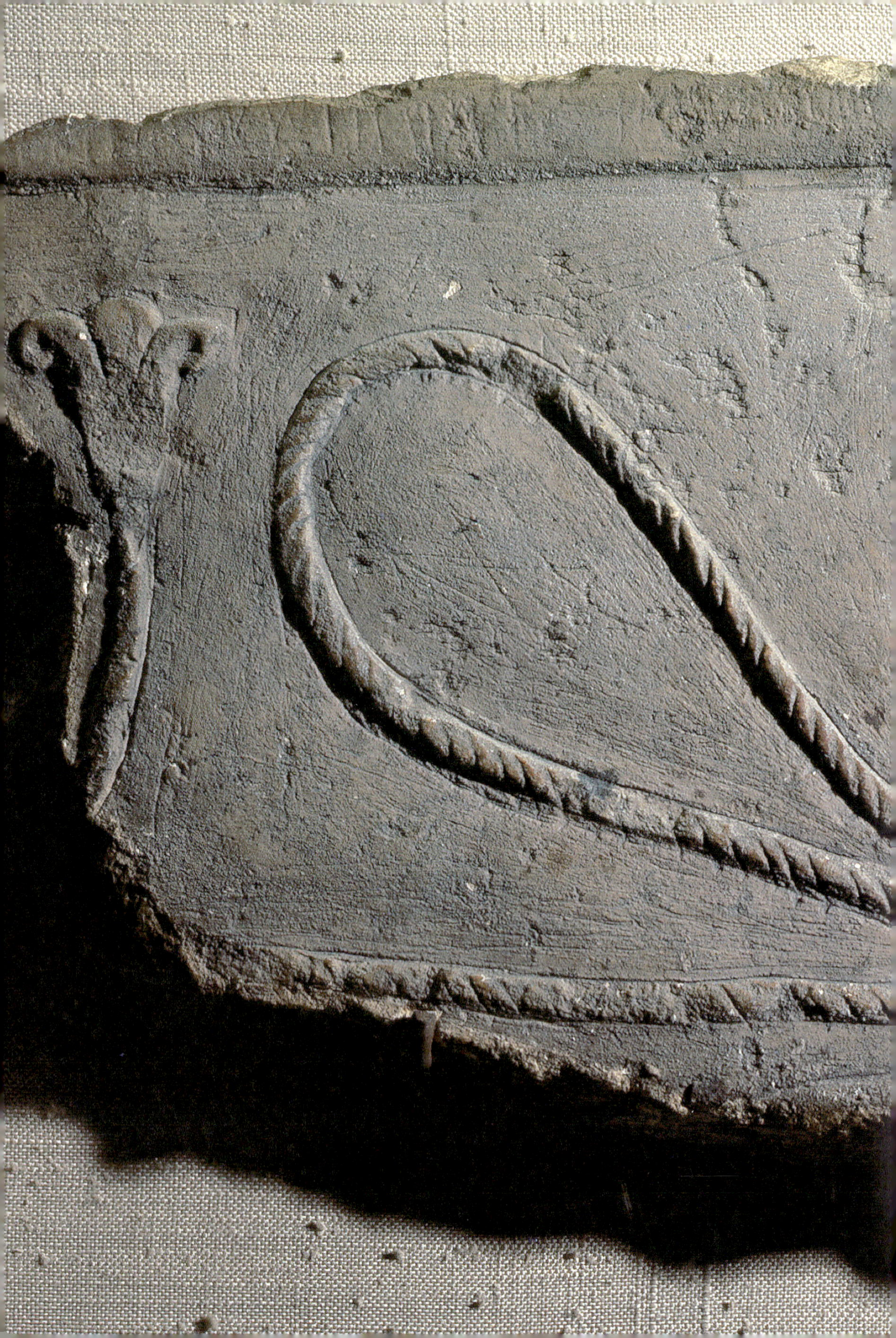

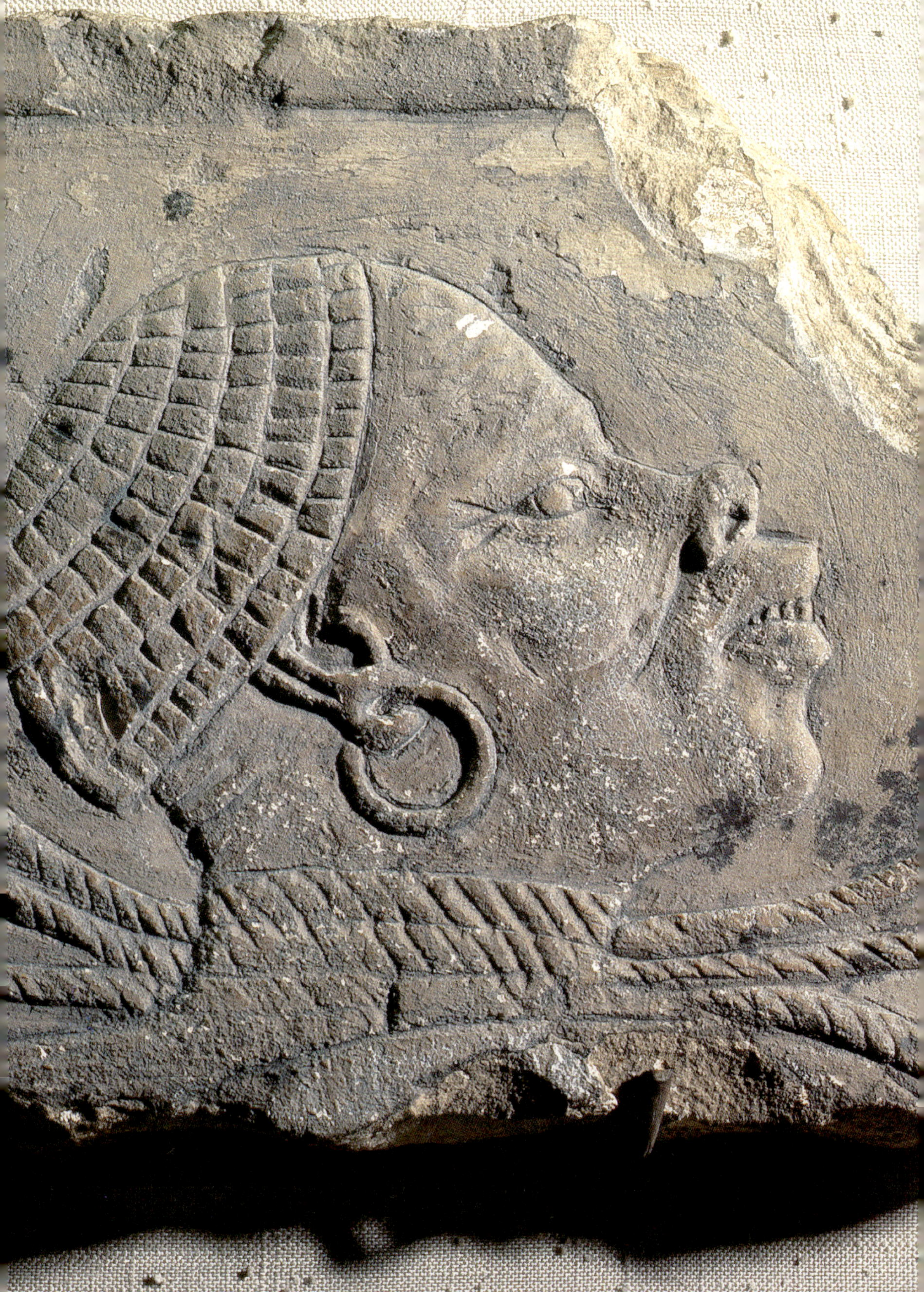

法老

我们知晓"法老"一词是因为《圣经·旧约》中对埃及统治者如此称呼。"法老"来自"per-'o"一词,意为"大房子",埃及全境从这里获得统治。在公元前2千纪里,"per-'o"开始指国王,但现代埃及学的惯例是将罗马吞并埃及之前的所有统治者都称为"法老"。在第五王朝末代国王乌那斯(前2385—前2355年)的金字塔墓室的石棺铭文中,天空女神对国王说:"拉-阿图姆,你的儿子投奔你,这个乌那斯投奔你!愿你穿越苍穹与黑暗融为一体,愿你在你照耀的光明之地升起!因为你是孤星,因此要在天堂众星间获得自己的位置。你将俯视奥西里斯,他在冥界控制着众灵。"

位于阿布·辛拜尔的被神化的法老拉美西斯二世的雕像,雕像是献给三大国家之神的凿岩神庙的一部分。

神圣的化身

法老虽然被认为是神圣的，并且在死后被神化，但从来没能与荷鲁斯或阿蒙这样的大神并驾齐驱。埃及人认为，法老化身为鹰神后，可以飞向太阳神拉并获得加冕，也就是说，他是荷鲁斯神和太阳神拉的化身，有权使用"两个视域的拉-荷鲁斯"这一头衔。

拉美西斯二世声称："我是拉神所生，尽管由塞托斯抚养。"（塞托斯一世是他的父亲）

与此同时，当法老和神同时面对面出现于艺术作品中时，前者的姿势通常不是匍匐在地，就是接受生命之礼，抑或是献祭。法老更多的是荷鲁斯的形象，而不是荷鲁斯神本身。"拉之子"意味着法老的地位比其父亲和保护者"拉"要低。统治者无疑是一个有形的活人，死后当他奔向地平线被太阳神拉吸纳之后才能变成神灵。

法老正是因为有了神圣品质才被人们认为具有"创造性话语"和"超人的理解"，最重要的是，才能按照"玛阿特"，即宇宙的和谐原则（简而言之，即自然准则）进行统治。在新王国时期，充当战争领袖的法老的英雄主义在艺术和叙事作品中得到了纪念，但法老在本质上是"所有人的父母，独一无二，无人匹配"。

前2900—前2700

约前2900年：埃及人开始佩戴"韦塞赫"（wesekh）或宽领项圈（由三到四串长珠子制成，最早时期则由彩陶制成）。"韦塞赫"后来成为埃及人的标准装饰品。

前2900—前2600年：埃及人开始研究数学，设计出精确计算复杂分数的方法；运用了未知量；计算圆的面积、圆柱体或金字塔的体积。

前2900年（以后）：铜制品要么被敲打成型，要么在开放模具中铸造。早期埃及的材料技术主要建立在铜的基础之上。

前2900年：一双凉鞋的穿孔象牙标签展示了文字与图片的叠合，上面写道："第一次打击东方。"第一王朝的国王登正在击打一名跌倒的沙漠人。

前2900年：在努比亚境内尼罗河上游第二瀑布的格贝尔·谢赫·苏莱曼，有一幅埃及人的浮雕用以纪念一次军事胜利（可能只是一次劫掠奴隶的行动）。

- 埃及人开始使用黎巴嫩的雪松木建造特殊建筑，制造家具和船只。

前2813—前2663年：第二王朝统治时期，统治中心在孟菲斯。国王被葬在萨卡拉和阿拜多斯。

前2800年：来自西奈半岛的绿松石，以及来自阿富汗北部的青金石开始在埃及使用。

前2800年：带有精致象征主义含义的献祭与丧葬物品逐渐被纪念死者的大型建筑物替代。

前2750年：尼涅特捷尔是目前所知的第一位庆祝塞德（Sed）节的法老，象征其王室权力的仪式性更新。

前2700年：对太阳神拉的崇拜在赫利奥波里斯确立。在此以后，拉神崇拜便支配着埃及文明。埃及人认为，太阳神拉每天都会穿越天空，就像月亮和星星一样。统治者被视为太阳神拉和鹰神荷鲁斯（一种飞得极高的鸟）的化身。

死者坐在桌旁是"与来世观念联系在一起"这一仪式的重要部分

王权的更迭

神圣的王权表现于宏伟的建筑、丰富的神话以及公共领域。日出时分，紧接着法老的去世，他的继任者就要参加一场象征着"玛阿特"（秩序、稳定、真理和正义的盛行）得以恢复的仪式。在其加冕仪式上，法老获得了王服，沿着标明的道路奔跑，以此表明他对王国的掌控，并且选择了能标明其新君身份的五重头衔。在他准备巡视王国之前，他已宣布登基，他的名字（臣民现在要向其宣誓）被发送给各州高级官员。

加冕典礼中的一些仪式在塞德节期间重复进行。这一节日通常在登基三十年之后庆祝，以此象征王权的更新。为庆祝节日而建造了新的方尖碑，一起新建的还有举行仪式和宴会的新大厅。上下埃及神灵的偶像会被收集起来，奖赏会给予值得信任的"国王之友"（祭司和牧师）。

在卢克索的欧派特（Opet）节日上，一支庞大的游行队伍跟着法老走到了神庙的门口。法老和一些祭司进入神庙，来到神庙后面熏了香的黑房间和伟大的阿蒙神面前。转型之后，法老重新露面，出现在臣民面前时，已经成为神圣的存在。

像塞德节一样，欧派特节也是为了庆祝王权的更迭。

王室的住处

"宫殿"的象形文字是一个带有扶壁的矩形框。在孟菲斯或底比斯，宫殿的考古遗迹很少。正如文献所示，其中的一个原因是国王在其统治期间会迁移王室住址，另一个原因是王室住宅不一定选在市中心。

从后来的国王阿普里斯（前589—前570年）建在孟菲斯的宫殿遗址来看，王宫主导着城市景观。众所周知，阿蒙诺斐斯三世在底比斯西城建造了一个非常漂亮的人工湖、一座用于聚会的柱厅，以及一个很可能给女子使用的上层空间。屋顶的绘画颜色鲜亮，描绘了大自然的乐趣。

当国王们不断巡视其王国时，他们可以停驻在河岸边为他们准备的各个行宫里。这些行宫虽然只是暂时落脚之处，但仍然十分豪华。当地民众有为王室团队提供生活物资的义务。

有文字记载了王室征集并储存货物以备日后调配。纸莎草文献提及各地的谷物被运至王宫储存，在王宫烘烤了数百个面包（有一位高级官员专门负责王室烘烤事宜）。有一篇文章提到了30位妇女将谷物磨成面粉，剩余的食物被交给"卡"祭司（"灵魂之仆"），以提供给死者。

法老化身为狮子（权力的象征），吞噬他的敌人。

一串名字

在法老权力的鼎盛期，国王可以有五个不同的名字，分别是个人名、王室名、宗教名和世俗名：(1) 作为鹰神荷鲁斯的化身，国王有个"荷鲁斯名"，符号是一只鹰站在代表王宫正面有垂直形凹面的矩形框"塞拉赫"（serekh）之上。名字后面通常接着一句标准的短语："荷鲁斯，崛起于底比斯的强壮公牛"；(2) 两女士名，符号是雌鹰神与眼镜蛇神，象征着对上下埃及的统治（"两女士永久的王权"）；(3) 后面跟着短语"强大的力量，神圣的外表"的名字；(4) 将上埃及的纸莎草和下埃及的蜜蜂组合在一起的名字，写在一个王名框里（就图特摩斯三世而言，这个名字是他的第一个名字"蒙凯帕拉"）；(5) 诺曼（Nomen）或个人名，出生时就获得，与短语"拉之子"合用，同样写在王名框里（比如"图特摩斯，真理的统治者"）。

新王国的法老们重视首都底比斯的古老神灵阿蒙神。有时候，阿蒙神与拉神组合在一起：阿蒙－拉将胜利带给一位国王，或者阿蒙使一位王室女子怀孕。在一个情景中，神与人的婚姻被刻画得淋漓尽致：一位王室妻子面对阿蒙坐着。阿蒙的左手触碰着她的手，右手提供了意为"生命"的象形文字。附在旁边的铭文声称：阿蒙"在她熟睡于王宫最深处时发现了她。她因为神圣的芳香而醒来，然后转向国王（阿蒙神化身为王）……他的爱已经进入了她的身体"。

- 埃及人相信，作为拉神之子，法老在死后会穿越水面到达地平线，然后融入太阳。因此，他们要将一些船埋在金字塔附近的墓坑里。

约前2700年（以后）：农业庄园的设置是为了特定王室成员的利益。埃及人对已逝统治者（或神灵）十分崇拜。

前2700—前2190年：跟以前一样，为死去的祭司、官员和贵族建造"马斯塔巴"。这是一种盒子形的地上建筑，就像现代房屋庭院中的泥凳子，里面放着刻有名字的墓主雕像。

- 马斯塔巴的一种丧葬仪式发展起来。仪式开始时，死者的亲属带着食物，在尸体下葬后不久举行仪式性聚餐。

前2700—前2200年：尽管铜已经开始使用，石制工具依然非常重要——大量的燧石工具展示了石珠的穿孔和形塑技术。

前2680年：上埃及地位抬升，法老帕里布森放弃了荷鲁斯的头衔（与下埃及相关），转而使用塞特的符号。埃及各地被划分成州或"诺姆"，灌溉由地方掌管。各州都有自己的标志，且通常由"诺马尔赫"统治。

前2680年：伟大的圣贤伊姆荷太普（一般认为他是一位建筑师和天文学家）设计了萨卡拉的层级金字塔。他是赫利奥波里斯的太阳神祭司。从这时候开始一直到法老时代结束，赫利奥波里斯的祭司都是知识分子。他们观测天空中太阳和星星的运动轨迹，为天文学奠定了基础。

前2670年：第二王朝末代国王哈塞海姆最终统一了国土，他在自己的名字里同时使用了荷鲁斯和塞特的符号。

前2670年（以后）：早期统治者的荷鲁斯名用象形文字写进"塞拉赫"（以王宫正面图案表示）。

前2670年（以后）：几百年以来，赫利奥波里斯（开罗）一直是埃及的智力中心。伊姆荷太普是一位早期人物，而历史学家曼涅托是晚期的一位祭司。太阳神的祭司观测太阳的运行轨迹，奠定了埃及宇宙观的基础。

法老

国王与朝廷礼仪

法老的上埃及白冠与下埃及红冠在不用时被精心保存在一个特定的神龛内。他的王权标志还包括一根长长的权杖或钩子（象征着统治权）、一个权标、一条公牛尾巴，以及一副象征神性的假胡子。头饰可以是蛇标（uraeus），以及代表"瓦杰特"（Wadjet）女神和眼镜蛇女神的头巾。人们只能在规定的时间内觐见国王。国王个人的日常生活安排也有严格的时间表。国王的珠宝、服饰和盒子为他独有，在使用前被奉为圣物。早期的绘画显示国王有持凉鞋者和洗脚者随行伺候。

人们可以亲吻法老脚前的地面，如果能亲吻国王的双脚，那是极大的特权。国王会随着一个正式的队列在其城市中四处走动。他会在一个阳台上"露面"，俯视向他表达问候和崇敬的民众，并向民众分发礼物。在特定的公共场合，法老会向神灵献祭。

宫廷有精细的礼仪和人员的等级结构。"唯一的朋友"地位高于"王室熟人"。王宫和大殿都有监管官员。在新王国时期，"王室书吏"这一职位在某种意义上相当于国王的秘书，并且有了国王右侧"持扇者"的职位。所有高级官员都要经过国王的允许才能获取优质石板（石灰岩、花岗岩）建造他们自己的马斯塔巴，所有此类墓地上的铭文在提及此事时开头总是说"法老给予的恩惠"。高级官员在国王高兴时也能获得丰厚的黄金礼品或战车。

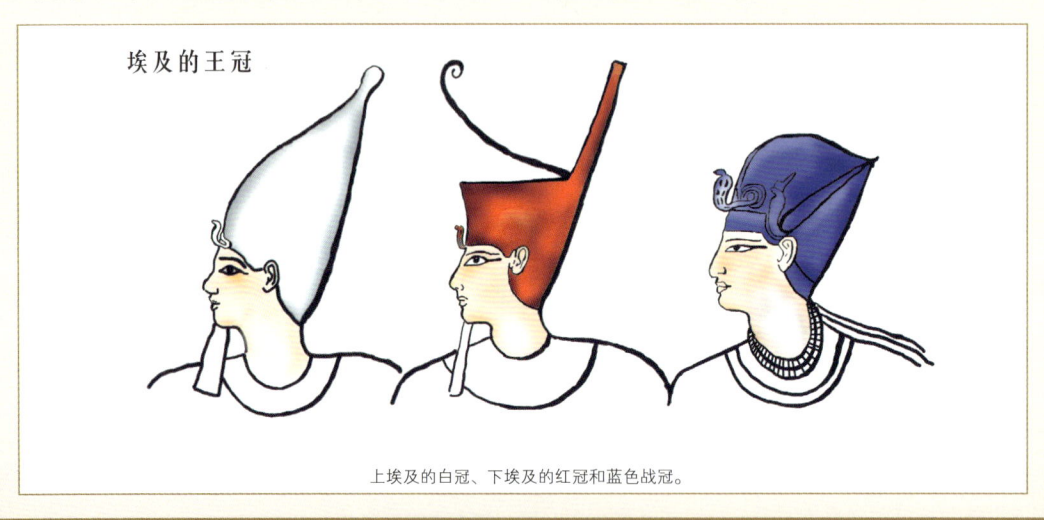

埃及的王冠

上埃及的白冠、下埃及的红冠和蓝色战冠。

死后受到尊敬

在大多数情况下，法老在日常生活中与民众保持着距离。至于死亡，他所享有的特权和独有的来世生活在古王国时期的大金字塔上得到了最好的传达。新王国时期的一份文本显示，"主人（生命、昌盛、健康）的雕像"由财务总管保存在自己家的神龛里。在阿玛尔那的一所住宅中发现了一块刻画了阿蒙诺斐斯三世及其王后的石碑。国王们本身可以当众向先王献祭。在很多场合中，他们会命人修复或保护前任国王的陵墓。在阿拜多斯神庙的墙壁上有一处雕刻，以浅浮雕的方式描绘了塞索斯一世（约前1290年）

圣甲虫

圣甲虫状似粪甲虫（Scarabaeus sacer），充当护身符、印章和装饰物（通常三位一体）。圣甲虫最初以软滑石制成，涂上绿色和蓝色的釉。后来，一系列其他材料，包括红宝石、孔雀石、赤土陶和彩陶等，都被用来制作圣甲虫。

作为饰品，圣甲虫被嵌在项链和戒指中，或者被作为吊坠佩戴。作为魔咒，圣甲虫保护佩戴者免受恶魔或邪恶思想的伤害。它们可以传达"坚定的心"、"阿蒙就是力量"或"愿阿蒙赐予一个美好的新年"等信息。圣甲虫还能对来世提供保护，因此，它们被缝在缠裹木乃伊的布上或者放在尸体上。喜克索斯时期开始使用"心脏圣甲虫"。最早的一个"心脏圣甲虫"在一个阿蒙神祭司的木乃伊上被发现。它们通常是由绿色材料制成的。圣甲虫上面部分的祈祷文是金字塔铭文中符咒的重现。有一个"心脏圣甲虫"上的祈祷文写道："哦，从我母亲那里得到的心，从我母亲那里得到的心，不要做证反对我！不要在法官面前制造对我的敌对，不要在平衡的守护者面前使天平偏向反对我的一边！"

有一些极大的圣甲虫上记录了第十八王朝法老阿蒙诺斐斯三世（前1388—前1348年）统治的头十一年里发生的五件大事，其中包括：他在面对野牛与狮子时表现出极大的英雄气概；为王后提伊建造了一个人工湖或分配给她土地；宣称他的王国的边界；纳赫瑞那（即米坦尼王国）之女奇迹般地到来，随行有300多位年轻女子。圣甲虫被复制了数十份送至王国各地。

当用作印章时（大致开始于第十二王朝），圣甲虫被按压在罐子封口处尚未烧干的湿黏土上、盒子上、房门上或官方信件上。这些印章上刻有在位的法老名字或某个高级官员（如王室印章的保管者）的名字。

嵌在一个黄金护身符里的青金石圣甲虫

国王阿蒙涅姆黑特二世的圣甲虫，一个头形的圣甲虫。

及其儿子献祭的情景。相关的文字表明，这些供品是献给75位王室先祖的。每位先王的名字都写在王名框里，塞索斯自己的名字则写在第76个王名框内。这是一个普通的神庙仪式，因为供品是献给先王的雕像（此处是献给他们的名字）。

佩皮一世时期（前2343—前2297年）神庙墙壁上的铭文显示了对已故法老的神化："掌控生者的索西斯之子，替这位佩皮代言，为佩皮在天堂确立一个位置。佩皮是四神之一，他从尘土的羁绊中解放了自己。"

私人生活

描绘法老私人生活的作品很少。这种类型的作品大多涉及激进国王埃赫那吞，描绘他与妻子和女儿们在一起时的家庭情景。然而，书面文献确实为我们提供了一些有关法老们个人缺点的线索，比如残忍、鼓励阿谀奉承、对仆人发火、放纵自己，以及深夜秘密逃离王宫等。还有一种被称为"王朝故事"的文学体裁，其中提到的一个例行事务是在意外情况发生时法老与其朝臣进行协商与讨论。

左下图：埃赫那吞与涅菲尔提提和女儿们在一起
右下图：埃赫那吞亲吻自己的女儿

对王国的管理

埃及人所说的"大房子"或"官邸"往往被理解为国家。国家元首是法老,国家的众多构成要素包括军队或国王的卫兵、官僚阶层和书吏(管理如此庞大的区域,以及贯彻中央权威必须依靠详细的书面记录)。

在新王国之前,还有一个在职位任命和权力大小方面都取决于法老的祭司职位。然而,在第十八王朝之后,祭司逐渐脱离国王的官僚体系并凭借自己的权力变得强大起来,其中一个重要的原因是神庙拥有自己的巨大田产。

法老管理正义、法律和秩序(人格化为女神玛阿特的形象)。供奉玛阿特雕像是为了确保世界的安全与稳定。

贸易

政府是从事贸易的主要机构。在地中海上行驶的航船是在国家船厂建造的。在官方编年史的一个版本(帕罗姆石碑)中,第四王朝首位国王斯尼弗鲁(前2597—前2547年)统治的某一年之所以被记载,是因为来自毕布罗斯的四十艘船只满载雪松原木来到埃及。拉美西斯二世调拨了一艘海船并配备船员远赴毕布罗斯与一座神庙进行贸易。大多数神庙都储存着大量的货物以供交易,因此会指派专人担任"贸易者",负责谷物、亚麻、纸莎草和油的交换。奥利克斯州的一个州长(诺马尔赫)在其墓室里描绘了他接待一群来自巴勒斯坦南部的商人的情景。没有任何证据表明法老时代存在私人贸易,以及一个专门的商人阶层。

基础设施

有些采石远征队规模很大(约有17000名熟练与非熟练工人),只有中央行政部门才能进行人员招募并在工作期间提供给养。他们将不熟练的石匠按几十人和几百人分组,偶尔会招募当地的努比亚人。所有这些外出在东部沙漠营地里工作的工人都需要士兵保护。在一些矿山附近确实存在一定程度的路面铺设,比如,在哈特那布(Hatnub)雪花石膏采石场和尼罗河右岸之间有一条长约12英里的道路,为了便于运输,人们在路面铺上了石头。沙漠中的陆路安全由交通部门的官员负责。

军事组织

起初,埃及没有一支由职业军人组成的常备军。军队只是为了某个远征的任务而临时征召组建而成的。被招募的士兵包括沙漠中的努比亚人(梅杰)和埃及农民。诺马尔赫与各州官员会提高征收额度。也许只有国王的卫队装备齐全,战斗力强,称得上是一支小型常备军。

埃及在一段时间内曾经有过帝国梦。要想实现目标,法老必须拥有一个能与米坦尼与赫梯相媲美的军事组织。此外,战车在战争中的运用需要训练有素的车兵。在这种情况下,职业军队开始出现。

军队在任何时期的工作都不仅仅局限于战争。几支连队可能会被派往矿山和采石场获取特定材料。塞索斯特里斯三世统治时期(前1881—前1840年),埃及在第二瀑布附近建造的要塞无疑是防御性的据点。据点派遣招募来的士兵外出是为了警戒和搜寻人与动物的踪迹。各驻军或要塞之间通过狼烟或定期信件往来保持联络。携带货物的努比亚人只能通过其中的一个要塞坐船或步行进入埃及。这些据点由此成为贸易与外交通道。

一个士兵的生活

一些职业书吏记录着各类招募信息。新王国时期的许多文本都提到了军事问题:培训年轻人,在士兵的职业生涯中安排他们驻军的职责,每隔十天更换或重新任命宫廷守卫等。从军队退役后,士兵可以分得小块土地。受雇的外国士兵(利比亚人、希腊人或其他人)在退役后也有获得土地的权利。

十八王朝末期,军队将领霍列姆海布强大到足以夺取政治权力和王位。

一份文学文本提到了普通士兵的遭遇:他像驴一样背着面包和水向巴勒斯坦行进。当供应耗尽时,他不得不喝臭水。回到家乡时,他趴在驴背上,像一根被虫啃咬过的木头。然而,另一些资料提到士兵可以分享战利品:牛、武器,也许还有金银和珠宝。

一部分作为随葬品的士兵模型,用以保护主人在来世的安全。古埃及后期,这些模型表达了对一支组织化军队(由本土和努比亚雇佣兵构成)不断增长的需求。

对王国的管理

国家组织的生产

古王国时期记载的每隔两年进行一次的对牛的统计调查。该国王统治的年份被记为"第四次清点"。

法老们派出探险队去获取原料，或者将这一特权赋予神庙。塞索斯一世允许阿拜多斯神庙从东部沙漠的某些矿山中提取黄金，并在矿区为工人提供一口水井。卡尔纳克的阿蒙神庙也获得了这样的权利，并在新王国时期成为金匠的主要雇主。

埃及工艺技术的水准很高，这在很大程度上可归因于国家或神庙对工艺作坊的组织与管理，再加上具有处理文字记录的管理设施、国家提供原材料和工具，以及对生产过程进行监督。

在尼罗河两岸的造船基地，建造的每一个工序都受到监管和记录。工匠可获得基本的口粮、鱼、肉、木柴、水和布料，生活水准高于农民，但生产决策的自主性比农民小。

工艺作坊

- 装修神庙
- 为法老的个人需求制作物件
- 为精英的墓地制作物件

官员的某些头衔

- 所有工匠的首领
- 阿蒙地产的金匠首领
- 薄金生产者的首领
- 金银库房的督察官

前2670—前2654

前2670年：这一时期，泥砖被用来建造房屋、王宫、城墙和祭坛。外墙上有壁龛或凹面是最明显的建筑特征。

约前2670年：哈塞海姆坐在王位上的石雕开创了以三维形式和纪念性石刻来描绘法老的传统。

国王哈塞海姆的雕像是三维作品的较早代表之一，他的脚下雕刻着被屠戮的敌人。

前2663—前2195年：古王国时期（第三到第六王朝）。法老文明的大多数重要特征在这一时期都已明朗。

前2663—前2470年：在尼罗河西岸、孟菲斯附近的萨卡拉、达赫淑尔、吉萨等地出现了陵墓。

前2663—前2470年：殡葬纪念性建筑墙壁上的浅浮雕和绘画提供了关于日常生活的重要信息（因为这一时期的定居点没有留下任何实质性遗迹）。

前2663—前2200年：在萨卡拉开始建造大量马斯塔巴。

前2663—前2597年：第三王朝时期。首位国王萨那克特的统治时期持续至公元前2654年。他是哈塞海姆的孙子。

前2663—前2195年：刻画仆人形象的彩绘小石像（高度不到8英寸）被放在坟墓中，以便在来世为死者"服务"。

约前2663—前2629年：瓦底-马格哈拉、西奈半岛等地的浮雕显示萨那克特、乔塞尔以及塞凯姆凯特打击敌人的情景，同时证明在第三王朝时期，埃及为了获取绿松石而对沙漠地区发动过远征。

前2660—前2470年：象牙广泛应用于家具部件和用作所有权标志（通常上面刻有图形）。

前2660年（以后）：石头开始被用于建造门楣和门廊，后来又用于丧葬建筑。伊姆荷太普被看作石头建筑的鼻祖。

前2654—前1300年：这是专为统治者建造金字塔的年代。人们普遍认为，统治者死后会乘船前往地平线并与太阳神拉结合，因此，王室成员

位于萨卡拉的乔塞尔的层级金字塔，附近建有举行庆祝仪式的神龛和礼拜堂。

45

对王国的管理

行政官员与法律

埃及没有产生类似于美索不达米亚地区的一系列法律、法规和法典，因此，我们只能靠推断得出国家行政机构运作背后的法律原则。在出售财产、父母决定遗赠或类似事务中人们要出具书面文件。如果一个国王为了让他的灵魂获得永久供给而捐赠土地，那么，这种财产似乎是不可转让的。对于涉及土地占有的法律，我们知之甚少。

图特摩斯三世（死于前1424年）在底比斯的最后一位首席大臣是拉赫麦尔。他的坟墓描绘了他的法庭的情景。作为法官，他的面前陈列着纸莎草卷，据称包含埃及所有的法律。我们知道，首席大臣就职时要在统治者的主持下宣誓。他的职责包括维护各种写在纸莎草上的法律记录（称为"王朝文件"）。早些时候，这些文件交由地方官员保管。然而，为了普通老百姓而跑到底比斯，仅仅是为了到这位首席大臣的官邸交存一份有封印的契约是很困难的一件事，解决方法是用"书吏与证人文件"代替"王朝文件"。前者没有封印，但书写有规定的格式，因此，没有人能在事后对其加以改动。

人们开始贷款，尤其是在经济货币化的托勒密时期，利率可高达百分之十。一个人如果不能归还抵押贷款，那他就要准备接受一百次的打击。另一个有趣的做法是，一场法律纠纷并没有因为有了书面判决而结束，失败的一方需要书面声明他服从判决，并按照判决的要求行事。

一些重要官员都为自己制作了雕像，比如，大臣纳赫特的雕像如真人般大小，发现于其建在阿西尤特的墓地中（约前2050年）。

前2654

诺姆与诺马尔赫

大约从公元前2700年开始，狭长的尼罗河河谷因管理需要而被划分成多个"诺姆"或"州"。每个诺姆起初可能是一个由一年一度的洪水灌溉而成的天然盆地，而后逐渐成为一个独立的政治实体并一直持续到纳尔迈的统一。在其后的历史中，各地的世袭贵族主管各类事务，其权力大小随着法老权力的变化而此消彼长。下埃及从孟菲斯开始有20个诺姆，上埃及从埃利芬廷开始有22个诺姆，整个埃及有42个诺姆。

诺姆的行政划分一直持续到公元308年。罗马时期的诺姆甚至可以铸造自己的货币。第十二王朝的法老们在上下埃及边界处的埃尔·利希特（伊梯－塔威）建立了都城，享有史无前例的权力。然而，王朝建立者阿蒙尼美斯一世（前1994—前1964年）是在一些诺马尔赫的支持下掌权的。作为回报，这些诺马尔赫重获了许多特权。他们保留了一些头衔，如"奥利克斯州大总管"等。在另一些州，则是新家族的首领被任命为总管。

如果法老要进行资源探险或军事远征，诺马尔赫需要提供船只、给养和士兵。他们可能被要求陪同法老一起逆流而上，远征下努比亚，或者顺流而下视察三角洲。诺马尔赫会大量仿效法老的行为与文化。

大约公元前1850年之后，一个州的"大总管"的头衔很少再被使用。相反，城镇地区和所有的行政管理都源自法老的居住地。在这里，大臣、高级官员、下级行政人员和书吏各司其职。这一现象反过来使各州的土地拥有者、工匠和商人有可能在自己的州增加财富和影响力。

的马斯塔巴转变为带有太阳和宗教象征意义的金字塔。这些象征有助于法老启程。

前2654—前2635年：石墙继续带有半柱，这是使用芦苇柱的旧建筑技术的残留。

前2654—前2635年：萨那克特的兄弟乔塞尔的统治时期。他开创了用石头建造陵墓的传统，并被葬在萨卡拉的层级金字塔中。这是一座巨大的丧葬建筑群，俯瞰着孟菲斯城。

前2654年：乔塞尔的层级金字塔有205英尺高，以砖块大小的石头砌成六个大小不等的部分。神庙、石棺和王室成员的墓室都建在综合体的地下深处，且全部以石板建造。其周围的围墙每隔一段距离就建有扶垛和壁龛。也许，这是前一阶段出现的美索不达米亚对埃及影响的再现。

王子拉－荷太普及其妻子的仿真坐像。如其他雕像一样，男子的典型着色是棕色，女子则是奶油色。

前2654—前2635年：浮雕雕刻用木头制成，还有大型彩绘石像，如赫利奥波里斯的大祭司拉－荷太普及其妻子的石像。

- 在萨卡拉制作了一座比真人大点儿的乔塞尔的石灰岩雕像。乔塞尔穿着王袍，坐在王座上。

47

对王国的管理

义务劳动

除了对土地课税之外,国家还对民众派发徭役。拉美西斯三世的一篇铭文中提到在每十名男子中就要征召一名入伍的习俗。也许非熟练劳工也是如此。神庙在数百年的历史进程中所获赠的土地也需要招募劳动力。

徭役是埃及人对国家履行的强制义务:如果逃避义务,就会被抓进监狱。由此可知"乌沙布提"(ushabti)小雕像与死者同葬的逻辑;后者在来世不需要流汗和承受劳动压力。

赴沙漠采石的队伍可能由以下人员构成:非熟练工人、监督他们的官员、负责记录的书吏,以及承担磨面、烘烤、酿造、狩猎、捕鱼和担水职责的人员。有时候,采石过程中使用的劳动力是一些亚洲战俘。劳动力也会从埃及的一个地区被派往另一个地区承担国有土地的耕作与庄稼收割的任务。土地勘测员和收税员会向农民索取谷物。阿蒙神庙在获得独立之前,偶尔被要求向底比

正如这个木工作坊中的工人模型所示，埃及的劳工系统充满活力。

斯的王室每天供应一百块面包（这只是消费量的一小部分）。神庙的大部分土地被分成小块交给农民耕种。耕种者将收成的大约百分之六缴纳给神庙，剩下的足以养活四至五口之家。这些佃户每四个月还会有一个月的时间充任士兵、牧民或初级祭司，从中也会获得一些补给。

前2654—前2635

前2654—前2635年：乔塞尔因为饥荒而悲痛万分。伊姆荷太普劝他安抚掌管尼罗河泛滥的克努姆（Khnum）女神。为此，法老将第一瀑布附近的土地捐出以修建女神庙。

前2654—前2635年：在乔塞尔的金字塔中发现了近40000个属于这个时期的雪花石膏、角砾岩和片岩容器。容器的形状和大小各不相同。这些发现表明，除了陶器之外，石头也经常被用于制作各种物品，且制作过程中使用了钻头。

在层级金字塔中发现的乔塞尔国王的仿真雕像

前2650年：伊姆荷太普的名字和头衔与乔塞尔国王的名字和头衔一起被刻在一座雕像的底座上，这表明埃及社会对知识分子非常尊重。

前2650—前2400年：吉萨的金字塔建筑中，核心建筑使用了当地产的石灰石，罩盒使用了尼罗河对岸图拉（Tura）的石灰岩，墓室则使用了来自阿斯旺的粉红色花岗岩。

前2650年（以后）：铜线开始被使用。它由扁而薄的铜条制成，或者从越来越细的孔里向外抽取卷铜制成。

- 从此时开始，根据太阳运行周期对阴历（每年12个月，每月30天）进行了调整，新的历法在原先一年360天的基础上增加了5天节日。

前2640年：一位重臣的坟墓壁画显示，谷物的度量已经标准化，有两套度量体系，一是使用木制度量器，二是使用皮革度量器。

前2635年：乔塞尔在萨卡拉的祭庙朝向北方，目的是让死去的法老能到达北部苍穹并为北极星指航。

前2635年：埃及人掌握了蓝绿色彩瓷技术。乔塞尔在萨卡拉的层级金字塔中用这种彩瓷装饰墙面，瓷片呈蒲草状。

前2635—前2629年：这段时期处于塞凯姆凯特统治之下。他被葬于萨卡拉的一座未竣工的金字塔里。他的名字还出现在西奈半岛的瓦底-马格哈拉的一座浮雕中。浮雕显示他正在击打一名当地的男子。

49

对王国的管理

奖赏和惩罚

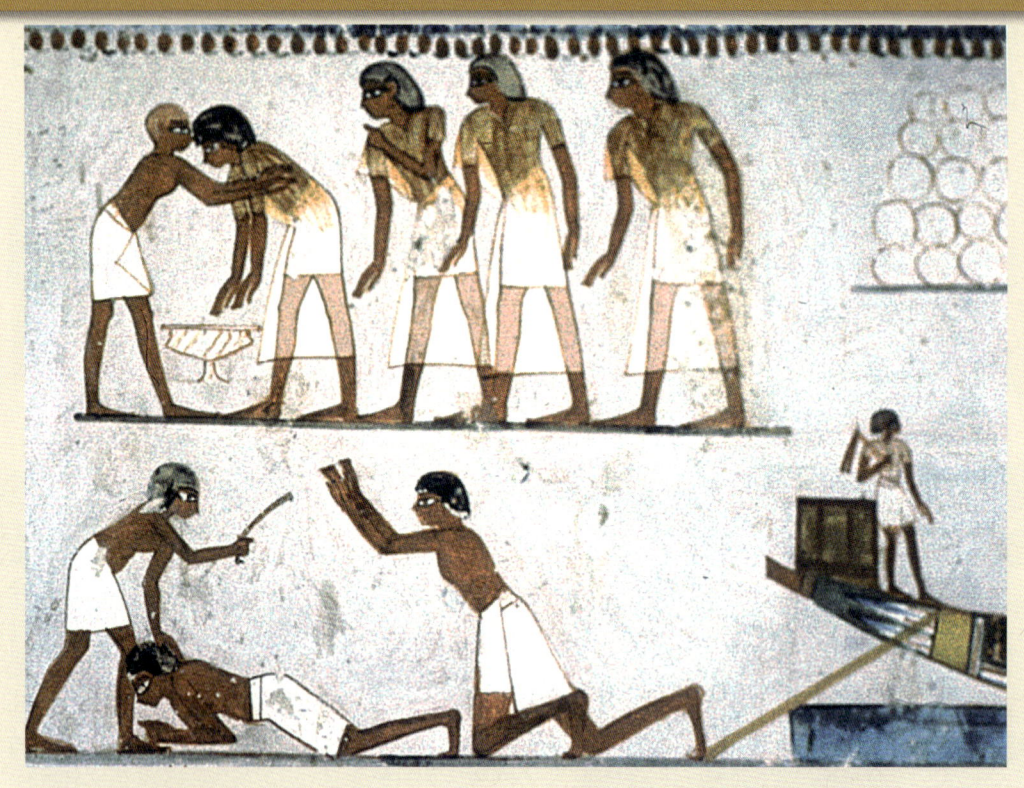

一个逾期未交税的纳税人被抓获并受到惩罚

神庙拥有大面积的耕地。很多人（比如工匠）完全依赖国家维持生计。官员们在任职期间可以获赐土地已成为一种习俗。

为所有参加国家项目的人提供给养需要高超的管理。上下埃及粮仓总管是一个高级官职且享有声望。考古学家发现了许多写在纸莎草上的口粮清单，上面列有啤酒的坛数和面包的数量。工人们会领到形状像面包的木牌，上面刻着谷物的数字或数量。他们领取口粮时需要出示木牌。超出标准口粮的部分，比如一坛啤酒或十个面包（对于高级官员而言）可以记账，或者在没有货币的情况下，与他人交换其他物品。

这一体系曾经遇到过挑战。在拉美西斯三世统治的第29年，代尔·埃尔－麦迪那的居民向神庙管理层提起正式申诉，称他们没有领到应得的口粮。当此举无济于事时，工人们便聚集在一座王室陵庙里举行抗议活动。他们递交了书面请愿书，并进一步等待给养的发放。

> **荣誉头衔**
>
> 从严格意义上讲，这不是一个官僚体系。头衔带有荣誉性质（维西尔、上埃及总督、首席印章持有人），实际上并没有反映一个高级官员实际开展的工作。国家通过法老的代理机构使"玛阿特"盛行于整个社会。然而，埃及不是一个福利国家，无论是社区还是个人，都缺乏法律的保护。

前2635—前2629年：塞凯姆凯特的墓藏包括21个金手镯、一条金项链、一个金盒子和金银合金的镊子。

前2623—前2621年：内布卡瑞仅仅统治了两年。

前2621—前2597年：第三王朝最后一位国王胡尼的统治时期。

前2600年（以后）：混沌之水渊中产生了原始之丘（奔奔）的信仰。化身为光之鸟的造物主站在奔奔上驱逐黑暗。在宗教融合的过程中，逐渐产生了一系列神灵，如奥西里斯、伊西丝、塞特和奈芙蒂斯。

前2600年：埃及人开始凿取巨大的石块，使用的工具包括铜锯、楔子、凿子、湿沙，以及很容易折断的片状石器。

- 埃及人开始在东部沙漠里开采黄金。

前2597—前2470年：在金字塔神庙里，祭司和管理人员定期为死者供奉饮食。负责维护仪式的工作人员所获得的酬劳包括面包、啤酒和谷物，有时候还包括布匹和肉类。这些给养来自国王赐给每一个金字塔综合体的地产。

- 金字塔仪式还包括船的使用，也许这意味着穿越河流，进入死者的领地。船在使用后被拆散，然后葬在金字塔附近的坑里。

前2597—前2547年：第四王朝的建立者斯尼弗鲁是第三王朝末代国王胡尼（他的妻子拥有"神之女"，即统治者的头衔）的女婿。斯尼弗鲁在达赫淑尔建造了弯曲金字塔，但尸体被埋在红色金字塔中。在达赫淑尔为斯尼弗鲁建造金字塔时，设计者中途改变了形状，在大约一半高的地方将斜度变缓，由此呈现出"弯曲的"轮廓。（由于底座不够坚实，这座金字塔在下沉。）

前2597年（以后）：马斯塔巴的建造发生了改变。尸体此时被深埋在地下的墓室里。墓室中有个坑，用以存放内脏。这个综合体包括一个不能进入只能从窥孔窥视的地窟，里面保存着死者的雕像。

约前2597—前2547年：第四王朝的建立者斯尼弗鲁在西奈半岛的绿松石采石场留下了他的印记。

- 根据帕罗姆石碑的记载，斯尼弗鲁率领军队远征库什（努比亚），带回数千战俘和二十万头牛。他还同利比亚的切赫努人（Tjehenyu）作战，获取了40艘满载雪松木的船只。这些木材很可能来自黎巴嫩。

前2590年：一个埃及人的定居点在第二瀑布顶端的布罕（Buhen）建立起来。

前2560年：埃及人开始崇拜敏（Min）神。他是霹雳，被描绘成一个阴茎勃起的男性人物形象，戴着高高的羽毛头饰，一只手挥舞着连枷。他与卡普托斯城（Coptos）联系在一起。

前2550—前2475年：成千上万的农民被征召，轮流建造王室的殡葬建筑群。在现场协调不同团队完成不同的任务需要高超的管理技能。王位继承者有时候负责监督。

前2550—前2525年：在吉萨的一口深井里，齐奥普斯的母亲（可能是王太后海特菲莉丝）的随葬品展现了埃及木制家具的绝佳典范：一张床、一些椅子、一把轿椅、一顶用作蚊帐的华盖，以及26个镶嵌着玛瑙蝴蝶、青金石和绿松石的银镯。墓室中还有一个特制的箱子，里面存放着经过防腐处理的死者内脏。木乃伊科学已经出现。

前2547年：斯尼弗鲁不是被葬在弯曲金字塔中，而是被葬在达赫淑尔的红色金字塔里。

海特菲莉丝王后的扶手椅，发现于吉萨，以木材、铜和黄金等材料复制而成。

前2547—前2524年：齐奥普斯（胡夫，大金字塔的建造者）统治时期。大金字塔本身是一个墓室与廊道的复杂体系，周围有高大的围墙以及附属的坟墓与神祠。

前2547—前2524年：在吉萨用巨大的石块建造真正的金字塔——表面平滑、没有梯级、方形基座、有三个相等的三角面。最大的金字塔的斜面坡度是51度。

马与战车

一辆战车的蚀刻版画（取自某个墓地浮雕）

我们现在所知的马是马属的一种，由普氏野马驯养而来。普氏野马生活在干旱的欧亚草原上，能靠极少量的水生存（在这方面仅次于骆驼），动作迅捷且具有敏锐的视觉和听觉，一旦感知到微弱的危险信号便能够迅速逃离。在野外，普氏野马生活在松散的马群中，马群的马匹数量大约是300匹。

驯养的马与野马并没有明显的不同，因此无法从出土的马骨上精确推断出驯养的确切日期。人们普遍认为，早在公元前4000年，欧亚地区（最初可能在第聂伯河下游）的居民为了获取马奶和马肉而驯养了马。在这个时期，人们可能已经开始骑马，但没有使用马镫或马鞍。

到了公元前3000年以后，草原上逐渐发展起了畜牧业。人们冬天在河流附近的村落基地度过。冬天过后，人们赶着成群的羊、牛和马四处放牧。当畜牧业变得更加专业化时，草原上的人们学会了制造马拉的轮车。建立在牧马基础上的游牧的生活方式可以追溯到公元前1000年左右。

被驯养的马较早传到了西亚，大约公元前2000年，美索不达米亚出现了骑马者的赤土陶作品。同样，在公元前2千纪早期，米坦尼王国统治下的叙利亚北部的胡里安人可能是最早的马拉战车使用者。当埃及人在亚洲发展起帝国主义野心时，他们被迫使用战车来对抗对手赫梯人和米坦尼人。赫梯人发明的车辆很重，而叙利亚和埃及的战车很轻，一个人足以驾驭。这种战车的车身下有一根长杆与车轴相连，然后拴上两匹马。车轮很大，但因为有轮辐，所以很轻。

在图特摩斯三世率领的一次冲锋中，敌方卡叠什国王看见埃及所有的马都是种马，于是放了一匹发情的母马。埃及将领阿蒙涅姆哈布只能果断地杀死母马以避免灾难。

在战争中，战车是一个移动的平台，弓箭手站在平台上可以居高临下地射杀敌人（马停止奔跑后，他把缰绳绕在腰上）。马通过连在鼻环上的缰绳受到控制。战车冲锋可以打乱排列紧密的步兵队形。

很明显，维护战车和牵引战车的马匹费用高昂。建造战车需要找到合适的木材和熟练的木工，而且，战车需要反复修理。最终，它们在对抗公元前1200年之后入侵埃及的"海上民族"手持长矛、投镖和其他武器的大批步兵时毫无用处。真正的骑兵可能是公元前940年左右法老舍尚克一世在对战以色列人时引入的。

前2547—前2475年：除了巨大的建筑之外，每个金字塔建筑群还包括尼罗河岸边的河谷神庙、通往金字塔围墙的有顶通道，以及位于金字塔东麓用于举行纪念性仪式与节日庆祝活动的祭庙。成千上万的人将这些巨大的石块运到建设工地，然后将它们拖上斜坡，安放在金字塔的特定位置。

前2547—前2200年：当一个国王被安葬在金字塔建筑群中时，一个完整的管理系统被建立起来用以维护圣所和举行纪念仪式。所有人员分为十组，每组工作一个月，以此来分摊工作负担。有专人负责考勤和口粮登记。

前2545年：普通人开始制作仿真雕像。

前2540年：金字塔建造活动北移至吉萨。

前2525年：齐奥普斯的儿子与儿媳被刻画在浅浮雕中，这是最后一批刻在优质石灰岩上且没有涂抹灰泥或涂色的纪念浮雕之一。

前2525年：大金字塔位于一个12英亩①的地基上，高480英尺，由大约200万块石灰石建造而成，其中许多石块重达15吨。金字塔中心的石头从当地开采，表面的石块取自尼罗河对岸的图拉（Tura），墓室中的粉色花岗岩来自阿斯旺。（在中世纪，大金字塔表面的石块被运走用于开罗的建筑）

前2524—前2516年：在齐奥普斯的继任者中，杰德夫拉相对而言默默无闻。

前2524年：黎巴嫩的雪松木被用来建造一艘船，并被埋放在大金字塔的围墙内。

前2516—前2493年：齐福林（哈夫拉）统治时期。他被埋在吉萨的第二大金字塔内（比齐奥普斯的金字塔低10英尺左右）。

前2516—前2493年：巨大的狮身人面像（约72英尺高、230英尺长）是在吉萨第二金字塔附近的岩石上雕刻出来的。这只有着人头的狮子趴在地上，保卫着王室建筑群的入口。狮身人面像所戴的王室头饰令人费解。

前2510—前2493年：齐福林的一尊闪长岩（一种非常坚硬的石头，产自努比亚）仿真雕像描绘他坐在一个高靠背的王座上，上面站着鹰神荷鲁斯。他的脸部造型捕捉到了他自豪的神态。

前2500年：齐福林的妻子位于吉萨的墓中壁画描绘了一位铜匠对着一堆燃烧的木炭用吹管吹火，还有一位男子用一块圆形的石头敲打铜板。

前2500年（以后）：巨大的、未经装饰的矩形石柱被雅致的红色花岗岩石柱替代。这种石柱的外形是一束纸莎草茎，或者棕榈叶形状的柱头。

前2500—前2190年：普通的房屋继续以芦苇、木杆或泥砖建造，房间很多，但较小，带有储存粮食的圆形砖仓。

前2500—前2200年：数学家和工程师们记录下了他们的练习和计算。在一块石头上有一个着墨的图表，表上画着一些逐渐缩短的平行线。这些线条的末端相连，形成了一个圆弧。

前2500—前2195年：在卡普托斯发现了一座神庙的遗迹，同一地区发现的一批献祭物品包括许多秃头、有胡须的男子的巨大石像。这些石像制作粗糙，看起来很猥琐，完全不同于宫廷雕塑，反映了一些地方风俗。

- 无论是穷人还是富人，在日常生活中都使用陶器。这些陶器虽未经艺术装饰，但有些橙色碗表面光亮，看起来很诱人。

前2500年（以后）：富人经常使用油膏和香水。这一点在坟墓中存放供品的容器，以及用于此目的的勺子上表露无遗。

位于吉萨的大金字塔建筑群

---

① 1英亩约为0.4公顷。——编者注

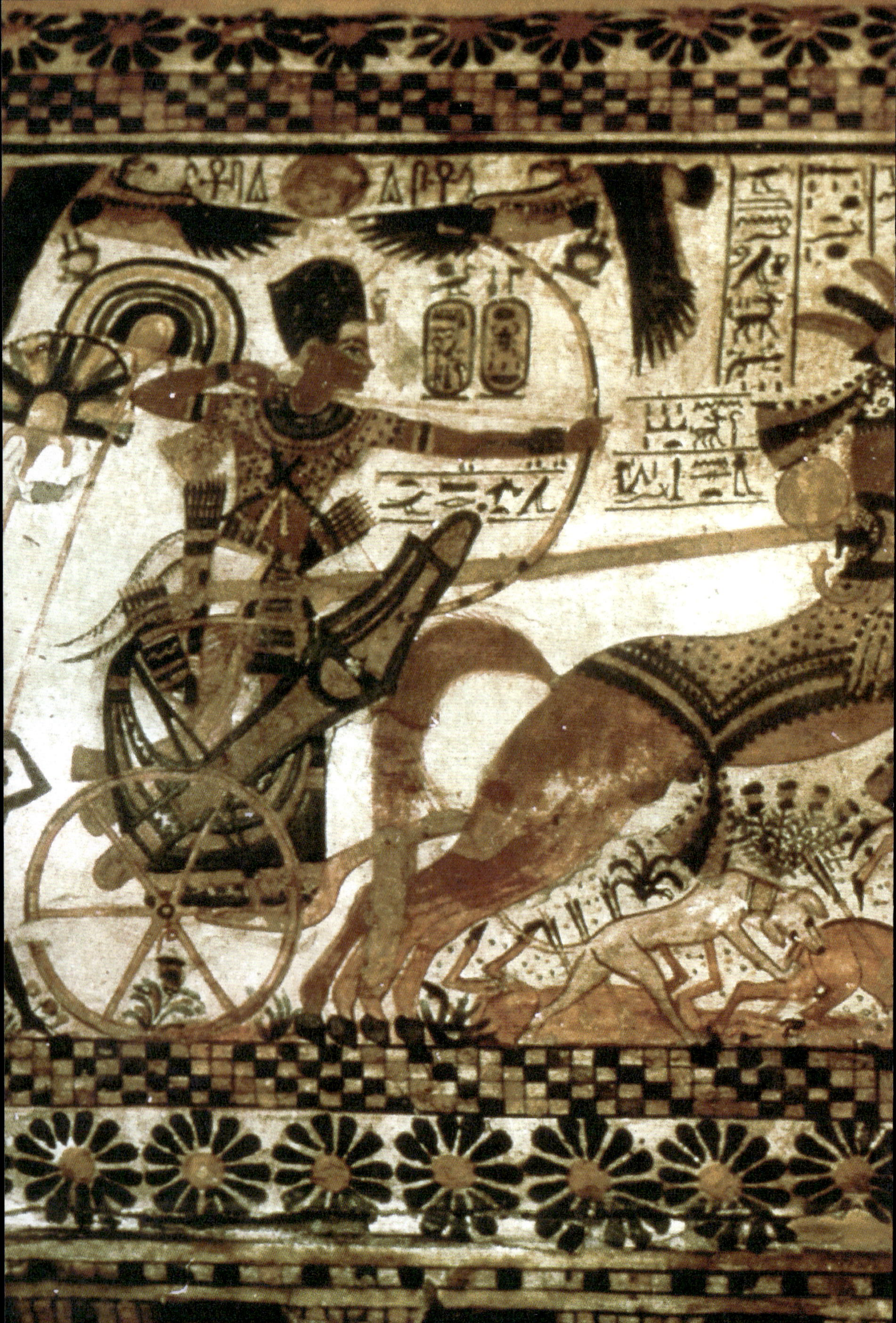

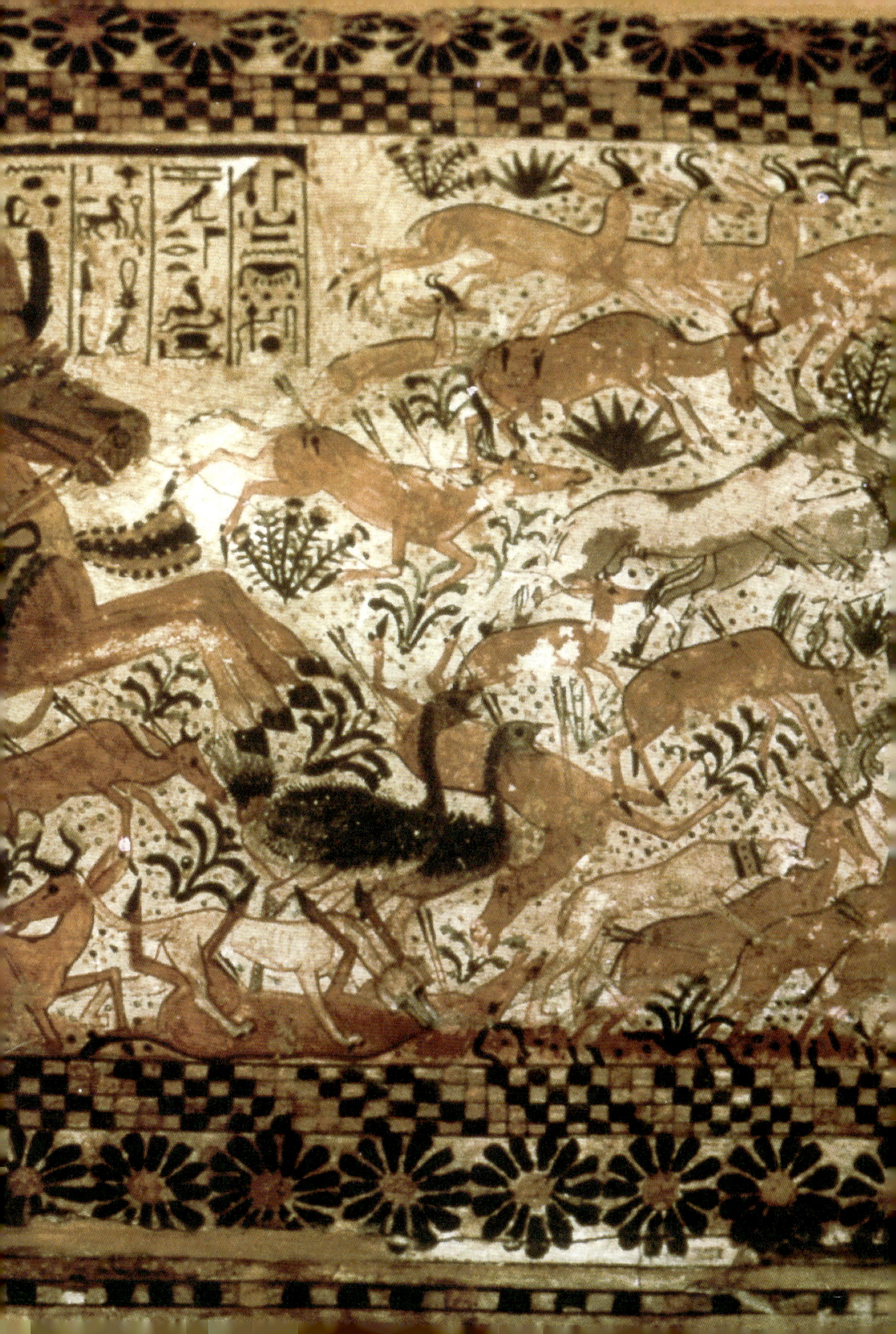

村落生活

新石器时代最早的村庄主要位于沙漠和冲积平原交界处的高堤上,与尼罗河湍急的水域保持着安全的距离,并且很接近蜿蜒在沙漠中的干河床上的季节性牧场。最早的村庄(属于公元前5千纪的巴达里文化和阿姆拉文化阶段)可能是牧民定居之后从事农业活动时建立的。在上尼罗河河谷,这些定居点由北向南延伸;在土壤肥沃的三角洲,定居点像"一张网中的节点"一样分布着,并且在很长时期内都有居民居住。

村庄的房屋

在阿拜多斯的一个小型定居点(早期的定居点之一)进行的考古挖掘中发现了一些带有烹饪炉灶的篱笆泥墙小屋的遗迹。居住区周围倾倒着废弃物,包括烧焦的谷物和动物的骨骸。在经过一段时间用泥块建造蜂窝状的小屋之后,人们开始用太阳晒干的泥砖建造矩形房屋,泥浆同时被当作砂浆使用。在法老时代,人们喜欢用扁长的泥砖建造拱形屋顶和门道,到了罗马时期才开始使用烧砖。

在屋子内部有做饭的炉灶、储藏谷物的容器,以及拴牲口的地方。一些房屋在某个房间的狭窄一端建有平台;可以睡觉,也可以作为接待区。墙壁被粉刷过,经常饰以彩带。然而,乡村和城镇中普通人的屋子内部很黑,很可能飞满苍蝇。相关文献提供的建议是用泡碱与水,或者用木炭与某些药用植

前2495—前2480

农业是埃及最重要的经济部门。像这幅取自《亡灵书》的作品一样，许多绘画都以农业生产活动为主题。

前2495年：哈夫拉金字塔的河谷神庙的柱子和顶部是用取自阿斯旺的红色花岗岩建造而成的，地面则用雪花石膏铺就。神庙中安放了23座哈夫拉的雕像。他的金字塔表面镶有石灰岩石块，比例非常大，高约472英尺。

前2493—前2475年：米凯里努斯（孟卡拉）统治的时期。他用阿斯旺的红色花岗岩在吉萨建造了第三个也是最小的金字塔（大小相当于大金字塔的三分之一），并用砖建造了位于尼罗河河谷的附属神庙。

前2493—前2475年：由一大块石板雕刻而成的米凯里努斯及其妻子的肖像比齐福林的肖像要逊色些。

尽管国王作为神圣代表，其形象通常更加高大，但国王米凯里努斯（又名孟卡拉）及其王后被雕刻得几乎大小相同。

前2480年（以后）：确立了在葬礼上跳舞的传统。在提伊（第五王朝）的墓穴壁画中可以见到一群女孩穿着长短套裙、胸前挂着一排排条带、抬起双臂舞蹈的情景。

物的混合物对房屋地面进行消毒。

　　富裕的人睡在朝向脚一侧倾斜的木床上，用弯曲的木枕或石枕充当枕头。其他的木制家具包括椅子（带有灯芯草或真皮座面）、桌子、凳子、箱子和盒子。在一些墓穴中发现了许多带有精美镶嵌装饰的盒子和箱子。埃及人喜欢把家具的脚做成动物的腿和爪子的形状。

跳舞的女孩与音乐家

57

村落生活

日常生活

在水平织布机上编织亚麻布,既是乡村家庭也是城市家庭的一项活动。在第十八王朝统治时期,埃及人开始编织挂毯。搓绳、编织篮筐和碾磨谷物的活动在院子里进行。妇女们用芦苇扎成的笤帚扫地,孩子们玩木制拨浪鼓和陀螺、动物推车或者头部可拆卸的动物玩具、皮球,等等。成年人则玩棋类游戏,就像西亚和南亚的很多地区一样。随着男孩的成长,一个常见的仪式是割礼,据说象征着从童年向成年的过渡。

农民通常负担不起死后的丧葬费,因此会将尸体扔进河里喂鳄鱼。农民很少走进大型神庙,仅限于参拜当地的路边神祠。

在尼罗河的沼泽地里与河岸上狩猎、捕鱼,收获颇丰。

狩猎

除了从事农业之外,埃及人还在茂密的芦苇丛中猎取鸟类,也会去捕鱼。与世界上很多地区相比,埃及的农业生活比较容易。尼罗河承担了大量的农田灌溉与施肥的任务,农民不必深耕或者役使很多牛来提水。书吏会记载土地的产出与税收。任何人都无法免除公共工程或神庙田产的劳役。

58

手持工具劳动的男子模型在坟墓中屡见不鲜，反映了生活的辛劳。

工具和小装置

家庭中很可能使用片状和磨制的石器，以及一些铜制工具。铁制工具和武器一直到法老时代末期才被普遍使用。早期出现的工具和小装置包括常被安放在井口的"沙杜夫"（shaduf）或杠杆，有刻槽的石棒或木杆（其用途类似于现代的尺子），用不同材料（铜、石头等）做成的秤砣（在农村，秤砣用赤陶土做成半球状或动物的头形）。此外，人们用双盘等臂天平来测量物体，用木制容器来衡量谷物。

非常重要的绳索

由各式材料制成、韧度不一的绳索被用来套牛、攀爬椰枣树、从井里汲水，以及逆流拖船等。绳子用亚麻、又粗又结实的棕榈纤维和羽穗草制成，用羽穗草制成的绳子被用来捆扎船上的木板。凉鞋是用绳子做的，但在艺术作品中，我们看到许多埃及人赤脚行走。

打结的绳子被用来测量土地。主要的测量单位是"肘尺"（大约相当于一个人前臂的长度），它被进一步分成更小的长度单位，即手掌的宽度、手指的宽度。

前2475—前2470

前2475—前2471年：第四王朝末代国王谢普塞斯卡弗统治时期，王朝逐渐走向衰落。他没有被葬在金字塔中，而是被葬在一座石棺形的坟墓里（这表明王国出了问题）。

前2471—前2464年：乌塞尔卡夫（前2471—前2464年）的巨大雕像由坚硬的红色花岗岩制成。由于石头非常坚硬，残存下来的头部显示不出多少细节。这尊雕像有16英尺高。

前2471—前2355年：第五王朝统治时期，众王大多被葬在阿布西尔和萨卡拉。王朝建立者乌塞尔卡夫在阿布西尔建造了一座太阳神庙，由此开创了为纪念太阳神拉而建造太阳神庙的传统。

- 统治者在其金字塔综合体中建造了独特的方尖碑神龛。

前2470—前2196年：在黎巴嫩海岸的毕布罗斯有一座供奉哈索尔的神祠。哈索尔相当于当地的阿斯塔特女神。各种物品上刻着佩皮二世及其之前的法老们的名字。

前2470—前2355年：第五王朝的浮雕以极其精致和准确的方式刻画了鸟类和其他生活在沼泽地区的生物。

前2470—前2190年：以金字塔和马斯塔巴的墙壁上的浮雕和绘画形式展现的宫廷艺术达到了高峰。这些浮雕和绘画涉及日常生活的众多层面。

前2470年（以后）：马斯塔巴或私墓的主人（不包括法老）的雕像常被制作成带着纸莎草、正在书写或阅读的书吏坐像。

- 两种文学体裁逐渐成形：一是为求得在冥界获得良好待遇和祈求供品的祈祷文，二是贵族的自传。金字塔咒语继续流行。

前2470—前2195年：在这段时间里，法老通常由提凉鞋者、理发师、王袍和王冠的保管人、书吏，以及私人祭司侍奉。

前2470—前2196年：日常生活的各个方面都以浮雕或绘画的形式展现在金字塔和非王室精英的马斯塔巴的墙壁上。

宰牛者，一幅日常生活的图景。

59

村落生活

饮食

家庭的基本伙食包括面包、油和蔬菜。在埃及早期，烘焙面包和用小麦或大麦酿造啤酒是相互联系的过程。谷物被彻底碾碎，有些浸泡在水里，放在阳光下发酵。剩下的用啤酒和水发酵，然后放在泥盘（或热砂）上的扁平面包模具中烘烤，或者放在长形的陶制模具（有时也使用其他形状的模具）中烘焙。为了完成酿造过程，要加入面包屑、水和老啤酒发酵。要把握好发酵的时间，然后过滤营养混合物。啤酒的味道还可以用枣或香料来改善。除了啤酒之外，埃及人也喝葡萄酒。现在还不能确定古王国时期的酒是棕榈酒还是葡萄酒，但在这之后，葡萄藤和葡萄酒得到了证实。文学和绘画作品以一种幽默的方式提到了醉酒：一幅拉美西斯的坟墓壁画描绘了一位身穿褶袍的上层妇女呕吐的情景。埃及人并不认为醉酒是不光彩的。

工匠们经常在工场里一起劳作

葡萄种植以及葡萄酒酿造是一项寻常的职业

手工艺人

　　农村地区有很多手艺人。从考古遗迹以及坟墓壁画上的图案来看,这些手艺人包括木匠、细木工、抛光工、皮革匠、陶工、泥瓦匠、凉鞋制作者,等等。皮革的制作过程涉及劳动分工:在大桶中鞣革,将其刮干净,适当拉伸,然后切成条状,并用锥子对皮条进行穿孔,用以制作凉鞋或家具部件。各种不同的木匠工具保存在埃及的许多遗址中,如斧子、锛子、凿子、锯子、刮刀、锥子,以及确保线条和角度精确度的工具,如量器、方尺和铅垂线等。本土的木材用于一般用途,进口的雪松木、紫杉木和乌木则作特殊用途。早期的木匠在拼接、镶嵌和覆层等方面的手艺都非常精湛。在很早时期,他们就能制作由六个不同层面组成的胶合板。

　　一般来说,陶器有两种:一是将尼罗河淤泥烘烤成浓重的棕红色,在新王国时期将表面涂成蓝色调;二是在上埃及使用的一种更好的、有光泽的"泥灰黏土"陶器。陶器被用作餐具,还有用于装葡萄酒的双耳瓶、用来装啤酒的坛子、储藏罐、面包模具、灯具、花瓶,以及墓中用于存放内脏的"卡诺皮克"(canopic)罐。

61

村落生活

衣服

在户外，埃及男子和女子都穿着用亚麻布做成的衣服（常常会被晒白）。这会衬托出人们佩戴的任何石制或彩陶珠宝。羊毛不像在当今美索不达米亚地区那样流行。公元1世纪因为与印度之间的贸易，埃及有了棉花。丝绸在埃及的出现则是由于罗马与中国的贸易。

服装很简单。在很长一段时间里，埃及妇女穿的是简单的直筒式紧身连衣裙。裙子无论是长及小腿还是到脚踝，都是在身体一侧开合。男子在早期无论贫富，都穿着短裙，裸露膝盖。一些更好的裙子有流苏或缘饰（男子和女子一样都穿戴"韦塞赫"领圈）。在新王国时期，着装样式发生了变化。女式连衣裙缝上了袖子，在裙子上和袖口处缝上了褶。男子则系上了腰带，并且常常在胸前也有饰带。

男人和女人都戴假发。留短发既凉爽又可以避免生虱子。假发通常被编成密密的辫子，从头顶垂下，但在艺术作品中也出现过其他风格的假发。人们将香油涂抹在身上，并将香油与猫、鳄鱼或河马身体内的提取物混合在一起。在一些特殊场合，头发上涂着用没药浸渍过的锥形动物脂肪或蜡。待脂肪或蜡慢慢融化时，便会散发出没药的香气。埃及人脖子上挂着花环，头发上涂着锥形香蜡在家中迎接客人的到来。

穷人工作时穿着简单的无袖连衣裙，以保持凉爽。

前2470—前2355年：赫利奥波里斯的祭司发挥了极大的影响。第五王朝法老的个人名字常常带有"拉"字。"拉之子"是法老名字中经常提及的称号。

- 吉萨以南的金字塔综合体中，在一座被截断的金字塔（象征着"奔奔"）上建造了多个方尖碑，附近有一个祭坛和动物祭祀场所。这座半截金字塔矗立在一个有浮雕和绘画装饰的平台之上。
- 塞德节成为传统。在一代人之后，登基周年纪念日开始被庆祝。通过这一庆祝仪式，法老被重新注入神奇的力量。

前2470年（以后）：统治者在阿布西尔和萨卡拉建造的金字塔要比上个王朝国王在吉萨建造的金字塔小很多。

前2470—前2355年：第五王朝的六位国王在阿布西尔附近的阿布·古劳布（Abu Gurob）建造了太阳神祠。这些神祠都是将顶端镀金的方尖碑安放在半截金字塔上，附近有用于献祭动物的石造祭坛。

前2470—前2195年：古王国的王室铭文有三种形式：记载一件事、编年记录（某一年因为发生了某个特别事件而被记载）和法令。

- 人们继续创作《金字塔铭文》："你的儿子投奔你（拉），这个乌斯投奔你！愿你穿越苍穹与黑暗融为一体，愿你在你照耀的光明之地升起！"

前2470—前2040年：在埃利芬廷，坐落于大瀑布的巨石之间的一座神殿里出现了数百件用烧制的黏土、彩瓷、石头和象牙做成的小供品。这些供品反映了民间崇拜而非国家崇拜的特征。

前2464—前2452年：乌塞尔卡夫的继任者萨胡拉被葬在阿布西尔的一座金字塔中。这座金字塔虽然比吉萨的第四王朝的金字塔小很多，但有大量的白色石灰岩浮雕。

前2464—前2452年：萨胡拉的金字塔里有大量浮雕，描绘了狩猎、诱捕河马、俘获利比亚首长及其牛群，以及与亚洲战俘一起从黎凡特归来的船只的情景。萨胡拉之后，王室的雕像不再定期制作。（艺术史学家认为萨胡拉的雕像做工低劣）

前2460—前2420年：太阳神庙建筑群中的河谷神庙与放有方尖碑的院子之间有一条通道。就像真正的金字塔一样，还有一艘大船（可能是用砖头建成的）。

前2452—前2442年：尼弗利尔卡拉统治的时期。他在阿布西尔建造的金字塔没有竣工。

前2452—前2442年：当地民众轮流从事土地耕作、仓库保管，以及祭祀亡故的统治者（一份金字塔田产档案证明了这一点）。所有人的劳动报酬都是谷物、面包和啤酒。

前2450—前2420年：位于阿布西尔的一名高级官员墓中埋藏着大量的蓝色小瓷片，上面有法老和神灵的文字和图像。

前2450—前2440年：不同形状容器的容量有助于系统计算神庙地产的库存和口粮。

- 计数方法很特别：分数的分子通常都是1，只有 $2/3$ 是个例外。于是，$6/7$ 被写成 $1/2 + 1/4 + 1/14 + 1/28$。

前2450—前2196年：埃及颁布了几道王室法令，规定全国各地的神庙与祭祀中心的祭司及其家属可以豁免强制劳役及接待到访官员的义务。

前2450年：以某位传奇人物所作的"告诫"形式呈现的教谕文学出现，其中的某些人物可能是虚构的。最早的一份教谕文学是第五王朝的"哈尔杰德夫的告诫"。

位于萨卡拉的层级金字塔综合体的遗址

村落生活

表演艺术家

乡村里有很多舞者和音乐家可以受雇举行娱乐活动。乐器包括木笛、芦笛，以及其他从顶端吹奏的管乐。同古代美索不达米亚一样，古代埃及也有大的竖琴，在新王国时期，还有较小的手持竖琴。打节奏主要用摇铃和击骨器（bone clappers）。鼓用手敲打。希腊人可能给埃及带来了双簧管和排箫。

绘制在陶片（瓷片或瓦片）上的女杂技演员／舞蹈家

购买与销售

艺术作品和文字材料显示，人们会去露天市场进行交易。谷物可以被用来交换鱼或蔬菜。交易中可以将用以交换的物品写在一个陶片上，如一口棺材换一头猪、两只山羊、两根圆木和一定重量的铜。出售房产需要在纸莎草上草拟"房屋文件"（house document），写上买主姓名，同时提供三名证人姓名。相关官员会将纸莎草卷起并加上封印。立遗嘱也需要"房屋文件"。

文学作品和坟墓艺术还能让我们领略到当时活泼的社会互动情景。一名小官吏告诫他的儿子要做一名能说会道的工艺师。他说："权力在舌头上，言辞比战斗更有力。"埃赫那吞建造的一座城镇里有一口公用水井。在水井附近一个窃贼的藏物之地发现了赫梯人制作的银制小雕像，还有一些金银长条和金银环。考古学家弗林德斯·皮特里在对一个幼儿的棺木进行挖掘时，偶然发现了一个古代的欺诈行为。他打开棺木后发现，里面并没有幼儿的骸骨，只有成年人的膝骨。于是，皮特里愤愤地写道："无耻的殡葬承办人根本就没有费力将孩子的尸体做成木乃伊。"

前2442—前2413年：谢普塞斯卡弗、尼弗尔勒弗拉、纽塞拉、门考霍尔等国王的统治时期。纽塞拉在阿布西尔建造了一座金字塔，除此之外，目前对这些国王所知甚少。

前2432—前2421年：纽塞拉的浮雕展示了神庙建造各个阶段的一些做法，如将献祭放在地基上，然后将其密封。

前2420—前2196年：位于萨卡拉的多位高官的墓地是由一些埋葬室和祭祀室构成的石砌综合体，同时包括为家庭成员的来世生活所做的额外准备。麦拉汝卡（Mereruka）的墓地有32间装饰过的墓室。

前2413—前2385年：伊塞西（杰德卡拉）的统治时期。他被葬在萨卡拉附近的一座金字塔内。他的宰相普塔赫－荷太普（Ptah-hotpe）传说是一位箴言书的作者，也被葬在萨卡拉。

前2400年：帕罗姆石碑是一块黑色闪长岩石碑，上面刻着一些重要的历史记录。正反两面用象形文字横向记载着此前历代国王统治时期每年发生的重要事件、节日、雕像制作、对外国人的胜利，以及海外远征的细节。它还记录了尼罗河每年的水位高度。

前2400年：埃及出现首批玻璃球，但是玻璃作为一种材料直到后来才被重视。埃及人制陶时开始使用快速转轮。

前2385—前2355年：乌那斯（韦尼斯）的漫长统治时期。

前2360年（以后）：王室金字塔和贵族的马斯塔巴都开始用精美的王室艺术作品装饰。

前2360年：技术熟练的雕刻家们为提伊（Tiy）的陵墓而工作。一幅艺术作品显示工匠们正在建造一艘船，画面精准地描绘了工人们所使用的工具和他们的动作。

前2355—前2195年：第六王朝统治时期。统治者取消了对太阳神拉的单一崇拜，将自己的活动集中在孟菲斯附近。他们的金字塔建在萨卡拉。

- 孟菲斯是行政和宗教中心，核心区域是带有神庙的王宫建筑群。（该地区已被尼罗河洪水所夹带的淤泥淹没，底土中的水使得深度挖掘很不现实）

前2355年：乌那斯被葬在萨卡拉的一座小金字塔内。这座金字塔的通道长2296英尺。通道上的一些雕刻（浮雕）在这一时期应属上乘之作。

前2355年：已知最早的金字塔铭文出现在乌那斯的墓室墙壁上。这些由魔咒、咒语和赞美诗构成的象形文字文本是为了保障一个人在来世的幸福，并且专注于取悦奥西里斯神。这一传统一直持续到公元前2195年左右。

前2355—前2343年：特提的统治时期。他的女婿和宰相麦拉汝卡（Mereruka）建在萨卡拉的马斯塔巴展示了这个时期一些最好的工艺作品。

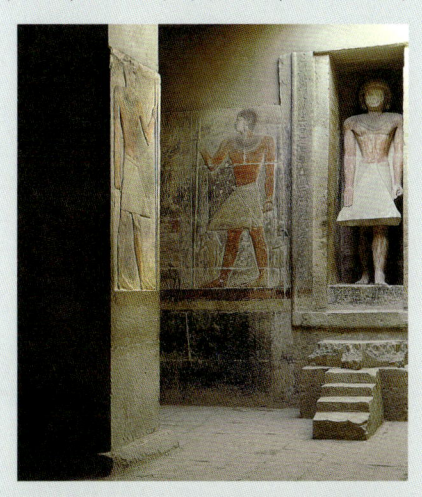

麦拉汝卡为自己在萨卡拉修建的马斯塔巴中的32间精美墓室之一

安全与保障

农村地区在特定时期会有土匪活动。河道旅行可能更加安全，当然也更便宜，因为动力来自尼罗河的流水，或者相反方向的北风。偶尔，沙漠居民会充当埃及贵族的捕猎者和追踪者；有时候，他们当中的一小群人会留在河谷定居；有时候，沙漠男子会充当雇佣兵，为埃及作战。穿越沙漠的袭击很少，因为任何大规模军队很难穿越沙漠并发动袭击，较常出现的是小股劫匪。

村落生活

上图：猫受人尊敬，也是一些较轻松的主题刻画的对象，比如这幅画在石灰石上的寓言画。画面中，一只猫拿着牧羊人的钩子，肩上扛着一只袋子，守护着鹅和鹅蛋。

右图：一副猫棺。神庙都附有猫舍。为猫举行葬礼以及将猫的尸体做成木乃伊要付费。

猫

在早期历史阶段,埃及人就认识到猫是一种很有用的宠物。尽管猫会在芦苇丛和沼泽地里捕食野鸟,但能防止房屋和谷仓里的蛇和老鼠偷吃食物。猫也象征着一位名叫巴斯特的女神——温和、仁慈。这位女神的崇拜中心在布巴斯提斯,城中居民专为巴斯特建造了一座神庙。在公元前940年左右法老舍尚克一世统治时期,布巴斯提斯变得非常重要。人们每年都要去神庙朝觐。

埃及人不管家境贫富,都会为死去的猫举行仪式性的葬礼,把猫的尸体做成木乃伊,有时还会将猫或猫的木乃伊安放在他们的墓地里。希罗多德在公元前5世纪写道,埃及人会像哀悼死去的家人一样哀悼死去的猫。据记载,在公元前1世纪,当一个罗马士兵偶然碾死了一只猫后,一伙儿当地的暴民袭击了他并将他杀死。贝尼·哈珊附近有一处场所就是专门为数千只猫的木乃伊举行安葬仪式的地方。

想要怀孕生育的妇女会在身上佩戴许多状似猫的护身符,数量与猫崽一样多。(参见第151页的时间表)

金属工人使用吹管铸铜

前2355—前2200年:冶金技术进展到将铜熔化(借助于吹管)以铸造铜器的阶段。

前2350—前2190年:阿拜多斯的一座神庙被砖墙隔成多个房间。房间带有用石头加固的门廊。希拉康波里斯也有一座早期神庙,设计更加复杂。

前2350年(以后):祈祷文和自传文本变得十分冗长,但自传仍然是描述为法老服务的墓志铭而不是对个人一生的回顾。

前2350年:孟菲斯的一位高级祭司声称,当特提走进了他的仪式船后,仪式保护了他。对太阳神拉的专一崇拜以及赫利奥波里斯的权力一去不复返了。

前2350—前2195年:第六王朝似乎只能控制下埃及,再往南的尼罗河河谷的法律、秩序和贡品征收是由一位总督负责的。

前2350年(以后):铜制工具得到改进,比如,斧子底部有两个凸起,用来固定带槽的手柄(用皮带)。

宗教：创世神话、信仰和习俗

正如大多数古代宗教一样，埃及人的信仰体系里也有很多创世神话。纸莎草和铭文中的资料向我们展示了这些观念的复杂性。拉、普塔赫、克努姆、阿吞和阿蒙，每一位神在不同时期、不同政权统治下都曾经被当作是宇宙演化的中心。

阿蒙-拉在新王国时期是至高无上的神灵。法老及其王室成员要向他表达敬意。在这幅画中，拉美西斯二世跪在一位神灵面前，他的父亲塞提一世和其他神灵则环绕在他的周围。

最初的起源

只有在生命起源的问题上，埃及祭司们才有一致的观点：最初只有原始水渊——努。从努中产生了原始之丘。每一座神庙都宣称是在原始之丘上建立的。在孟菲斯，人们相信世界是普塔赫神显现的结果。埃利芬廷的神灵克努姆（通过说出自己的名字而产生）在陶工的陶轮上创造了人（新王国的浮雕描绘了他在轮子上造了一个王室的孩子以及他的灵魂"卡"）。在新王国时期的底比斯，无形的阿蒙神（空气）至高无上。他无父无母，因而其出生是个秘密。

- 等臂天平被用来称量黄金等小物件。天平的枢轴悬挂在手中的绳子上，数量的记录非常精细。

前2350—前2040年：一些神庙建有密室。在第一瀑布的埃利芬廷岛，背靠巨石建造的一座矩形神庙有一个放置秘密神像的内部区域，院子里的神坛则用于放置袖珍神像。

前2350—前2295年：高级官员乌尼指挥一支军队对抗亚洲沙漠居民，踩躏了他们的土地（学者们认为这里所指的是巴勒斯坦南部地区），摧毁了他们的树木和房屋，俘获了数千人。

前2350—前2200年：许多埃及贵族在第一瀑布处留下了他们的铭文。哈尔库夫（Harkhuf）进一步探测拥有很多珍贵物品的努比亚，他成了上埃及的总督。

前2343—前2297年：佩皮一世统治时期。他虽然没有留下什么宏大的纪念建筑，但在埃及各地留下了很多铭文。

- 他娶了有权有势的阿拜多斯州长的两个女儿。他的继任者中有两位来自这场婚姻。

前2343—前2297年：有个带有铜套的木雕刻画了佩皮一世的形象，眼睛是嵌上去的。

前2343—前2297年：佩皮一世组织了一次到哈特那布雪花石膏采石场的远征。采石场位于东部沙漠的瓦底-哈玛玛特。

前2300年：一位雕刻家用石灰岩刻了一座自己的雕像——一个消瘦的乡下人，肋骨露着，腿很细。

前2300—前2190年：安放在墓碑里的雕像不仅仅是艺术作品。雕刻家在完成雕刻作品之后会诵念咒语，比如"我打开你的嘴，这样你就能说话；打开你的眼睛，这样你就能看见太阳"。

前2297—前2290年：奈姆蒂姆萨夫一世（麦然拉）统治时期。有两位大臣（乌尼和哈尔库夫）留下了对他一生重要事迹的叙述。

前2295—前2196年：亚姆（Yam）地区形成了一个个酋长国。一些酋长为远征途中的埃及官员提供各类设施。

前2290年：官员哈尔库夫带着300头驴从努比亚归来。驴身上满载着香、乌木、豹皮、象牙和投掷棒。

埃利芬廷岛上的一幅浮雕。埃利芬廷是克努姆神的主要崇拜中心。这位有着公羊头的创世神掌管着尼罗河的泛滥。

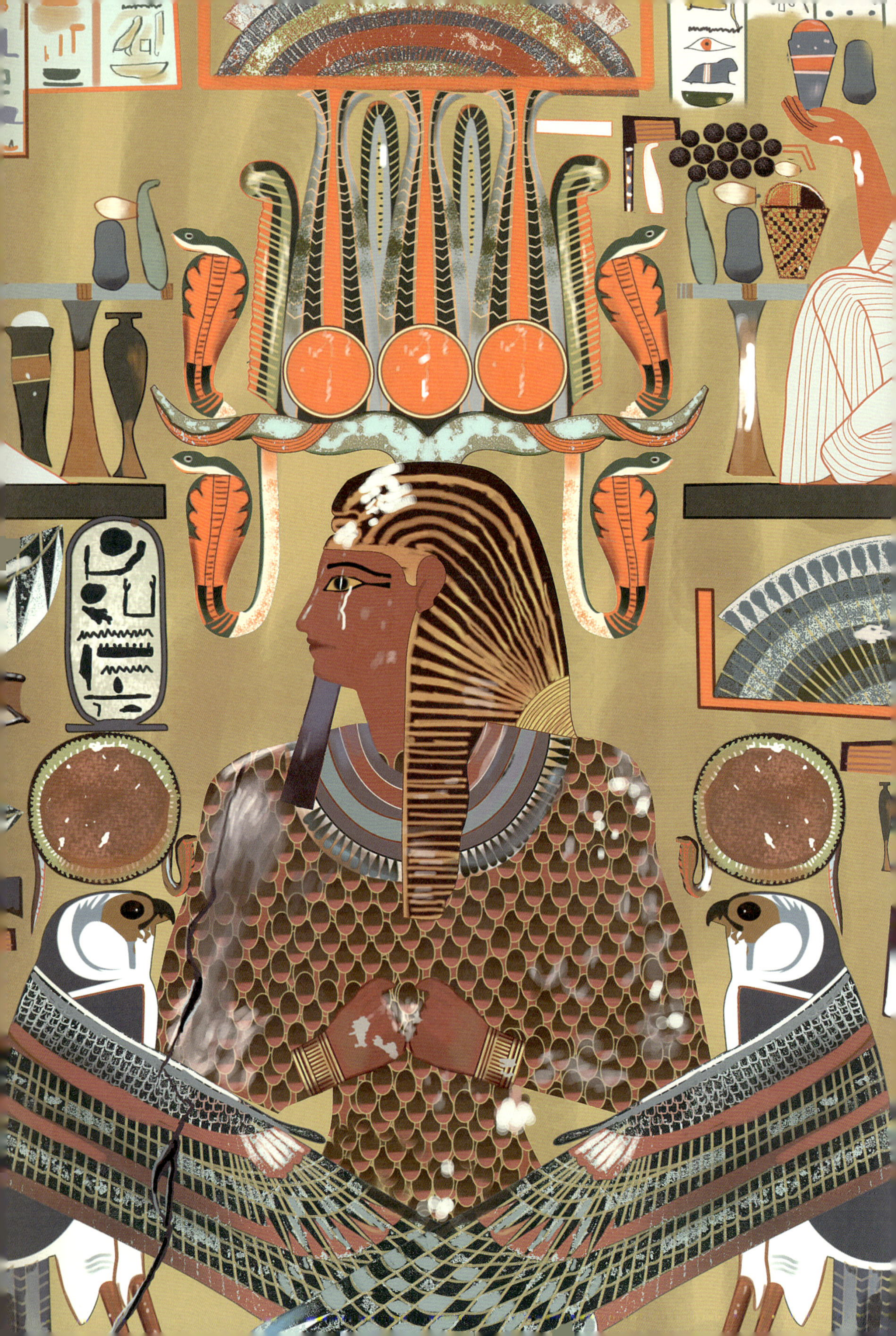

前2290—前2195

奥西里斯神话

关于奥西里斯神话的唯一完整叙述来自生活在大约公元前100年的普鲁塔克。在普鲁塔克的记载中，太阳神拉驱散了努的黑暗，创造了舒（空气）和泰芙努特（雨水）。这对双胞胎依次生下了盖布（大地）和努特（天空）。盖布和努特又是两对第三代神的父母，即奥西里斯—伊西丝和塞特—奈芙蒂斯。与王权关系最为密切的荷鲁斯是奥西里斯与伊西丝的儿子。

奥西里斯是第一位法老。他被自己的兄弟——精力充沛、激进、爱惹麻烦的塞特谋杀，尸体放入棺材后被扔进了尼罗河。悲痛万分的伊西丝外出寻找奥西里斯，发现棺材搁浅在毕布罗斯的沙滩上。她重新唤醒了奥西里斯并怀上了他的孩子。他们的孩子荷鲁斯出生后一直被秘密抚养，直到能够挑战塞特并夺回王位。

根据自然法则，奥西里斯不能在现世重获生命，于是成为冥界国王，审判死者的灵魂。遥远的天神荷鲁斯经常被描绘成隼或鹰的形象，指引活着的法老。人们认为奥西里斯被埋在了阿拜多斯。他经常被刻画成缠着木乃伊绷带、戴着上埃及白冠的形象。

左图：冥王奥西里斯、伊西丝、奈芙蒂斯和塞特都是努特和盖布的孩子。赫利奥波里斯崇拜九大神中的部分神灵，同时也是太阳神拉的崇拜中心。其他中心各有自己崇拜的神灵。

前2290—前2196年：佩皮二世（麦然拉的同父异母兄弟）统治时期。他建造了金字塔时代最后一座宏大的纪念建筑。（有两份材料说他的统治持续了90年！）

前2290—前2196年：佩皮二世建在萨卡拉的金字塔里的浮雕与第五王朝萨胡拉金字塔中的浮雕完全相同。

前2200年："宰相普塔赫－荷太普的训诫"中有37条箴言（如"艺术的极限永不可及""艺术家的技艺都不完美"等），但所有这些箴言都没有涉及国家事务的处理。

前2200年：石制容器的数量和种类减少。

前2196—前2195年：奈姆蒂姆萨夫二世统治时期。他无法掌控权力，因为此时的埃及在众多方面都已呈现颓势趋势。

前2195—前2040年：第一中间期。由于非洲东北部的年降雨量减少，尼罗河水位下降，食物开始短缺。

- 没有一个统治者可以将权威扩及整个领土，尽管这一时期并非绝对的混乱，但有证据（如位于底比斯的六十士兵集体墓穴）表明骚乱经常发生。

位于底比斯的士兵墓

前2195年（以后）：配备多个墓室的马斯塔巴的形式开始简化，仅保留埋葬室的浮雕、一些仆佣的小雕像和棺椁上的金字塔铭文。有些墓地以砖建造而成。

前2195—前2040年：第一中间期。大多数墓地都很小且带有地方风格。

71

宗教：创世神话、信仰和习俗

众神殿堂

埃及的其他神灵包括：(1)哈索尔：头顶牛角和日轮，崇拜地区有底比斯、西奈半岛和南部巴勒斯坦；(2)普塔赫：孟菲斯的时尚设计师或工艺师；(3)阿蒙：底比斯的保护神；(4)阿吞：太阳圆盘；(5)凯布利(Khepri)：正处于形成阶段的圣甲虫神。这些神灵中没有"伟大的母神"(Great Mother)，他们呈现为人或动物形状，或者是二者的结合。没有一个神具备独一无二的排他属性，因此有可能相互结合（如"阿蒙-拉"或"拉-哈拉赫提"）。

某个神的神像一旦要被供奉于神庙的内室，就需要经历"开口"仪式的神圣化过程。神会被祭司导入内室居住。祭司在举行仪式之前必须沐浴净身。神庙中的神像必须受到精心照料。神庙祭司们要为它们洗浴、着新衣、涂油、喂食。

在万神殿和仪式实践中，动物是一个重要的组成部分。在赫利奥波里斯有一头姆奈维斯(Mnevis)公牛，它是太阳神拉的化身；孟菲斯的阿匹斯公牛是普塔赫神的使者。神庙综合体中供奉着大量此类动物。同时发现的还有许多动物木乃伊，这是得到神的恩惠以及获取功德的手段。

复杂的神话与传说比比皆是。在一个传说中，空气之神舒强行将天空女神努特与她的爱人(大地之神盖布)分开。

前2195—前2100

神之妻

注定要成为王后的公主常常采用"神之妻"的头衔。在新王国时期,这一头衔有时由母亲传给女儿。当底比斯的阿蒙神高级祭司们攫取了政治权力之后,享用这一头衔的是他们的女人。公元前11世纪,塔尼斯的统治者将他们的女儿嫁给了底比斯高级祭司。王室女子成为哈索尔神女祭司,有些人甚至设法获得了女神神庙的地产。现知某个地方的贵族家族有三代成员都占据着这一职位。

前2195—前2040年:许多浮雕作品变得很粗糙。不仅仅是法老及其官员,普通人也开始为自己建造丧葬纪念建筑,只不过雇用的是一些非熟练技工。

前2195年(以后):石碑成为个人生活的纪念形式。碑上刻着祈祷文,反映了人们相信献祭可以获得来世的幸福。

前2195—前1650年:"金字塔铭文"转变为"棺椁铭文",普通人和一些小头目用草字体在他们的棺椁上写上一些简短的符咒。许多棺椁是用木头而非石头建造的。

前2190年(以后):上埃及的丧葬纪念建筑是在沙漠边缘地区的悬崖表面雕琢而成的。这一做法开始于麦尔、阿西尤特等地。

前2160—前2040年:赫拉克利奥波里斯的统治者控制了下埃及,驱逐了入侵的亚洲人并重建了孟菲斯的重要地位。这一时期末,他们败给了竞争对手底比斯。

前2160—前2066年:底比斯(中埃及)的第十一王朝前期与赫拉克利奥波里斯(下埃及)的第九和第十王朝在时间上叠合。两大中心为争夺整个埃及的统治权而互相竞争。

前2160年(以后):位于现代卢克索地区的底比斯或瓦塞特成为重要的政治中心。其当地神灵是鹰头战神孟图(Mont)或孟图尤(Montju)。

前2160—前2123年:孟图霍特普一世之后的伊利奥特弗一世被称为"两片土地的抚慰者",在政治统一方面取得了一定成果。

前2160—前1781年:中王国的纪念性建筑遍及包括法雍在内的埃及全境,以及叙利亚、巴勒斯坦、西奈半岛、努比亚北部和红海沿岸。中王国的金字塔没有第四王朝时期那样宏伟,大多由砖砌成,表面嵌上石板。

前2160—前2000年:第六王朝的法老们在底比斯西北部所建的金字塔带有下沉的巨大院子和柱廊。真正的墓地上方建有小金字塔。

前2123—前2074年:伊利奥特弗二世虽被冠以"上下埃及之王"的头衔,但他实际统治的区域可能仅限于南方部分省份。

前2100—前1990年:宏大建筑和雕像制作所需要的石材来自阿斯旺、瓦底-哈玛玛特、哈特那布、格贝尔·埃尔-西尔西拉,石灰岩采自第一瀑布以南地区。

宗教：创世神话、信仰和习俗

法老的神圣权力

法老是世上唯一拥有神圣权力的人，这种专一性经由奥西里斯和伊西丝神话以及荷鲁斯的出生而合法化，而荷鲁斯既是法老的向导，也是法老存在的象征。由于法老拥有这种权力，人们希望他能够维持"玛阿特"，即宇宙的平衡与和谐，更确切地说，是埃及国土的秩序与正义。如果他不能做到这一点，那么灾难就会随之而来：尼罗河不再泛滥，子女不再接纳父母。

由于法老至少具有部分神性，因此，只有法老才能向神灵供奉饮食。在现实中，由于法老无法在每一座神庙露面，高级祭司会以法老的名义代行其宗教职责，并在仪式之初明言"受法老之遣"。在神庙中要放置法老们的雕像，以便能使祭司们所念的祈祷和咏唱通过法老传递给神灵。神庙外的私人供品也以统治者的名义供奉，并被称为"法老所献供品"。

这是浮雕和绘画作品表达一些固定主题（如战争胜利、外国人向法老致敬，或者他的加冕等）的原因。神庙中存放着描写或记录王室成就的作品，在一些权标头（用于仪式）、调色板和石碑上也可以看到有关王室成就的铭刻。

唯一能在神庙供奉祭品（除非由一名祭司代表）的国王手持"乌加特之眼"。它象征着保护和国家法律秩序的维持。

前2074—前2066年：孟图霍特普二世的父亲伊利奥特弗三世是过渡王朝的最后一位国王。他选择在卡尔纳克（底比斯）对面的西部沙漠建造其大型庭院式陵墓。

前2070—前1780年：王室铭文继续得以创作，铭文的内容涉及某个国王的头衔、权力和军事成就，告知未来的统治者要追随他的足迹。

古代艺术除了刻画法老之外，也会涉及地位卑微的劳动者，比如，这座小雕像塑造了一个制作蛋糕的烘焙师的形象。

- 人们通过遗嘱将他们的房屋、奴隶和其他所有物遗赠给妻子、孩子或家庭外成员。

前2066—前1780年：所有人都要服徭役或兵役。据监狱记录显示，逃避国家义务的妇女会被投进监狱。在义务劳动服务期间，人们可以获得面包以及其他生活必需品，如盐、肉、蔬菜、枣子、衣服和凉鞋。

前2066—前2014年：托德（Tod）神庙中的一幅重要浮雕描绘了法老向孟图神供奉供品。法老的身后跟着三位先王。

前2066—前1994年：第十一王朝第二阶段有三位取名为孟图霍特普（意为"孟图神很满意"）的法老。孟图霍特普二世（尼布赫帕特拉）是伊利奥特弗三世的首席大臣，在对当地首领及其努比亚、利比亚和亚细亚军队展开攻击之后，开创了中王国（第十一王朝第二阶段）。中王国的中心是底比斯，其主要官员也是底比斯人。

前2066—前2014年：孟图霍特普二世统治了很长一段时间，拥有很多重要头衔。在其统治的第39年举行周年庆典活动时，法老戴上了双王冠，宣称自己是"两大领土的统一者"。

前2066年：孟图霍特普二世（尼布赫帕特拉）在代尔·埃尔－巴赫里制作了一些巨大的砂岩肖像。这些肖像是第十二王朝王室肖像画派的前身。

前2066年（以后）：瓷器的生产数量激增，且采用一种新的上釉技术，可使瓷器的色彩更加明亮。在动物小雕像中，刺猬与河马很受欢迎。

一头河马的彩瓷像。河马是唯一强悍到足以杀死鳄鱼的动物。

前2066—前2014年：房屋大部分是砖砌的，有椽子和茅草屋顶，门口有时呈拱形。穷人的房屋通常有四个房间，富人的屋子则有几十个。

孟图霍特普二世神庙墙壁上的彩绘浮雕

宗教：创世神话、信仰和习俗

与死者的沟通

在泰尔·埃尔-阿玛尔那的劳工区有一些死者的神祠。这些死者生前都很出类拔萃。人们以家庭为单位前往凭吊并与死者进行交流。在代尔·埃尔-麦迪那，工匠们会在路边的神祠停留以求取神谕。比如，一个衣服被盗的男子会在神祠里宣读一份嫌疑者名单。当他念到真正的盗窃犯的名字时，神会给出一个在场的所有人都能看见的信号。

神被咨询各种问题时，求问者通常需要一个肯定或否定的回答。由于普通人不能进入神庙，因此，这种求问只会发生在神被请出神庙加入游行队列时。此时，公众被允许陪伴在祭司们身边并向神欢呼（一年中这样的场合有很多）。对于问题的回答想必需要解释，答案可能是从那些携带神船中的神像者的无意识动作中流露出来的。

魔咒与保护装置

防止邪恶的侵害有几种方式。有保护功能的护身符中比较流行的是戒指或吊坠。这样的护身符在工艺师和石匠们居住的房屋里被发现了一些。某个神灵的名字也可以写在一张纸莎草上，卷紧了，然后垂挂在脖子上作为保护物。"乌加特之眼"或"瓦杰特之眼"涉及塞特神刺瞎了荷鲁斯的眼睛，而后又被托特神治愈的神话。这个流行的象征代表着荷鲁斯神、善与神圣。单字和名字有特殊的力量。有一些吉利的字与具有和善力量的名字可以保佑一个人祛病消灾。敌对者的蜡像、木像或画在纸莎草上的肖像被仪式性地"砍头"之后，可以消除这个人所有的危险。大量的魔咒针对的是蛇和鳄鱼，不会令人感到意外。

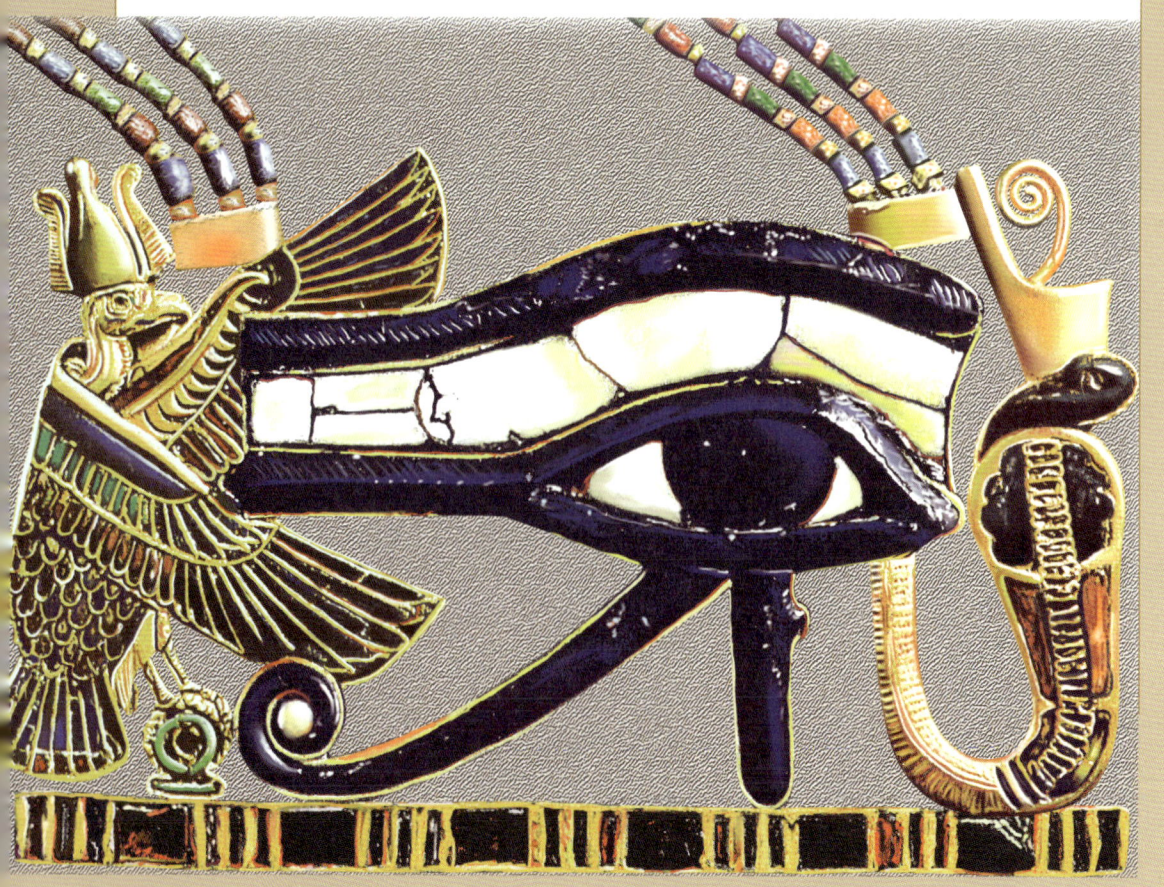

"乌加特之眼"（"瓦杰特之眼"）在墓葬肖像、护身符和珠宝中非常醒目，它能为佩戴者提供保护，并具有疗伤的功能。

前2066—前2000

前2066—前1780年：中王国期间，埃及建立了几个新的定居点，其中有些是军事驻地。另一些居民社区是专为崇拜已故法老而建。

- 一个重要的技术革新是引进了叙利亚地区的锡-青铜，取代了非合金的纯铜和砷-青铜。真正的合金在埃及的出现还要再推迟几个世纪。
- 所有的工匠仍然依赖王室、神庙或诺马尔赫的田产作为自己的生计来源，以劳动换取口粮。

前2066—前2014年：努比亚人对孟图霍特普二世朝廷的影响非常明显，他的王后们的肖像显示，她们的皮肤黝黑且有文身。孟图霍特普二世的军队中还有一些由努比亚人组成的辅助部队。

在西奈半岛的塞拉比特·埃尔-卡迪姆建造了埃及女神哈索尔的神庙。雕塑作品中有一尊刻画了孟图霍特普二世的形象。

前2014—前2001年：孟图霍特普三世（珊克卡拉）很可能是为了获取没药而组织去蓬特（索马里兰德）贸易远征的第一位法老。为此，他在红海海岸建造了一艘大船。

孟图霍特普二世

前2006年：孟图霍特普三世（珊克卡拉）派出一支营队从卡普托斯前往瓦底-哈玛玛特开采用于制作雕像的石头。负责这次使命的官员在通往红海的途中挖掘了多口水井，并在瓦底·埃尔-盖瑟斯附近海岸建立了一个站点。

前2001—前1994年：孟图霍特普四世派遣了一支万人远征部队，在上埃及总督的率领下，前往阿斯旺东南方的瓦底·埃尔-胡迪开采用于建造石棺的石板。

前2000—前1800年：对死者的崇拜意味着必须定期为已故统治者及其家人的雕像供奉祭品，其中涉及与当地祭司商议仪式职责，以及分配给神庙的土地、牲畜和人员的数量。

前2000年：冶金师学会了制作皮风箱，供烧窑时使用。

前2000年（以后）：尽管在埃尔·利希特和达赫淑尔建造了相当大的王室金字塔，但敬奉神灵的神庙逐步取代了王室祭庙。

前2000—前780年：象形体和僧侣体文字并用。后者的书写更加简化，用于快速书写和管理目的，但同样从右往左书写在纪念建筑的墙壁上。在纸莎草上是用黑色（灯黑色）墨水书写，标题或章节的第一个词则用红色。通常，红点表示一句话的结束。

前2000—前1975年：一份纸莎草文学作品显示出冶金工匠社会地位低下：他的身上散发着恶臭，他的皮肤像鳄鱼皮一样粗糙。

道德准则

简而言之，神圣就是实现了"玛阿特"（即神圣的秩序与和谐）。在存在主义层面上，这种实现需要某些道德品质。某个神庙墙壁上铭刻着这样一段话："不可入罪，不可入污秽，不可在殿里说谎，不可贪图钱财，不可收受贿赂，不可加大砝码或称量谷物时弄虚作假。"一位祭司或官员的标准墓志铭宣称，他从未做过挑拨离间、制造骚乱或挑衅的行为。《亡灵书》中有一段文字记载道，一个希望在来世寻求福祉的死者声明，他没有谋害过他人，没有使他人哭泣，不曾与已婚妇女有染，也没有与国王发生过争执。至少从公元前两千年起，人们就开始相信死者要对自己生前的行为负责。这一事实不仅揭示了道德准则的存在，还揭示了个体要对自身行为负责的信念。

宗教：创世神话、信仰和习俗

贝斯——塔瓦瑞特的配偶，矮人之神。他们都是家庭之神，掌管妇女分娩和其他家庭事务。

宗教实践

除了埃赫那吞时期之外,埃及普通老百姓不是只崇拜一个神灵,此外,在日常生活中也不会遇见神。神蛰居在只有特定祭司才能进入的神庙幽处,只有在庆典游行时才被请出。既然如此,一个普通人如何才能实现与神的交流呢?他们可以通过献祭或求问神谕的方式。在底比斯,某位法老在主神庙后墙对面竖立了一座巨大的方尖碑。它是阿蒙神的"耳所",在这里,阿蒙可以听见普通人的祈祷。

拜神行为包括献祭,目的是敬重和取悦神灵,同时求取神的保护和各种恩惠。有一些雕像和石碑具有治疗功能:浮雕刻画了孩提时期的荷鲁斯神制服了蝎子、蛇和鳄鱼。如果有人被叮蜇,可以触碰石碑,或者将水倒在石碑上,然后用碑上的水清洗患处,或者背诵石碑上的某个咒语。因此,大量的宗教实践被认为具有魔力,实践者希望通过履行仪式或者说出咒语来获得某些结果。

农民在家中会留有敬拜祖先的空间,也会专门设置一个地方安放塔瓦瑞特女神和矮人之神贝斯的神像,用以保佑分娩时母子平安。人们相信恶魔栖居在荒凉的墓地或近期被洪水淹没的地带。人们会向伟大的神灵祈祷,祈求他们控制这些恶魔。"保护者"或魔法师们在这样的远征中将一同随行。死者也可能出于嫉妒或报复而给他们的亲属带来伤害或疾病。有些被称为"红眼"的女人与塞特神有关,并被认为是女巫。还有一些睿智的女人能够针对恶魔、死去的亲属或让某个人痛苦的敌人提供一些建议。

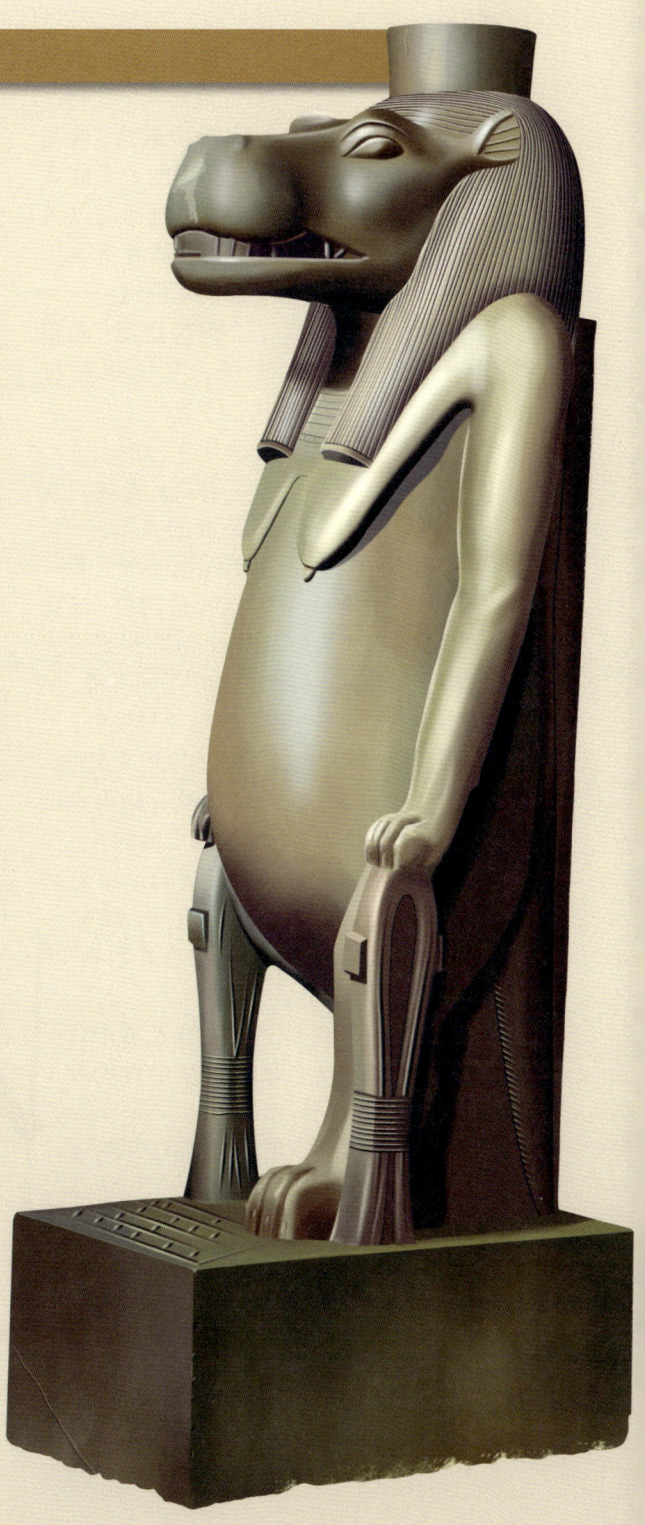

塔瓦瑞特,有着狮爪和下垂乳房的怀孕河马形象。

古代的神灵

阿蒙（阿蒙－拉）：底比斯的主神，后来与拉融合。他与双角向下的公羊联系在一起，但通常以人形出现，戴着有太阳圆盘的双羽冠。

阿努比斯：胡狼头神，主管葬礼仪式，称量亡灵的心脏和制作木乃伊。

阿吞：表现为太阳圆盘的太阳神。新王国时期的统治者阿蒙霍特普四世（埃赫那吞）为抑制祭司集团的势力和建立一神教而选中了阿吞神。埃赫那吞死后，阿蒙神的主导地位被恢复。

阿图姆：赫利奥波里斯的原初太阳神，与创世神话联系在一起。以落日作为象征符号，形象是戴着上下埃及双王冠的人。

巴斯特：猫科女神。最初的形象是狮子，后来表现为猫首人身的女子。既有保护性，又很凶猛。崇拜中心在布巴斯提斯（受希腊影响）。

哈索尔：形象是一头牛或长着牛耳的女子。她与生育、母性以及尘世的欢娱联系在一起。

荷鲁斯：鹰神，奥西里斯与伊西丝之子，与王权联系在一起。

伊西丝：盖布（大地）与努特（天空）之女，奥西里斯的妹妹和妻子。作为妻子和母亲的典范，伊西丝神在罗马统治时期非常流行。

克努姆：长着公羊头的创世神，在他的陶轮上塑造了所有生物。崇拜中心在埃利芬廷岛。

玛阿特：掌管正义、和谐与领土秩序的女神。

穆特：阿蒙神之妻，起初很可能是底比斯的神灵，形象是鹰首女子。卡尔纳克有供奉她的神庙。

奈斯：创世女神，崇拜中心在舍易斯。她通常戴着下埃及的红冠。

奈克贝特：上埃及的秃鹰女神，与她相对应的是眼镜蛇女神瓦杰特。形象是戴着上埃及白冠的女子。

奈芙蒂斯：塞特神的姐姐与妻子。她帮助伊西丝寻回被肢解的奥西里斯的尸身。她掌管装肺的"卡诺皮克"罐。

阿蒙－拉

克努姆

荷鲁斯　　伊西丝　　奥西里斯

前2000—前1994

奥西里斯：努特与盖布之子，伊西丝的哥哥和丈夫，埃及之王。他被嫉妒他的弟弟塞特杀死，被尊为冥界之王。崇拜中心在阿拜多斯。形象是戴着有两片鸵鸟羽毛白冠的木乃伊。

普塔赫：孟菲斯的赞助神，工匠的保护神。孟菲斯衰落后失去了重要地位。形象是一具木乃伊。以动物形象出现时则作为公牛受人们供拜。

拉：显赫的太阳神。崇拜中心在赫利奥波里斯。形象是鹰首人身，头上饰有太阳圆盘。

拉－哈拉赫提：拉与哈拉赫提（"地平线上的荷鲁斯"）结合后产生的神灵。

拉－哈拉赫提

塞尔凯特：蝎子女神。形象是头上有蝎子的女子。她是国王的保护者。

索贝克：上埃及的鳄鱼神，但在整个埃及都受到崇拜。

塔瓦瑞特：分娩与婴儿的保护神。形象是有不同动物的嘴、耳、尾、爪的孕妇。

托特：众神的书吏，月神，智慧之神。形象是朱鹭或狒狒。

瓦杰特：下埃及的眼镜蛇女神。通常见其戴着红冠和蛇形头饰（国王头饰的一部分）。

前2000—前1750年：各种各样的匙形船只（客船、货船、渔船等）在尼罗河中顺流而下。高高卷起的亚麻帆是为了借助风力向上游航行。

埃及人使用各种有帆或无帆的船。图中的这些船由纸莎草制成。

前2000年（以后）：上层妇女开始用石头制作大型肖像。

约前2000—前1500年：简洁而优雅的古典"中埃及"语言繁荣发展，用其写成的文学作品在未来几个世纪中一直是书吏学习的典范。随着埃及语口语的发展，书面语发展缓慢，因为它抵制日常表达而偏好某种程度的形式化语言。

前2000年：此时，在王朝的都城已有专门培养书吏的学校。王室子弟以及被选中的少数子弟（包括一些诸侯的儿子）都学习标准教材。

前2000—前1994年：努比亚此时成为法老们的黄金产地。

前1994—前1781年：第十二王朝统治了两个世纪，在狭长的领土内留下了许多代表国王权力的纪念性建筑。国王的保护神是阿蒙－拉。法老们不是被称为阿蒙尼美斯（意思是"阿蒙是最重要的"），就是被称作塞索斯特里斯（森沃斯拉特）。法老们在统治晚期，如果觉得自己年老了，会将继任者封为"共治者"（co-regents）。

法老阿蒙涅姆黑特三世的斯芬克斯像

宗教：祭司与神庙

位于卡尔纳克的阿蒙神庙

作为一种机构设置，神庙拥有自己的神龛、庭院、住宅、商店、作坊，以及各司其职的工作人员，并被称作"派尔"(pr)或"房子"。除了有供奉埃及主要神灵的神庙之外，还有为统治者的殡葬、保障他们来世福利而建造的神庙。国王会按照契约赠予这样的祭庙一定面积的土地，确保能有足够的收入以维持祭司的生存。这些祭司要定期供奉食物和奠酒，念出适当的魔咒来永久性地照顾国王的"卡"或灵魂。此类神庙在古王国和中王国时期位于金字塔区域，后来则远离埋葬之地。

姆黑特）一世，一位非王室成员，来自埃利芬廷的世系建立者，先前的一位高级行政管理者。一篇文学作品将其描述为灾难过后的世界拯救者。他重新划定了各州的边界，确定了各州行政官员的职责与权利。

> ### 世俗文学
>
> **前2000—前1780年**：这段时期是埃及世俗文学的黄金期。世俗文学的体裁包括冒险故事、教谕作品，以及在全国各地发现的写在纸莎草上的伪预言。许多作品显示出古王国时期墓志铭的影响。
>
> - 著名的塞努西的故事写于公元前1964年左右。塞努西是一位行政官员，偶然获悉了一场宫廷政变，由于担心内战爆发，于是逃往国外并遭遇了众多惊险，最终带着自己的亚细亚妻子愉快地回到了埃及。
> - 有些小册子论及医疗问题。一篇论文记载了"肌肉不适、风湿困扰和全身僵硬"。一份妇科疾病的药方说明了香附草、缬草和牛奶的需要量，各种药材需要经过至少四个早晨的冷却、混合与处理。
> - 数学纸草书上涉猎的主题有分数的加法、截断金字塔体积的计算，以及二项二次方程式等。

前1994—前1780年：尽管底比斯依然很重要，但都城现在变成孟菲斯附近的埃尔·利希特（伊梯-塔威，或"两片领土的控制者"）。统治者及其高级朝臣的墓地和纪念建筑都位于此地。

前1994—前1964年：阿蒙尼美斯（阿蒙涅

前1994—前1860年：除法老之外，各地的诺马尔赫也建造了许多纪念碑（比如，奥利克斯州的诺马尔赫在贝尼·哈珊建造了带有壁画的岩墓）。

前1994—前1781年：私人纪念碑和纪念柱刻有某种程式化的铭文。这些铭文中含有名字和头衔，索求"一切善与纯净的东西"。

宗教：祭司与神庙

祭司集团

神庙的浮雕和绘画显示，即使国王从未到过某个神庙，也只有国王才能履行神庙的宗教仪式。在这种情况下，祭司便成为国王的代表。普通老百姓不能进入供奉神灵的神庙内庭，因此，这些区域实际上成为各类祭司的专属领域。

没有一座可以追溯到古王国或中王国时期的大型城市神庙被挖掘出来，但我们知道，神庙中的祭司数量根据神庙的大小及其机构设置而有所差异。有些祭司全职服务，另一些祭司则每四个月履行一个月职责。

祭司中的"上帝之仆"（希腊人将其译为"先知"）高居等级阶梯的上层。还有一些祭司，就像先知那样，来自地方权贵家庭。诵经祭司手持仪式书，能够根据不同的仪式场合背诵经句。他负责保护纸莎草经文文本，还必须记录神所宣布的神谕。

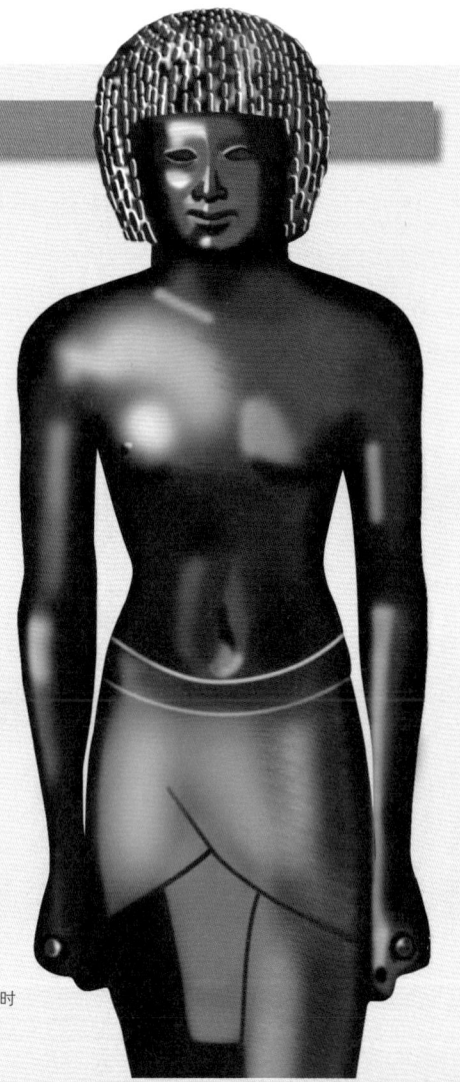

阿蒙神的一位祭司，很可能生活在第三十王朝时期。祭司发挥作用一直持续到法老时代结束。

祭司的职责

公元前9世纪，荷鲁斯神庙里的一位祭司在提及他最初入职的经历时说道："我被引入天际（神庙）去圣化神秘的神像，并用供品使他满足。"通过各种仪式之后，他进入了圣地，出现在荷鲁斯的面前，"对神既恐惧又敬畏"。

履行每日的仪式是祭司的主要职责，目的是要保持神像的圣洁和神性的满足。每天黎明前，一位事前已沐浴且穿着得体的祭司会打开存放着神像的偏僻暗室之门，然后俯伏在神的面前。接着，神像被清洗、着衣、画上眼影、抹上油膏、戴上珠宝。点上香，伴着歌声和咒语的诵念声，神被邀请享用以法老名义供奉的圣餐。伴随着拍手声、摇铃的嚓嚓声和舞蹈，祭司开始吟诵咒语和唱歌。这些是大多数仪式中不可缺少的部分。祭礼中的净化或奠酒既是清洁和净化的行为，同时也是赋予生命的行为，这是在一些作品中，从奠酒中的酒罐里流出来的不是水，而是许多"安卡"符号（象征着"生命"）的原因。

前1994—前1781年：刻写在陶器碎片或黏土小雕像上的"诅咒文本"变得更加普遍。

前1994—前1781年：底比斯司战争的鹰首神孟图被人首神阿蒙（"隐藏者"）取代。阿蒙有时被描绘为一个阴茎勃起的男性人物，头戴两片羽毛装饰的王冠，手里拿着连枷。阿蒙与拉融合后，成为全国性的神王，即"阿蒙-拉，众神之王"，其主神庙位于卡尔纳克（底比斯）。

- 第十二王朝的法老倾向于尊崇先王。比如，阿蒙尼美斯一世采用了"出生中继者"（Repeater of Births）称号。塞索斯特里斯一世为伊利奥特弗供奉了一座雕像，为孟图霍特普三世供奉了一座祭坛。
- 阿拜多斯取代了赫利奥波里斯成为朝圣之地，因为人们相信那里是奥西里斯的诞生之地，濒死或已死之人会成为奥西里斯。为了让那些不能真正葬在这里的人达成心愿，在阿拜多斯为他们竖立了许多私人纪念碑。乘船前往阿拜多斯的仪式性朝圣传统出现：载着死者前往阿拜多斯时船帆被卷起，返回时船帆则扬起。

前1974—前1929年：塞索斯特里斯（森沃斯拉特）一世统治时期。他通过开垦土地和控制每年溢流至洼地的尼罗河河水来组织改善法雍地区的农业。

前1974—前1929年：塞索斯特里斯一世的纪念碑出现在埃及的至少35个地区，北及地中海，南到第一瀑布（阿斯旺）。

- 塞索斯特里斯一世在法雍洼地竖立了一座巨大的方尖碑（超过49英尺高）。

生活在尼罗河周围的大批鸟类经常成为埃及人捕食的对象

前1974—前1929年：10座与真人相仿以及比真人大的石灰岩雕像刻画了坐在王位上的塞索斯特里斯一世。

前1950年：埃及的记录中首次出现努比亚的地理名称——库什。

前1932—前1896年：阿蒙尼美斯二世统治时期。

前1932—前1880年：埃及人控制着西亚地区的贸易和政治。

前1902年：阿蒙尼美斯二世海上远征蓬特成功之后，在红海海岸留下了一座纪念石碑。

前1900—前1880年：塞索斯特里斯二世统治时期。在这段时期，王室成员和贵族在法雍捕杀家禽和鱼类。他的金字塔位于通往法雍的途中。

纯净与虔诚

祭司必须干干净净地进入神庙。在每天三次服务之前，他必须在神庙的水槽或水盆里沐浴，用苏打水漱口。祭司需要接受割礼，在神庙期间必须除去身上所有的毛发且节制性欲。他们穿着羊毛、豹皮（在赫利奥波里斯是缀满星星的织物）和白色凉鞋。作为特定的神的代理仆佣，他们可以声称拥有神的独特品质。因此，拉的仆佣"擅长观察"，普塔赫的仆佣"擅长指导工艺"。在某些仪式中，祭司甚至会戴上神的面具。

宗教：祭司与神庙

祭司的等级

虽然在古王国时期祭司就拥有不同的头衔，但直到新王国时期，祭司的职位才开始专门化。阿蒙（被确立为埃及级别最高的神）的第一仆佣仍然是在位的法老，但在这一领域出现了最高级别的祭司，即上下埃及的所有先知总管。底比斯有第一先知，下面有第二至第四先知，重要性依次降低。从公元前9世纪开始，底比斯的阿蒙神第一先知职位被一些有权势的人攫取，底比斯人只有半自主性。

祭司可以是构成古埃及知识分子的学者。就祭司传播文学和学术传统而言，神庙里有制作和供奉神像的"神屋"，有在纸莎草上誊写和复制神圣文学作品（咒语、神的名字和名录、仪式手册等）的"书屋"，还有存放国王加冕的文本、木乃伊，以及通过联盟仪式将王权和祭司集团联系在一起的"生命之屋"。

> 妇女与神庙也有关联。王室妇女是哈索尔的女祭司。神庙有女祭司和女歌唱家。妇女还参加了神庙的行政管理。

在祭司阶层中，诵经祭司高居上位。

神庙供品

主要神庙的每日供品有时达到5000块面包和204罐啤酒，因此，神庙需要不断地从土地捐赠中获取资源。与泰尔·埃尔－阿玛尔那的阿吞神庙类似的神庙里有数百座石质祭坛和砖砌桌子，供人们摆放祭品。神庙里还发现了护身符、标签和储物罐碎片。其他的神庙场地发现有几十个烤炉和破损的面包模具痕迹、动物祭祀的区域，以及大量的储存设施。神庙从法老那里获得赠礼，派往国外的远征队也会带给神庙一些礼物，比如库什的黄金。一份纸莎草列出了拉美西斯三世赏赐给多个神庙的恩惠，包括房子、人、牲畜、船只和数百袋粮食。此外，神庙还能不时分到一些矿山和采石场。就行政而言，神庙在任何一种意义上都是国家机构，祭司是国家公职人员而不是教区领袖。

前1900年（以后）：法雍的经济地位得到提升，随之而来的是法雍地区的鳄鱼神索贝克及其配偶眼镜蛇女神列涅努特（Renenutet）的地位提升。

前1900—前1880年：塞索斯特里斯二世在通往法雍途中的埃尔·拉呼恩建造了金字塔。第十二王朝的其他两座金字塔也建在这里。

前1900—前1550年：墓地的浮雕和绘画常常描绘制砖的情景，用锄头挖出泥，混以水、稻草和沙子，用脚踩踏，然后装在木制的砖模里。湿泥砖经十天左右的日晒后便会变干。

前1900年：托德宝藏可能是毕布罗斯送给阿蒙尼美斯二世的礼物。

前1881—前1840年：塞索斯特里斯三世统治时期。他北上征服了巴勒斯坦南部地区的亚洲人，也南下在第一瀑布和第二瀑布之间建造了几座砖砌要塞。

前1880—前1840年：塞索斯特里斯三世在尼罗河上游建有许多砖砌要塞。努比亚现在成了埃及的一个州。塞索斯特里斯三世入侵南部巴勒斯坦。毕布罗斯港的物质文化受到了埃及的影响。毕布罗斯人使用象形文字。

前1880—前1800年：石刻家们刻画了塞索斯特里斯三世和阿蒙尼美斯三世苍老、憔悴的面容。这些雕像在国王的雕像中最具表现力（因此也被认为是最好的）。此前的艺术家更重视刻画站、坐、动的姿态或姿势，对于面部表情，则大体上以固定形式表现。

前1880—前1794年：塞索斯特里斯三世和阿蒙尼美斯三世让人制作了大批（超过100座）自己的巨石雕像，其中有座雕像高39英尺。

前1875—前1840年：毕布罗斯（位于黎巴嫩沿海地区）的两位统治者收到了阿蒙尼美斯三世和阿蒙尼美斯四世赠送的多份珍贵礼物。

前1850年（以后）："巫沙布提"人形俑与死者合葬的习俗出现。这种小雕像以"沙瓦布"（shawab）树木的木材雕刻而成，可以替代死者去承担冥界奥西里斯的田产上每个人都要承担的强制劳动。

放在死者棺椁或墓中的巫沙布提俑，上面刻有咒语。

前1842—前1794年：阿蒙尼美斯三世在法雍建造了一座可称得上是规模巨大的神庙综合体。

前1800年：取代了石板棺的矩形木棺现在做成了人形，描绘了戴着面具的奥西里斯的木乃伊形象。棺盖内侧写着咒语，保护死者在来世的安宁。这些棺椁铭文现在完全取代了早期的石头金字塔铭文。

- 从这时候起，铭文开始表达作为灵魂的死者的思想。

前1800年：开始根据当代分类系统原则编订"奥诺马斯提卡"（onomastica）或物理现象名录，如定居点、身体的各个部分、植物、鱼、动物和液体等。

前1800年：在叙利亚地区的乌伽里特发现了一个属于这一时期的狮身人面像，在更往北的泰尔·阿恰纳发现了另外一个。这两个地区都位于地中海海岸。

前1800—前1550年：下努比亚（阿斯旺和第一瀑布以南）文化与科玛（第三瀑布附近）文化逐渐分道扬镳，并各自形成了自己的特色。

阿蒙尼美斯三世的两座巨大的坐雕，被称为"门农巨像"，位于尼罗河西岸的底比斯。

宗教：祭司与神庙

阿布·辛拜尔神庙

在第一瀑布以南的努比亚地区，拉美西斯二世（前1279—前1212年）利用面向尼罗河的软砂岩悬崖，建造了一座比例大得惊人的神庙。神庙献给阿蒙神、普塔赫神、拉－哈拉赫提神以及拉美西斯二世本人。超过66英尺高的四个巨大的国王坐像是在一个平坦的立面前的悬崖表面雕刻而成的。在地面上，有个门道通向悬崖。悬崖被凿成一个巨大的大厅。一个内室依次与其他三个内室相连，以至于整个神庙几乎钻入岩石180英尺。然而，一年中有两天，初升的阳光可以照亮最深处的圣所中的神像。

代尔·埃尔－巴赫里神庙

西部沙漠边缘的半圆形悬崖，面向底比斯对面的尼罗河，曾被许多法老和贵族雕琢过。第十一王朝的建立者孟图霍特普·尼布赫帕特拉（前2066—前2014年）在这里建造了第一座神庙。尽管这座神庙不是完全凿岩而成，但其有圆柱的庭院和抬升的大厅很可能成为哈特谢普苏特女王（前1472—前1457年）效仿的对象。孟图霍特普的神庙修成了梯田式，这也是他的陵墓。在神庙的另一端是祭庙，位于悬崖内侧，再往里走，则是法老的葬身之处。

哈特谢普苏特壮观的陵庙是在代尔·埃尔－巴哈里的高崖壁面上凿岩而成的，且拥有极好的自然背景。这座神庙临近孟图霍特普的中王国时期的神庙，并从中吸收了某些建筑元素，是目前所知新王国时期第一座充分发展的祭庙。哈特谢普苏特的神庙也复制了其他陵墓的一些特征，比如第十一王朝前期（前2140—前2066年）的伊利奥特弗一世、伊利奥特弗二世和伊利奥特弗三世的陵墓中所出现的多排柱子。这些法老的陵墓正面有由20至24根柱子组成的单排或双排柱子，因此被称为"萨夫（saff）墓"（"萨夫"在阿拉伯语里的意思是"排"）。

哈特谢普苏特的神庙是在悬崖面凿岩建成，代尔·埃尔－巴赫里。

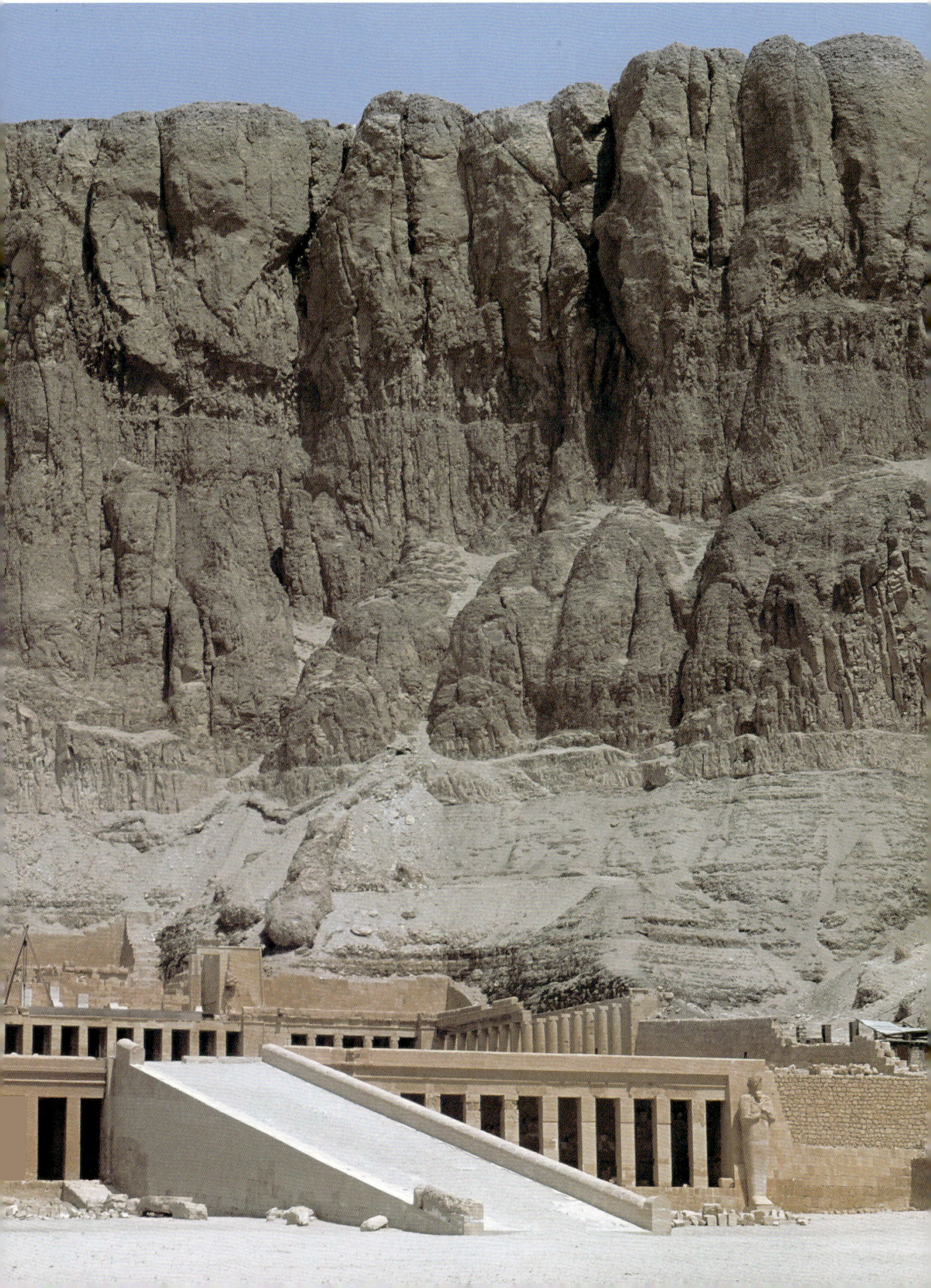

宗教：祭司与神庙

哈特谢普苏特神庙的独特品质部分来自它用以建造的白色石灰岩的光泽，部分来自庙宇分布于不同的海拔高度，部分来自其逼真的浮雕。

神庙的特色在于它有一条梯道，一个巨大的开放式庭院，以及三个相互层叠的柱廊或柱厅。每个柱廊前都有列柱，从建在斜坡上的中央梯级可以进入。

来自蓬特的异域乔木和灌木种植在最低处的庭院里。在第二层柱厅的一端建有哈索尔神殿。最上层柱厅的每根柱子前都立着一尊带有奥西里斯特征的哈特谢普苏特雕像。

最下层柱厅里的浮雕显示，船只正在运送两座来自埃利芬廷的红色花岗岩石碑。在上面的柱厅里人们可以见到哈特谢普苏特奇迹般的神圣诞生，以及在其统治的第9年到普瓦那（或蓬特）的贸易远征。图中显示的是女王的船只抵达目的地以及返回家园时的情景。留有胡须的蓬特首领和他的丑妻问候强大埃及的使者。他们的脸庞、服饰、茅草屋顶的小屋、棕榈树植被，以及动物群都被雕刻得生机勃勃、细致入微，展现了那时的埃及人对异域文化的强烈兴趣。女王回赠了蓬特人啤酒、肉类和水果等礼物。（参见第186页）

图特摩斯三世完全摆脱了哈特谢普苏特的控制之后损毁了许多此类场景。（参见第109页和第168页的时间表）

女王哈特谢普苏特与她的神庙，该图重现了三层庙宇的梯级结构。

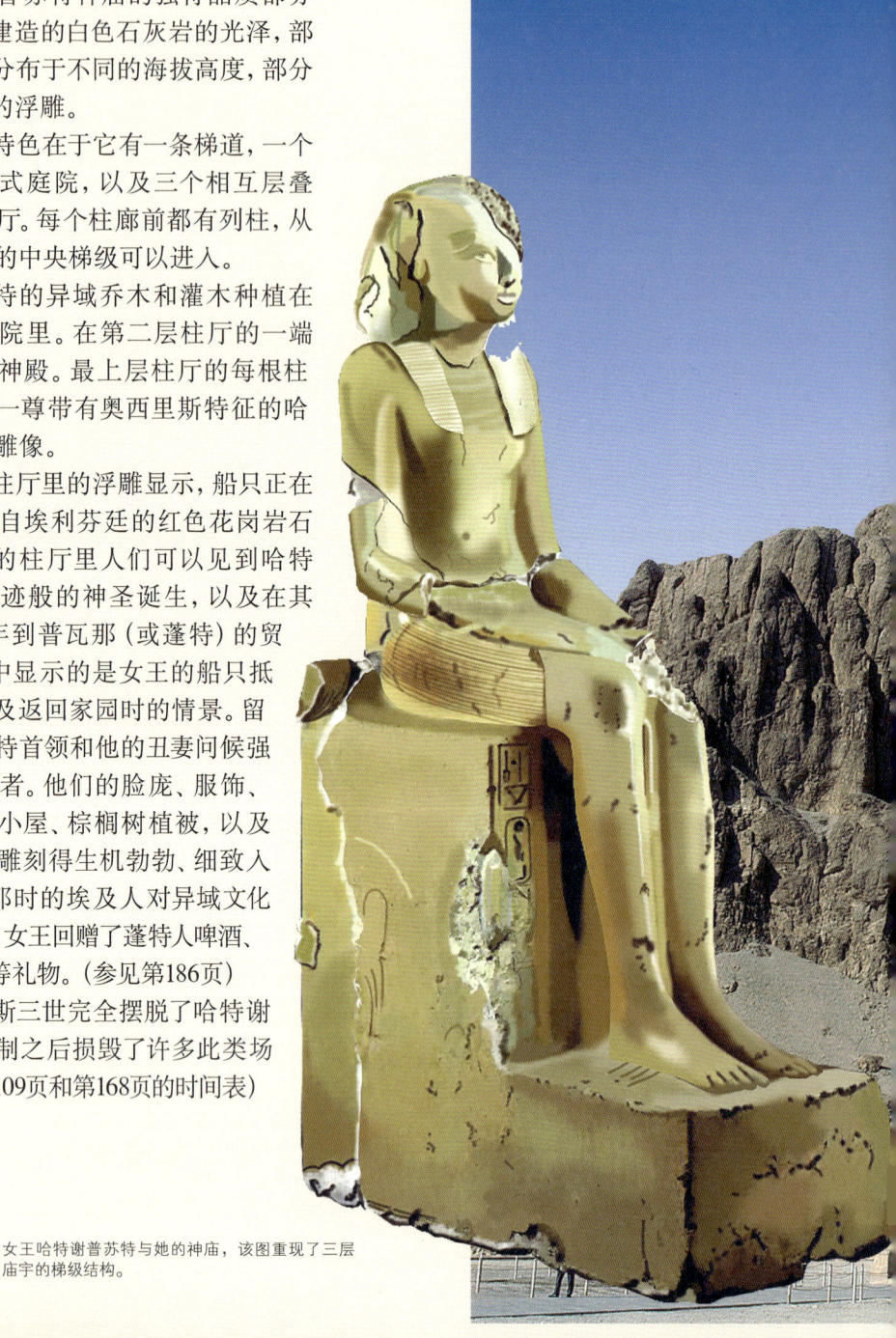

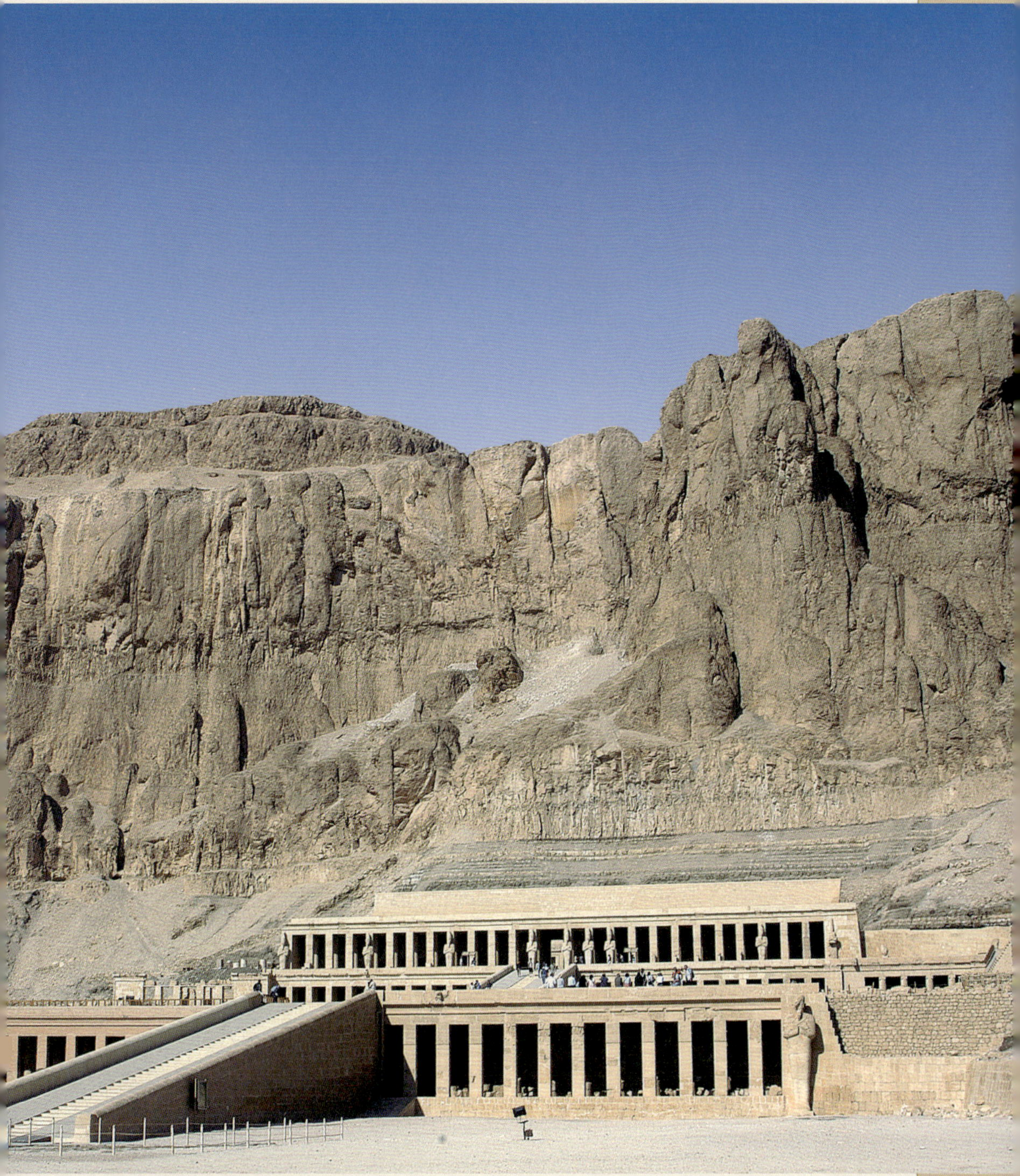

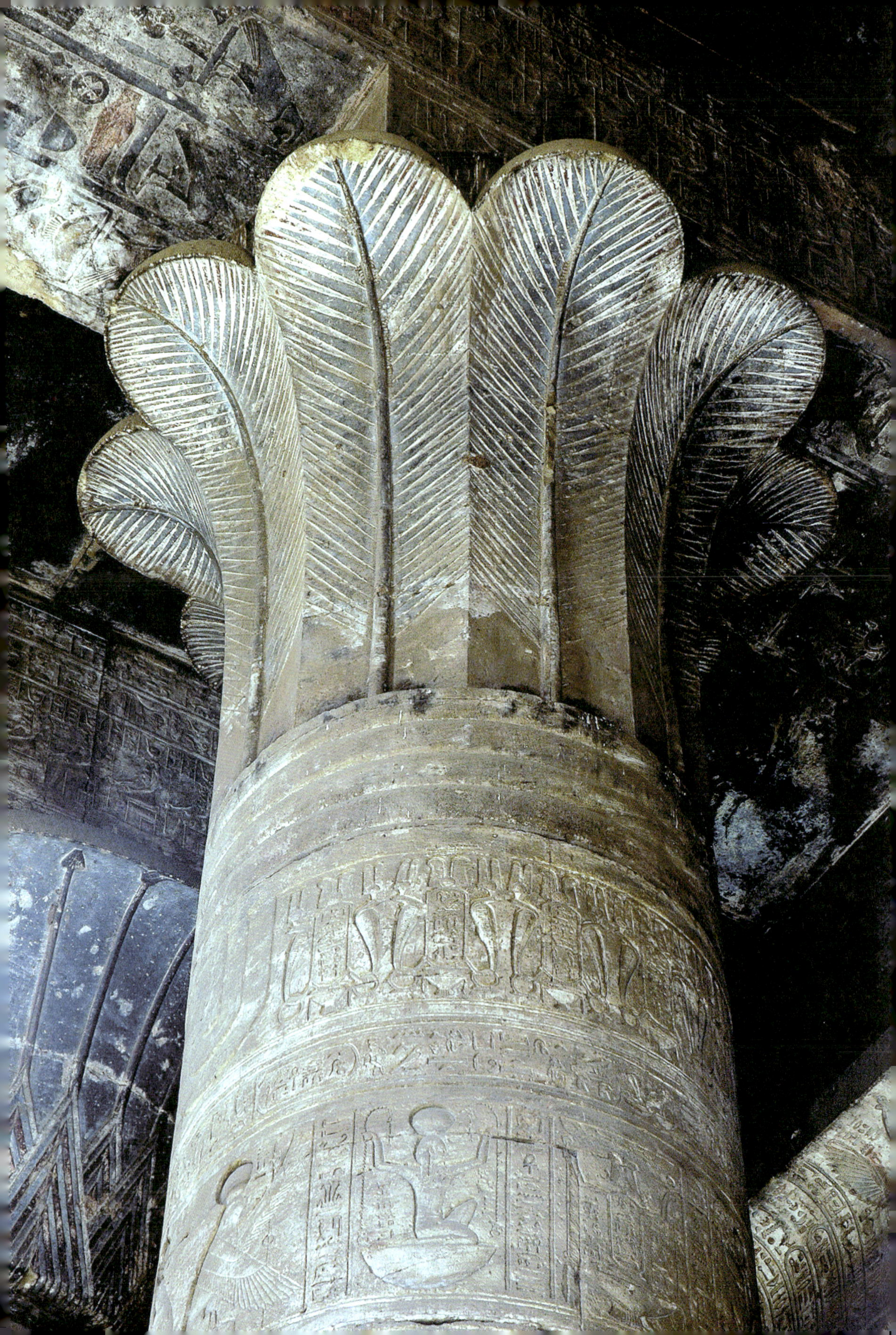

神庙的形式与规划

埃及的神庙是一个复杂的建筑体系，包括塔门、柱廊，有树木和水池的开放式庭院，以及多柱式大厅。在砖墙之内，一个神庙综合体可以包括多个石墙环绕的单体建筑结构。屋顶是平的，横梁是用石头做的。不过，太阳神阿吞的神庙没有屋顶，因为光线对于神庙内的活动至关重要。埃赫那吞在卡尔纳克建造了四座阿吞神庙。因为没有屋顶，所以地基不深，建筑砌块轻巧，易于搬运。神庙墙壁上画着各种自然与日常生活的图景。

地基

许多神庙的地基都建在干净的沙层上，这可能是"原始之丘"的象征，抑或它可以确保神庙建在一块处女地上。

塔门

埃及神庙的特征之一是塔门的建造，即在入口处建造两座塔楼。两侧长方形的塔楼顶部有带斜边的飞檐，表面饰以浅浮雕。

神殿圣所

穿过塔门即可进入柱廊或前厅，并可通往内室。内室之一便是供奉主神之所。神像经常被取出外展以便沐浴清晨的阳光。

柱子

埃及建筑率先使用了柱头经过雕刻或装饰的石柱来支撑横梁。后来，希腊人将石柱做得更纤细些，同时改进了大厅和柱子的相对尺度。

雕像、浮雕与方尖碑

在神庙综合体中随处可见二维浮雕、绘画和象形文字铭文，还有石碑、方尖碑、雕像、神舟，以及诵经祭司所使用的纸莎草。

左图：位于埃德福的一根圆柱，柱头呈叶状设计

前1800—前1600年：人们的随葬物品中出现了用绿石制作的心脏模型（护身符），上面刻着他们的名字，还有一些咒语，以确保来世的判决对自己有利。

前1798—前1785年：阿蒙尼美斯四世的统治尽管相对短暂，但权威仍然波及远至西奈半岛的地区。

约前1794年：阿蒙尼美斯三世的小雕像是罕见的通过去蜡方法铸造砷铜的代表，其中一个小雕像的头巾是单独铸造的。

前1794年：阿蒙尼美斯三世的建筑物比第十二王朝其他国王所建的更为宏大。与对金字塔的印象相比，希罗多德对哈瓦拉（Hawara）的丧葬纪念碑及其数量众多的庭院的印象更为深刻。

前1785—前1781年：阿蒙尼美斯四世的妹妹索布克尼弗鲁继位为王，同时采用了数个王室头衔。她是所属世系的最后一位统治者。

前1781—前1650年：第十三和第十四王朝统治时期，共包括70位总体而言微不足道的国王。首都一直在孟菲斯附近的伊梯·塔威。

前1781—前1650年：尼罗河水位在这段时期总体偏低。

- 第十三王朝未能抵御亚洲人对边境国土的侵扰，其第17位国王肯杰尔有个外国名，而其建在萨卡拉的金字塔却是埃及式样。
- 第十三王朝有7位国王取名为索贝克霍特普，意为"索贝克（法雍地区的鳄鱼神）很满意"。
- 军事头衔的数量增长，显示出安全军事保障的缺失。

前1780年：形如蜣螂的圣甲虫对埃及人具有象征意义。从此时起一直到公元前550年，埃及流行将圣甲虫作为护身符佩戴在身上。

嵌在黄金中并设置了咒语的人头形绿玉圣甲虫

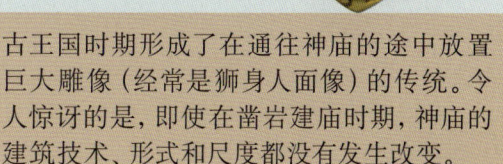

古王国时期形成了在通往神庙的途中放置巨大雕像（经常是狮身人面像）的传统。令人惊讶的是，即使在凿岩建庙时期，神庙的建筑技术、形式和尺度都没有发生改变。

宗教：祭司与神庙

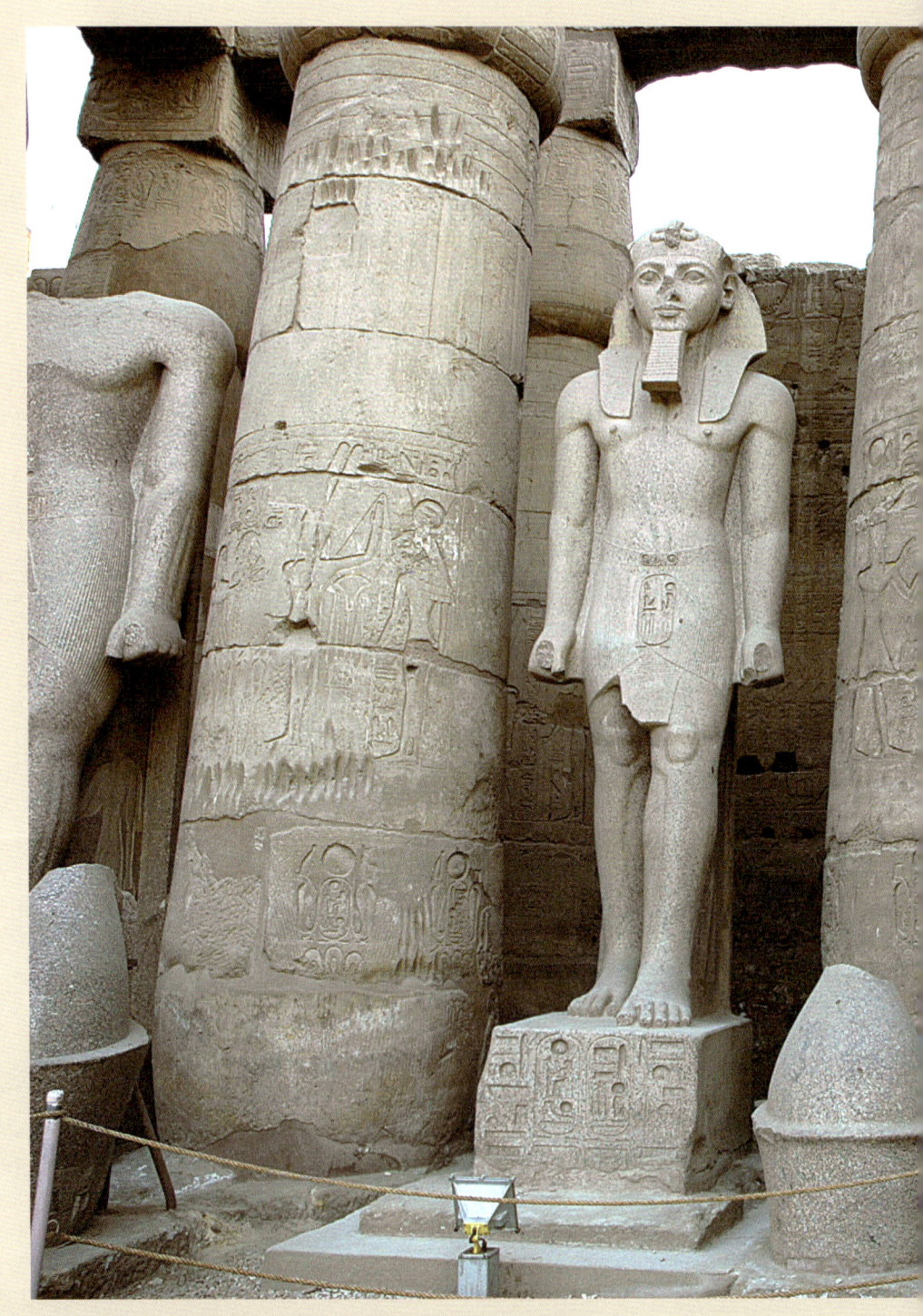

阿布·辛拜尔神庙中的圆柱与雕像

95

宗教：祭司与神庙

神庙的结构

从前王朝时期末开始，泥砖便开始成为埃及人的建筑材料。它是将泥、沙和稻草的混合物倒入矩形模具后经日晒而成。外墙上规则的壁龛（扶垛与凹壁）提供了额外的支撑。有些神庙铺设的围墙厚达36英尺：丁面层和顺面层互相交错，不时在两层间铺上草席。在希拉康波里斯和阿拜多斯，早期的法老祭庙围墙上有壁龛，外层抹上白色的灰泥。一些非王室的墓地以及公元前4千纪末至公元前3千纪初三角洲地区的一些王宫的墙体正面也有这样的壁龛，很可能受到了美索不达米亚的影响。美索不达米亚对埃及建筑影响的另一个表现是三角洲地区的布托在早期建筑的外墙上使用了装饰性的锥形马赛克图案。

早期木质标签上的图案显示，一些神龛只是低矮的圆顶小屋，周围是芦苇围栏，入口处立有柱子和旗杆。在埃利芬廷的尼罗河河床上，介于两块花岗岩巨石之间的缝隙处有一座圣所。圣所和神像都在远的一侧，前面则是一张用于供奉神像的露天桌子。这种设计反映了神性散发自岩石的缝隙间的思想。从涅伽达文化时期一直到罗马时期，埃及人都会参拜这座神祠。古王国时期，埃及人用泥砖对神祠进行了改建。

石头的使用

完全用石头进行建造可以追溯到第三王朝时期。起初，石头仅有砖块大小。层级金字塔及其围墙即是以这种石头建造的。事实上，石头建筑常常效仿砖砌建筑的凹壁装饰，或者房顶上的原木，或者类似捆成一捆的芦苇秆的肋状柱子。

使用石板作为建筑材料时，会在两层石板之间抹上薄灰泥，并用夹子将石板固定，等灰泥干了之后，再将夹子移除；然后用锤子和凿子将表面打磨光滑，用薄灰泥清洗，并画上网格，便于艺术家在表面雕刻或绘画。如果没有测量尺寸和角度的精密仪器，大型石头建筑不可能建成。

石块、柱子和雕像规模巨大，而浮雕的雕刻可以很精致且纤毫毕现。

喜克索斯国王的圣甲虫

前1780—前1650年：中王国之后的雕塑作品有着趋于僵化的形式主义特征。第十二王朝统治时期对雕像面部的现实主义处理此时让位于面部特征的固化。

前1780—前1700年：在埃尔·拉呼恩（位于第十二、十三王朝金字塔附近的一个居民点）发现的几份纸莎草，被确认是一些官方记录、行政信函和用于葬礼仪式的经文。

- 埃尔·拉呼恩的一份家户普查资料显示：一名士兵的家庭成员数量从3人到8人不等。

前1780—前1650年：有文字记录提及一些来自亚洲的男子在埃及人家中充当值得信赖的仆佣。这种现象如此普遍，以至于"阿姆"（amu，意为"亚细亚的"）一词开始有了"奴隶"的意思。

前1780—前1650年：在一名妇女的墓地中发现的一份行政登记册记载了80名逃避国家强制徭役的逃犯名单。如果被抓获，他们将面临终身劳役的判决。

前1770年：书吏正在记录数学题和测试题。在一份纸莎草上写着这样的问题："如果一年分发了10加仑的油，那么，每天分发的份额是多少？"

前1750年（以后）：开始创作童话故事。有一篇著名的作品讲述了一位遇难的水手遇到了一条失去所有亲人的蟒蛇。最后，蛇送给他一批没药、香团、长颈鹿的尾巴和其他一些货物。一艘航行于此的船装载着这些货物将水手送回了埃及。

前1750—前1550年：随着国家机构的坍塌，文化水准下降，在雕塑领域，对风格的关注极少，人物面部僵硬，毫无表情。

前1750年：数量极多的亚洲移民来到了上下尼罗河河谷。

- 许多努比亚人以战俘和雇佣兵的身份移居

埃及，他们浅坟中的随葬品包括皮衣和一些简单的装饰品。

前1725年：法老尼斐尔霍特普在"写作之家"（the House of Writings）参观并检查了一些古文献，希望能发现他要委托制作的奥西里斯神像的正确式样。这很可能代表了中王国以来某种程度的文化连续性。

前1650年（以前）：来自巴勒斯坦南部的闪米特人不断南迁至埃及放牧、贸易，或做家仆、酿酒师、裁缝。第二代移民常给自己取埃及名字。

前1650—前1550年：第十七王朝在底比斯建立统治并最终确立了对整个埃及的主权。

前1650—前1535年：第十五王朝在三角洲地区的统治时期。埃及人称他们为"沙漠高地的六个酋长"，即现代历史所说的喜克索斯人。喜克索斯人的政治中心在三角洲东部的阿瓦利斯（泰尔·埃尔-达巴）——中王国时期建立的一个边境哨所，一座有围墙和小屋子的城镇。喜克索斯人的统治较为宽松，但他们仍然对上埃及的地方首领宣称自己的政治霸主地位。

数学纸草书的局部

前1650—前1550年：棺椁通常以普通木材制成，上面绘着天空女神努特的神像。埃及人希望努特用其带有翅膀的手臂将死者带入群星间死者的永恒之所。

前1650—前1600年：一份外科医学文献（《埃德温·史密斯外科纸草文稿》，世界上第一部外科医学著作）涉及头部损伤和脊椎。它之所以有名，是因为每一个病例都做了系统处理：从"仔细的检查"到"诊断"，再到"治疗"。

前1650—前1550年：一位名叫阿赫摩斯的底比斯书吏誊抄了一份早期的数学文本。该文本

宗教：来世生活

从史前时代末期开始，富裕的埃及人为死后的命定之旅准备了大量的装饰品、陶器、食物，以及其他生活必需品和奢侈品。不仅来世的意象会随着时间的流逝而改变，即使在同一时期，关于来世的文本与实践都有模棱两可或相互矛盾之处。然而，埃及文明的众多层面，如纪念性建筑、科学、雕塑、文学创造力和工艺等，都是在为来世做准备的背景下发展起来的。来世生活是古代意识形态的中枢，直接影响着日常生活。

开列了数道算术与几何题。此复制文本的完整卷轴现今保存了下来,即"莱因德数学纸草书"。

前1650—前1550年:喜克索斯人给埃及带来了许多东地中海的文化元素,米诺斯的壁画,用于战争的马拉战车(以及用于称呼战车及其木制部分的迦南词汇),还有一些新式武器,如复合弓与鳞甲等。底比斯人逐渐采用了这些新的战争手段。

- "麦尔"(mr)头衔出现,图形标志是骑着马的人,意思是"骑兵指挥官"。

阿努比斯用羽毛称量死者的心脏,同时,作为众神之书吏的托特神记录称量的结果。这一结果将决定死者在来世的生活资格。

宗教：来世生活

"卡"和"巴"

埃及人相信，虽然此生有涯，但有准备的人能够将欢乐延续到无涯的彼岸世界。人们会将他们的精力和资源花在这种准备上，比如规划自己的墓地，以及积累各种用以装备墓地的物品（如家具、食物、化妆品和其他奢侈品）。

每个人都有一个"卡"或"偶体"；一个"巴"或"灵魂"，死后飞离肉体；一个"安克"或"精灵"，象征着来世的极乐状态，有时被描绘成一只鸟。人死后尸体不能丢弃，必须保存下来，以便"巴"在来世能够辨认出并栖居在上面。因此，一个拥有资源的人不仅要建造墓地，还要制作木乃伊、举行各种仪式、定期供奉供品，以确保来世的福祉。

过渡

天堂被称为"西方极乐世界"，在日落处的沙漠悬崖之外，那里繁星满天。在某些艺术体裁中，它是芦苇丛生之地。正如金字塔铭文所示，从今生转向来世非常困难，即便对法老来说也是如此。已故法老期望通过一种复苏的过程获得来自女神们的抚育。他从死亡的沉睡中被唤醒以便开始"天堂"之旅；他的肉体完好无损并保持纯净；他被赐予旅行标记——在这里，可以见到奥西里斯神话的影子。

另一幅图景是用船将已故法老送往"拉"的王国。船有五艘，被小心地埋在大金字塔附近坑里的状似纸莎草的雪松木船是其中之一。有些文本提到统治者抵达天堂时伴随着一声霹雳和巨响：这是隆隆的雷声和对挡住去路的小神必要的震慑，所有的神奇装置都任其支配。法老到达之后，便成为天空中的一颗星星，或者按另一种比喻，是与太阳同住同行的日轮。很明显，法老现在已是神圣的了，他的金字塔以及对已故法老的崇拜会保佑整个国家。

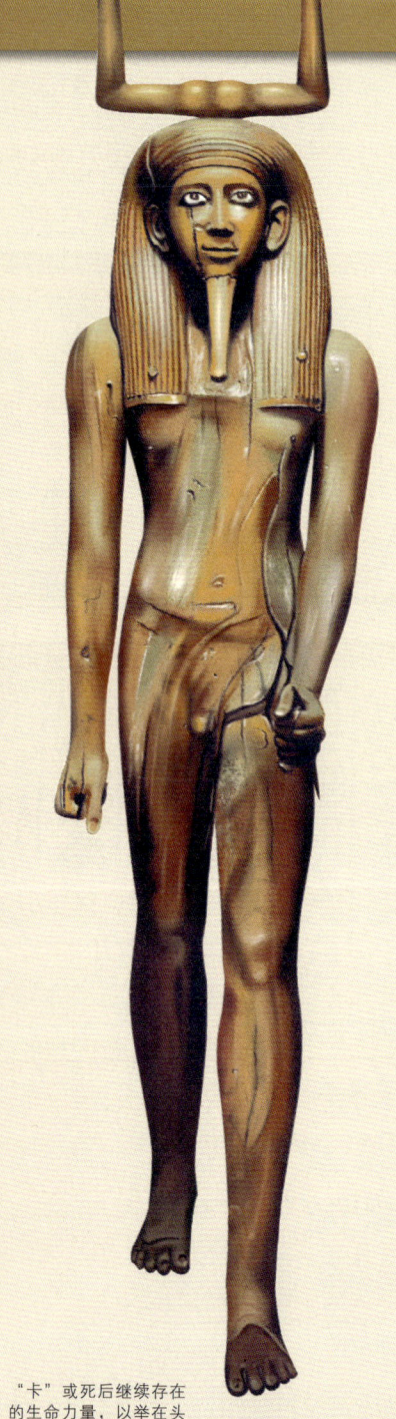

"卡"或死后继续存在的生命力量，以举在头上的两只手臂来表示。

- 日常生活中越来越多地使用加锡冶炼的青铜。从含银的方铅矿中提炼出来的银从地中海进口。由扭曲的或普通的银丝或铜丝制成的耳环仅适用于穿孔的耳朵。

前1650年：亚洲驼峰牛被引入埃及。

前1650—前1535年：喜克索斯人在阿瓦利斯崇拜动物神塞特。塞特神可能是西闪米特巴力神的翻版。

- 喜克索斯时期的纸莎草文献中有赞美上下埃及王冠的赞美诗。诗中提到鳄鱼神索贝克是荷鲁斯神（与埃及国王联系在一起）的化身。

前1650—前1550年：在贫瘠的底比斯找不到优质木料来建造矩形棺椁。矩形棺被用当地木料粗略地制作并涂绘的人形棺取而代之。

与国王在一起的鳄鱼神索贝克

前1650—前1525年：在巴勒斯坦地区发现了数百个圣甲虫，这些圣甲虫并非全部从埃及进口。

前1650年：从这时开始，埃及人放弃了中王国时期建在第一和第二瀑布附近的要塞。这些要塞被当地牧民占据。埃及人和科尔玛（Kerma）的努比亚王国都从东部沙漠地区招募雇佣兵。

- 库什王国处于独立状态，但努比亚人的墓地里有许多埃及物品，努比亚的冶金与彩瓷也深受埃及影响。

前1600年：在阿瓦利斯定居了50年之后，喜克索斯人开始挑战埃及其他地区，与底比斯的统治者进行较量。后来，喜克索斯人接受了底比斯人的贡品，并与底比斯人联姻。他们采用了埃及人的书写体系、王室头衔、赫利奥波里斯的拉神崇拜，以及其他的习俗。

前1600年：织布机在

阿赫摩斯石碑

早期的基础上被改良成垂直织布机。

- 彩陶受到偏爱，人们用红色、黑色、黄色和蓝色颜料描绘了人、鸟、鱼和各种几何图案。

约前1600年：此时，由于法老的统治衰微，就像喜克索斯人一样，努比亚人在埃及也变得显赫起来。他们建造了第一批王墓墓地，位于科尔玛的最大的一座墓里有300多名家仆。

曼涅托

根据曼涅托（前4世纪末的一位祭司）的编年史，埃及历史上不存在第十六王朝。曼涅托将埃及历史划分为"31个王朝"（一直到亚历山大入侵），成为历史学家们一直沿用的年代框架。

前1565—前1558年：根据传说，喜克索斯统治者在阿瓦利斯抱怨底比斯国王塔阿一世（塞奈克坦瑞）的河马叫声惊扰了他在夜里的睡眠。这次抱怨很可能引发了一场武装对抗。

前1565—前1524年：第十七王朝末代三位国王以及第十八王朝第一位国王的后宫影响力极大。这一时期出现了兄弟姐妹之间的同辈婚以及叔侄婚。

前1565年（以后）：泰蒂谢莉是塔阿一世（塞奈克坦瑞）的王后、塔阿二世（塞肯内瑞）的母亲。代尔·埃尔-巴赫里的木乃伊显示，她死时已是一位白发稀疏的老姬。她的孙子在一块纪念石碑的碑文上说，他要为她建造一座纪念碑。

前1558年：塔阿一世年纪轻轻便在痛苦中死去（他的尸体呈扭曲状）。

前1558—前1554年：塞肯内瑞（塔阿二世）统治时期。他的王后阿赫霍特普（意为"月亮很满足"）是后来相继成为底比斯国王的卡摩斯与阿赫摩斯（阿摩西斯）的母亲。

- 阿赫摩斯的一块石碑告诫人们要尊重阿赫霍特普，因为她"将叛乱者赶出了上埃及"（很可能以塔阿二世的死亡为代价）。她在两个儿子统治时期内都很活跃。

宗教：来世生活

保护性咒语

《亡灵书》中的一个画面。一个恳求者在哈索尔女神面前祈祷。图像一般都配以文字。

金字塔铭文
金字塔铭文刻在古王国时期王陵的墙壁上、第一中间期一些贵族的石棺上，以及中王国时期的一座王陵上。这些象形文字主要是一些丧葬礼仪和诵文，用以保护死者或者在礼仪中诵读。

棺椁文
棺椁文出现于中王国时期。这一时期，越来越多的人死后寻求语言的保护。棺椁文来自《金字塔铭文》，但更简短并用僧侣体文字刻在王室或非王室成员的棺椁上。此时，掌管死者审判的奥西里斯比拉更加重要。

《通往来日之书》(《亡灵书》)
这是以文字和图像形式刻在墓室墙壁或写在纸莎草上随同死者一起下葬的墓文。这一传统开始于新王国时期，同样起源于金字塔铭文。《亡灵书》以一种特定形式的象形文字书写，包含一些能帮助死者在来世克服邪恶力量威胁的咒语。《亡灵书》的片段在很多人的墓室里出现过，如王室书吏、进香者、阿蒙神的女诵经师、士兵以及祭司等。如果是写在纸莎草上，则《亡灵书》会被卷紧、用亚麻绳捆扎，用黏土加封并被放置在棺椁里（可能塞进木乃伊的绷带里），或被放在棺外的一个木制小雕像里。相关绘画位于埃及人创作的最优秀作品之列。其中的一个主题是将死者的心脏放在天平的托盘里称量，这一行为将决定死者是否有资格进入奥西里斯的王国。

到了公元前2千纪初期，死者的王国是生命的延续，以至于人们必须亲自到场参加那里的强制劳动。这有点儿自相矛盾。手持农具的"巫沙布提"小雕像随同死者一起下葬。

塞皮将军（约前1850年）的《棺椁文》细节，描绘了死者为到达太阳神拉而必须穿越9条椭圆形道路。

前1554—前1500

前1554年：此后不久，来自底比斯的卡摩斯揭开了解放战争的序幕。他对阿瓦利斯和库什各有一个首领占据的现状感到愤愤不平："我和一个亚洲人和一个努比亚人结盟，每一方都拥有自己的地盘。我无法越过他抵达孟菲斯。"他率领梅杰和努比亚雇佣军沿着尼罗河顺流而下并袭击了喜克索斯人的一些定居点。

前1554—前1550年：正当卡摩斯准备统一埃及时，他截获了身在阿瓦利斯的喜克索斯国王写给努比亚首领的一封信。信中问道："你没看到埃及已经反对我了吗？"

前1550—前1524年：底比斯的阿摩西斯（阿赫摩斯）掌控了整个埃及，终结了长期占据着阿瓦利斯和一个巴勒斯坦西南部要塞的喜克索斯人在三角洲的统治。

- 阿摩西斯法老娶了王系家族中最负盛名的王后阿赫摩斯－诺弗莱泰罗伊。她可能是他兄长卡摩斯的女儿，在阿蒙神庙中占据高位。（几个世纪之后，在代尔·埃尔－麦迪那，没有非洲血统的她被画成了黑皮肤）

前1550年（以后）：埃及文化的发展更趋于开放性和多元化。非埃及人不再被认为是外人。文学作品开始吸纳民俗的元素。

前1550—前1500年：某个知识分子所写的传记声称，他发明了一种测量时间的方法。

前1550—前1500年：在巴勒斯坦地区，处于青铜时代中期的耶利哥被大火焚毁。一些圣甲虫（在与焚毁相关的考古层中发现）上刻有第二中间期的人名，这一发现可能与喜克索斯人被逐出埃及有关。

前1550年：制作的石像极多，且有很多建造水准很高的巨像。

前1550—前1355年：底比斯是埃及最显赫的城市，许多法老都在附近的卡尔纳克和卢克索建造了神庙。（从底比斯的居民点和墓场中发现的雕塑与铭文是主要的历史材料）

前1550—前1298年：一名小镇官员的独白

上图：提炼金属是一项劳动密集型的工作
右图：蓝色彩陶碎片

阿蒙－拉的金银雕像

表达了他对乡村的怀念，包括纸莎草丛和草地，以及捕捉水禽等活动。

前1550—前1150年：在整个这段时间内，诺马尔赫、各州首领的政治与军事地位处于低谷。法老的军队由中央统一招募，国家分给士兵小块土地和一些战俘奴隶。

前1540年：《埃伯斯纸草书》（一本医学参考著作）诞生。

前1524—前1150年：法老们在"帝王谷"凿建他们的陵墓，在附近的尼罗河平原建造他们的陵庙。为了建造这些纪念建筑，一代代的工匠都居住于代尔·埃尔－巴赫里的一个村落里。

前1524年：卡尔纳克地区数量极多的铭文和浮雕提供了有关第十八王朝法老们政绩的丰富信息。

前1524—前1503年：在阿摩西斯之后，阿蒙诺斐斯一世继承了底比斯的王位。阿蒙－拉在卡尔纳克－底比斯成为国家主神。

前1524年（以后）：阿蒙诺斐斯一世放弃了金字塔，选择在底比斯附近的西部沙漠边缘凿岩建墓。

前1510年：阿蒙诺斐斯一世开始了一项新的革新：在距离真正的墓地很远之处造祭庙。他的墓地位于西部沙漠的一个很远的干河道里，在尼罗河平原的边缘，周围没有朝臣的坟墓环绕。法老的祭庙是定期举行纪念性仪式的地方。

前1503—前1491年：第十八王朝第三位法老图特摩斯一世统治时期。继位第一年，图特摩斯一世宣布了其完整的王室头衔，这一头衔将在向神献祭和宣誓时使用。

前1500年：第十八王朝宣告新王国的开始。这是一段异常繁荣的时期，法老们都有着强烈的个性。这也是一段帝国主义时期，法老们开始扩张领土，尤其为获取黄金而征服努比亚。努比亚以及西亚的一些城邦和酋长国成了埃及的附属国。

103

重建后的齐奥普斯国王的葬礼船

早期丧葬综合体与金字塔

　　早王朝时期之前的埃及人将死者埋在带墓室的墓地中。到了第一王朝和第二王朝时期，人们开始在墓室上方建造砖房。这些砖砌建筑有平顶和斜面，外立面有浅壁龛或镶板。在适当的时候，在一面外墙上刻上一扇假门，死者从这里接受祭品。这些坟墓都是贵族的墓地，因为状似长凳子，因此被称为"马斯塔巴"。

　　随着王权制度的形成，以伊姆荷太普（第三王朝）为代表的知识分子开始尝试在平顶的马斯塔巴上增加多层建筑。位于萨卡拉的乔塞尔的"层级金字塔"就有五层的建筑。各层均以小石块建成，面积向上依次缩小。继萨卡拉及其附近的第三王朝其他两座层级金字塔之后，带有斜面的"真正的"金字塔发展起来。

　　金字塔是在位君王为自己修建的一个丧葬综合体。它有一个正方形底座、四个巨大的三角面。称呼这种建筑的埃及词语来自一个意为"攀登"的词根。金字塔综合体包括建于一系列王家墓室之上的金字塔、金字塔东侧的祭庙、连接祭庙和河岸上的河谷神庙的通道、坑中的祭船，以及将所有这些建筑加上王后们的小金字塔和朝臣们的马斯塔巴都圈在其中的围墙。综合体建于尼罗河的西岸，因为那是日落的方向。

金字塔的建造

第三至第六王朝、第十二王朝、第十八王朝以及后期的法老们在萨卡拉、美杜姆、达赫淑尔、法雍地区、吉萨和阿布西尔等地总共建造了98座金字塔。这些金字塔大部分是石头建筑，起初用石灰岩建造，后来转用更坚硬的花岗岩。然而，这些纪念建筑并非用大石块牢固地压实：有些墓室常常用沙子填充，或者在一些较小的金字塔中，有一个石灰岩的中心，向外辐射的墙壁则用泥砖在周围压实。较大的金字塔是早期建立的一批。

第四王朝的胡夫在吉萨建造的"大金字塔"高约480英尺。它是如此之大，以至于能吞没欧洲的几座大教堂。"大金字塔"由200万个石灰岩石块建成，每个石块重约2.5吨。如此沉重的结构必须建立在整平的基岩上。当高度增加时，在旁边修筑的土坡使建筑工人能够爬上金字塔。土坡有两种，一是有长长的坡道的直坡，二是环绕在金字塔周围的螺旋形坡道。建造完毕之后，建筑工人在金字塔斜面嵌上石灰岩薄石板。这些石板在古代和中世纪常常被偷走。

金字塔的建造在任何一个时间段内都需要管理和协调15000名到20000名熟练与非熟练工人。在吉萨的考古挖掘中发现了制作大量面包和炼铜的设施，证明这里曾有大量劳工居住。

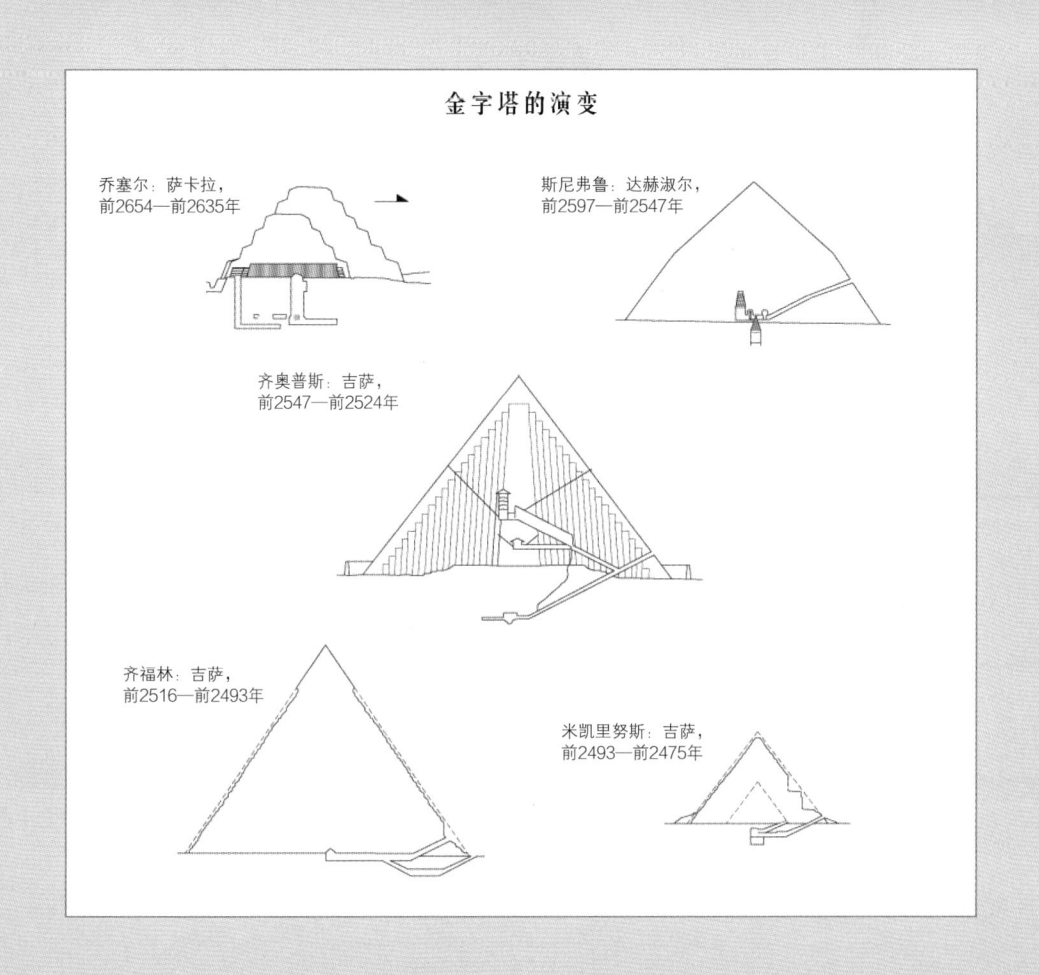

金字塔的演变

乔塞尔：萨卡拉，前2654—前2635年

斯尼弗鲁：达赫淑尔，前2597—前2547年

齐奥普斯：吉萨，前2547—前2524年

齐福林：吉萨，前2516—前2493年

米凯里努斯：吉萨，前2493—前2475年

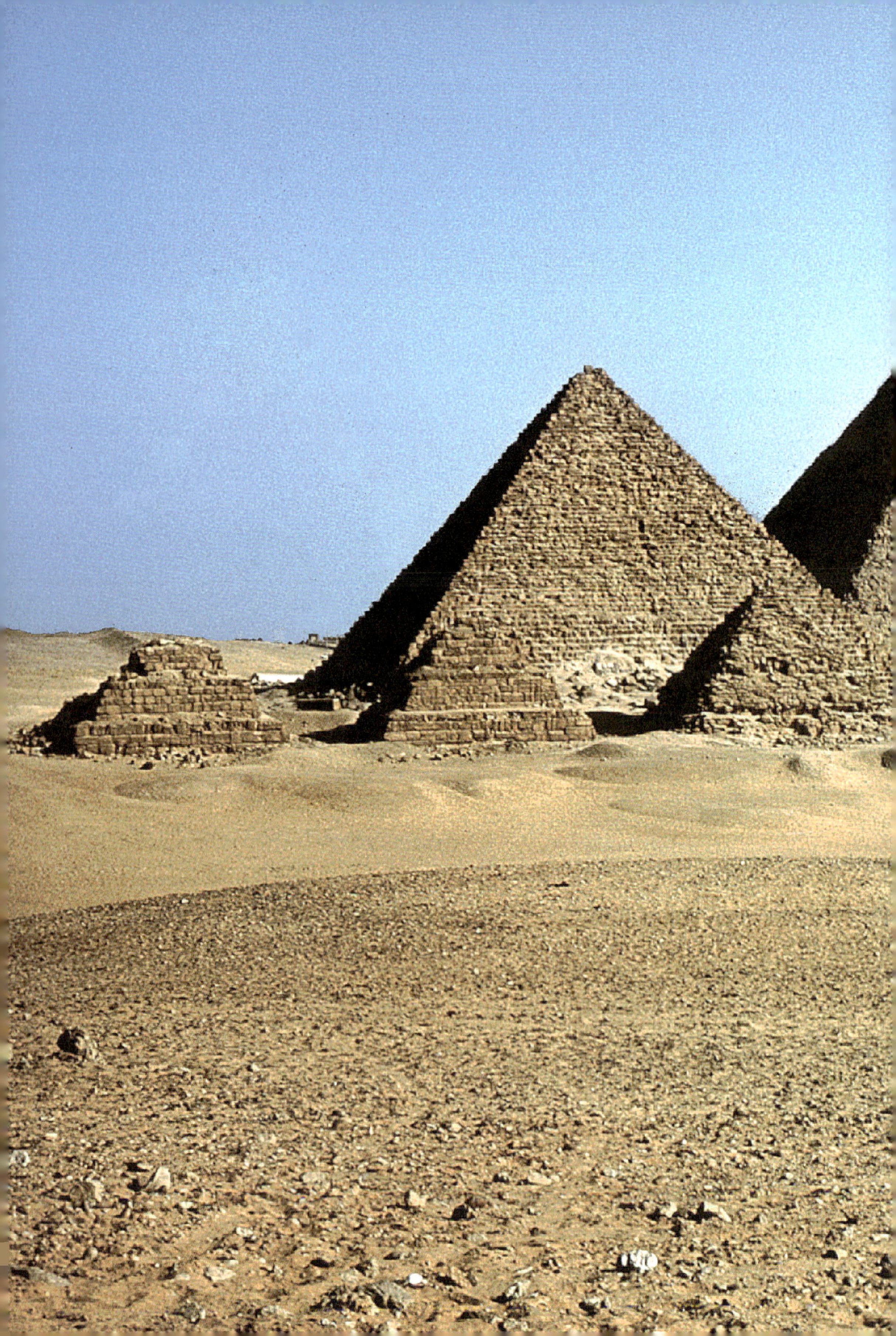

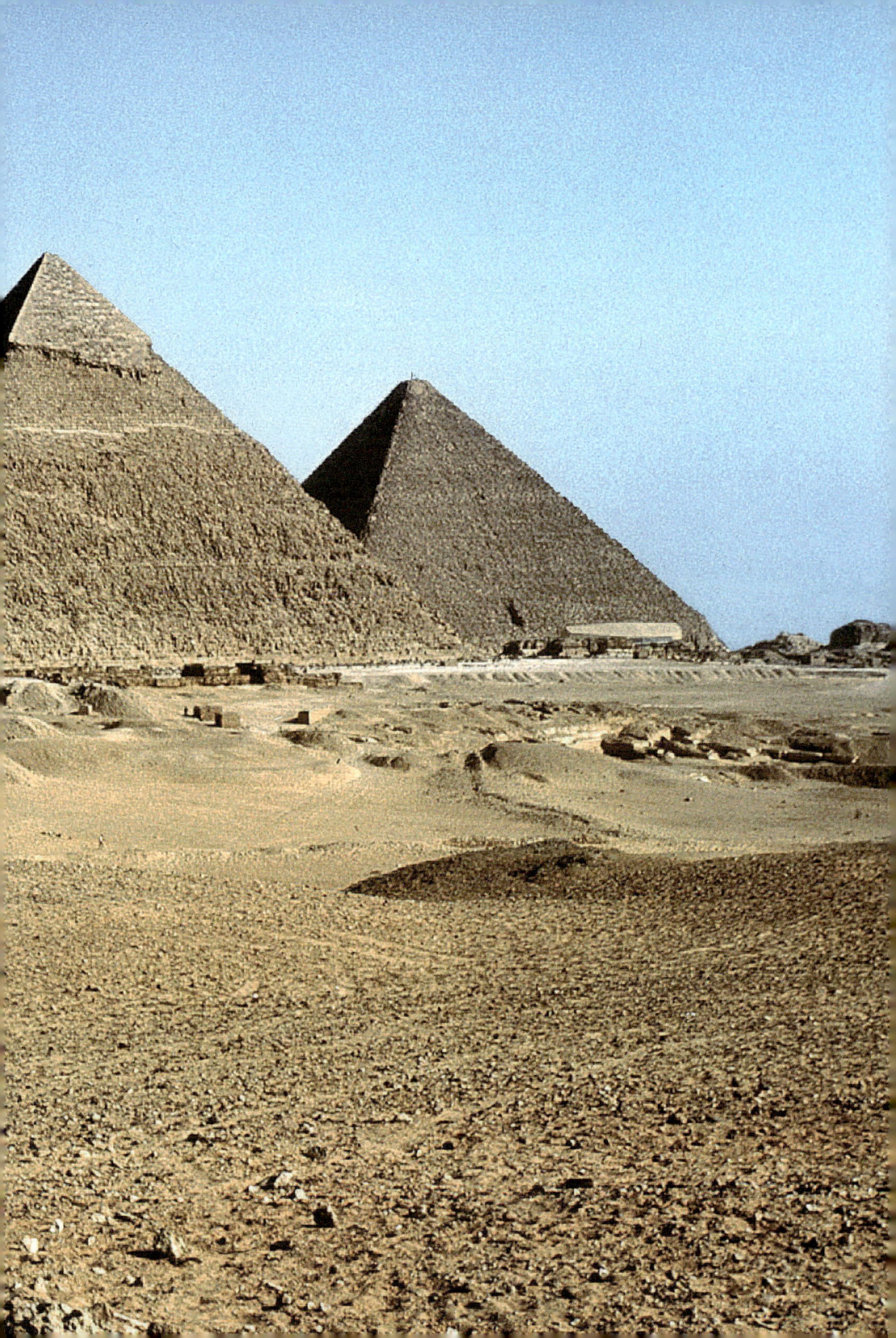

宗教：来世生活

木乃伊与木乃伊制作

木乃伊的制作开始于公元前2600年左右对于法老们尸体的保存，后来逐渐扩散到精英阶层和一些普通民众，甚至家猫、圣牛、狒狒和鳄鱼等动物。这一实践一直持续到公元2世纪基督教在埃及盛行。木乃伊制作科学在新王国时期达至顶峰。

首先将尸体在尼罗河岸边洗净。对尸体进行防腐处理和包扎需要专业化操作，同时伴随着咒语和仪式。内脏器官需要迅速移除以防止腐烂。很明显，解剖学的知识非常重要。将鼻腔的顶部穿孔，探入细钩一点点掏出大脑，然后用液体将颅腔冲洗干净。将肝、肺、胃、肠取出并做防腐处理后，分别存放在被称作"卡诺皮克"的罐子中。每个罐子上都有相应的神像保护着各个器官。心脏由于被认为是一个人的精髓，所以不会被移除。

在身体的剩余部分铺上一层厚厚的泡碱和各种盐类以使其干燥。身体最后变成骨骼外包裹着一层又薄又皱的皮肤。接下来用沙子、泥土、亚麻或树脂填充面部及其各

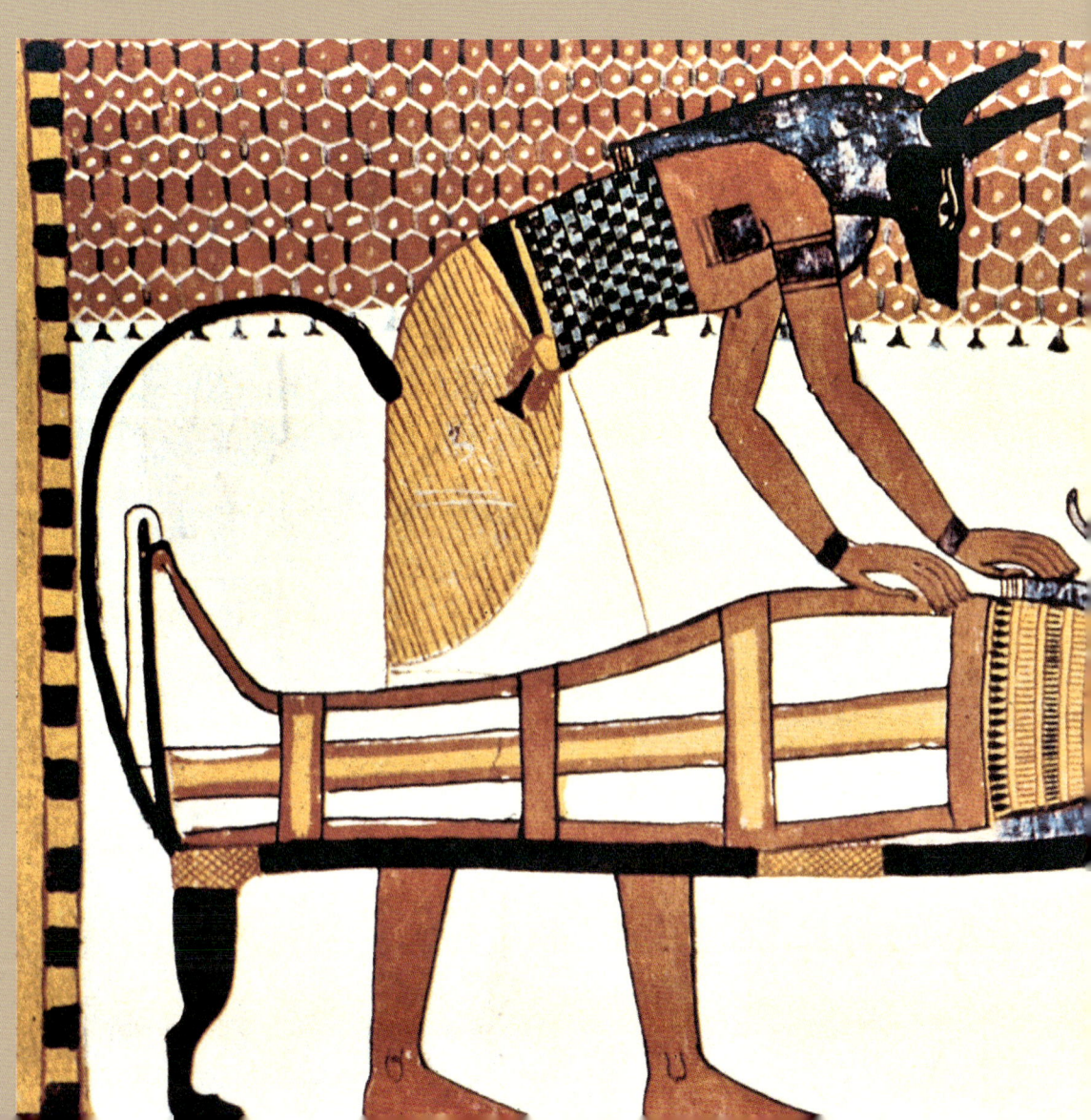

前1500—前1479

个器官以达重塑目的,然后使用芳香油、药膏和香水对皮肤和其余身体部位进行进一步强化处理。头发被整理好,眼睛换成了玻璃。尸体用浸有树脂、蜂蜡和其他防腐剂的亚麻布条包裹。亚麻布需要很多。布条里塞上护身符,有时候将保护性的咒语直接绘在亚麻布上。

最后举行"开口仪式":打开身体的一些部位使死者在来世能够说话、听声和吃饭。

阿努比斯神给木乃伊涂油,为来世之旅做准备。

前1500年:在经历了一场努比亚战争之后,图特摩斯一世大胆进军叙利亚对战米坦尼王国。在那里,他杀死多人并俘获很多俘虏。随后的一场猎象活动是为了庆祝这次胜利。此前,没有任何一位法老突进亚洲如此之远。

前1500—前1150年:新王国的工匠能够造出极薄的金叶,获得了将黄金提炼到极高程度的技能。

前1500年(以后):埃及从希腊或安拉托利亚进口了少量的铁,用于制造工具。

前1495年:在底比斯墓区的代尔·埃尔-麦迪那发现了工匠居住的村落(在这里发现了当时切割石块所产生的数千个废石片,证明当时工人的出勤、物资的分发、驴子的租用、个人之间的交换和信件等都有书面记录)。居民点四周有一道泥砖砌成的围墙,居民点内有一条街道,街道两侧各有一片连排式房屋。该居民点本身在附近建有墓地,也建有敬奉哈索尔及其他大众神灵的神祠。

前1491—前1479年:图特摩斯二世的统治开始于出兵惩罚努比亚人的叛乱。努比亚人与沙漠中的一些部落勾结,抢掠第一瀑布以南埃及各要塞中的牛。努比亚头领的儿子成了人质被带回底比斯。

前1480年:制作玻璃在埃及成为一项重要的工艺。埃及人的玻璃品制作技术来自地中海东岸地区。(很可能图特摩斯二世在军事征讨中将一些玻璃制造工匠虏回埃及)

前1479年:一位官员写道,图特摩斯二世死后,他的儿子"继承了王位",而他的妻子哈特谢普苏特"统治着国土","上下埃及在她的掌控之中"。(参见第88至90页)

- 图特摩斯三世还很年轻,但得到了一个强大集团的支持,即使他被继母悬置幕后多年。

阿蒙的肖像。图像来源于图特摩斯三世的一座神庙。

前1479—前1424年:图特摩斯三世在第四瀑布附近战胜了努比亚人之后,进行了罕见的捕犀牛的行动。在他的妻子中,至少有三个来自外域。

109

代尔·埃尔-麦迪那的工匠居民点

　　这一居民点是为那些替法老建造陵墓和岩墓的工匠和非熟练工人建立的，建立时间大约在公元前1524年至公元前1503年之间。公元前1500年之后又修建了围墙。居民中有官员、书吏，以及各类工匠，如石匠、建筑工、铁匠、木匠、陶工和编篮工等。这些工匠在业余时间为底比斯居民制作各种工艺品，偶尔他们也会与底比斯城的居民通婚。为特定（仍在位）的法老建造陵墓时，他们通常会60人组成一组。

前1475—前1470

代尔·埃尔－麦迪那的工匠居民点遗址

从纸莎草丛中缓缓现身的一头牛

前1475年：在卡尔纳克的阿蒙神庙的墙壁上，有一篇长长的铭文详细记载了图特摩斯三世首次出征西亚的情况。此次出征的最高潮是美吉多战役。

前1475—前1424年：图特摩斯三世的一位高级官员拉赫米尔留下了一座刻有生动浮雕的陵墓。浮雕展示了许多层面的工艺与技术状况，比如，有一幅浮雕描绘了一艘船上装备着先进的索具并有大量的桨手。这说明在地中海上向北航行时无法挂帆借助风力，因为风总是从北向南刮。

前1475—前1424年：拉赫米尔陵墓中的两篇长长的铭文被其他高级官员完全复制。

前1472—前1457年：六座石雕刻画了重臣塞南姆特抱着哈特谢普苏特的女儿——襁褓中的拉－诺弗鲁（Ra'nofru）。

前1472—前1424年：在这段时期的某个时候，图特摩斯三世夺回了王权，然后系统抹除各类纪念建筑上哈特谢普苏特的王名框，并用图特摩斯一世或二世的王名框取而代之，以此来证明自己统治的合法性。

前1470年：图特摩斯三世对巴勒斯坦和叙利亚发动了战争。这次战争他的主要对手是幼发拉底河上游的米坦尼王国，但在途中他击败了许多小国首领（奥伦特河谷的卡叠什战役非常激烈）。埃及在重要的地区都安置了驻军。

前1470—前1450年：大量制作石像的时期。位于代尔·埃尔－巴赫里的38座哈特谢普苏特的雕像（有的与围墙或柱子相配，有的自成一体）都被图特摩斯三世丢弃，有一座雕像几乎有20英尺高。

前1470年：美吉多似乎被图特摩斯三世夷为废墟。（美吉多的考古层中有一个破坏层）

III

代尔·埃尔-麦迪那的工匠居民点

工匠们受到了严密监管，他们出勤的名单要存档。当分发金属工具时，要在一块与铜制工具重量相等的石头上做好记录，甚至照亮山体隧道所需要的灯芯也要登记。工人有时在工地上过夜，十天后才回到村里。所有工匠都会从国库分得口粮，主要包括制作面包用的小麦和用来酿造啤酒的大麦。管理者还会安排当地人向他们提供水、鱼、蔬菜和用作燃料的木材。

在这个小镇里出土的纸莎草和陶片数量大得惊人，从中我们可以透视婚姻、争执、继承等诸多问题。从刻在石碑上的图案中，我们看到了妇女们向家族先祖献祭的情景。妇女还可以将财产遗赠给自己选定的继承人。

有一次，在投诉神庙管理层克扣口粮之后，工人们聚集在一座祭庙里举行静坐罢工。最后，书面请愿书送到了尼罗河对岸的底比斯，直到此时，拖欠的口粮才如期而至。

社区居民有自己解决争端的程序。比如，如果一方同意用食油换取另一方的谷物，但其中一方反悔，那么，做错方就会受到警告，甚至可能面临肉体的惩罚。

在拉美西斯九世时期（前1123—前1104年），一些有组织的团伙洗劫了帝王谷和王后谷中的许多陵墓。对责任的指控与反驳牵连到了工匠。接着，在第二十王朝末期又出现了第二波洗劫。此后，阿蒙神高级祭司命令代尔·埃尔-麦迪那的居民收集残存的木乃伊并将其秘密运走。这一拯救行动的结果便是"代尔·埃尔-巴赫里宝藏"得以留存至今。

站在脚手架上用锛子工作的木匠

前1463—前1388

前1463年：在非洲之角的红海沿岸，哈特谢普苏特向蓬特派遣了一支远征船队。

前1460—前1449年：一些叙利亚首领的儿子们被送往埃及做人质，尽管如此，那里还是经常出现反叛。为了使他们臣服，不断出兵征讨是必不可少的。

前1457年（以后）：图特摩斯三世对卡尔纳克的阿蒙-拉神庙进行了扩建。现有的神庙过于简陋，因此他加建了大厅、塔门和门道，并在所有的建筑上都刻上浮雕。他还在第四瀑布附近的纳帕塔建了一座神庙。

献给阿蒙-拉的卡尔纳克神庙

前1450年：首次记录埃及人使用四轮牛车。描述图特摩斯三世在黎凡特地区作战的碑文中提到了这一点。

前1450年：一块罕见的白色大理石被用来刻画图特摩斯三世。

前1450—前1300年：埃及人很可能通过海路从地中海东部地区进口生玻璃。

前1424年：哈特谢普苏特的陵墓虽然被高高地建造在代尔·埃尔-巴赫里附近的悬崖上，可还是未能逃脱遭受洗劫的命运。她的陵庙位于底比斯对面一座崔巍的悬崖下。这座神庙是一项建筑杰作，将有柱的陵墓与附近孟图霍特普陵墓的建筑元素糅合在了一起。

前1424—前1398年：阿蒙诺斐斯二世在叙利亚北部作战，将许多马里亚努（Maryannu）家庭带回埃及（马里亚努人是生活在叙利亚地区的战车御车高手）。他也俘获了很多马匹和战车。

前1424年（以后）：贵族们在库尔纳（底比斯墓区）建造自己的画廊墓，精美的壁画涉及众多主题。

图特摩斯三世的高脚玻璃杯

前1400—前1348年：除了偶尔平定努比亚的叛乱之外，图特摩斯四世、阿蒙诺斐斯三世和阿蒙诺斐斯四世（即埃赫那吞）时期几乎没有战争。

前1400年（以后）：即使在富人的墓中，也只是使用模仿玻璃原件的木制器皿，由此可见，玻璃非常昂贵。王宫附近有一些玻璃作坊，里面有坩埚和烧盘，玻璃棒被钳子夹着。在此之后，人们用钴、锑和锡进行彩瓷的着色实验。

前1390年：在一个大圣甲虫上，图特摩斯四世的一段铭文提到了"阿吞的太阳圆盘"，这是一轮洒下万道霞光的太阳。光线末端，一些手抓着代表"生命"和"权力"的象形符号。

前1390年：图特摩斯四世将一座横倒在地、无人照管的巨大方尖碑重新竖立起来。（这座方尖碑高度超过90英尺，现在位于罗马）

前1388—前1378年：为纪念阿蒙诺斐斯统治期间发生的一些重要事件（包括一位米坦尼公主的到来），人们在一些大圣甲虫上刻写了5份铭文。每份铭文都有若干复本，并传送到王国各地。

前1388—前1348年：在阿蒙诺斐斯三世及其王后提伊的管理下，埃及达至财富与权力的顶峰。他的铭文透露了他赐给底比斯神庙的财富。

提伊王后，阿蒙诺斐斯三世的妻子，埃赫那吞的母亲。

113

新宗教

阿吞神崇拜

学术界关于阿蒙诺斐斯四世（埃赫那吞）转向崇拜阿吞神的原因一直存在着分歧。阿吞，或金光四溢的太阳，早在古王国时期就受到崇拜，因此不是一个新的神性符号。

也许改变宗教信仰是为了反对阿蒙祭司集团，因为他们从神庙田产中获得巨大经济收入并变得越来越强大。有一些迹象显示，埃赫那吞的前任们已经感受到了压力。

埃赫那吞没收了孟菲斯、底比斯和其他地方一些神庙的田产。同样意味深长的是，阿吞神直接与埃赫那吞沟通，无须祭司们的中转。

有一种观点认为，埃赫那吞的妻子涅菲尔提提来自外域，她想将自己的一神教宗教信仰引入埃及，因而引发了宗教革命。确实，有些描写把她形容得很特别，比如，把她描绘成一个打击敌人的军事人物形象，但总体而言，这种观点缺乏充实的证据。

一些细小的发现和简短的铭文表明，上层的宗教变动对新都埃赫塔吞的普通民众并未产生太大影响，他们还是像以前一样继续从事着自己的迷信行为。

国王埃赫那吞和妻子涅菲尔提提以及他们的孩子们正在敬拜太阳神阿吞

前1388—前1348年：阿蒙诺斐斯三世在底比斯的砖砌王宫中关于鸟与植物的壁画精妙绝伦。

前1388—前1348年：阿蒙诺斐斯三世在通往卢克索对面的西部沙漠悬崖的路途中放置了多个自己的巨大雕像（超过65英尺）。砂岩是从下埃及运来的。

前1388—前1348年：阿蒙诺斐斯三世在第三瀑布（努比亚）附近建造的神庙里，他与自己一位妻子的雕像受到了神一样的敬拜。

- 阿蒙诺斐斯娶过好几个妻子，其中包括一位来自安纳托利亚的米坦尼公主。这位公主带了一群安纳托利亚少女和很多珍贵礼物。阿蒙诺斐斯三世还曾与巴比伦的统治家族有过政治联姻。

前1388—前1343年：法老阿蒙诺斐斯三世与埃赫那吞的外交事务繁忙，与众多统治者和地方首领有通信往来。

前1380年（以后）：一些大圣甲虫被制作出来用以纪念各种事件，如国王捕获了野牛、为王后修建了一个人工湖等。

前1370年：在征兵部门充当书吏的乔努尼受托对埃及进行人口统计。在自己的坟墓壁画中，乔努尼作为一名书吏正在征兵。建设工程的劳工招募工作也是委托给书吏完成的。

前1360年：阿蒙诺斐斯三世在不同的铭文中几次提到了阿吞神。

前1360—前1343年：阿蒙诺斐斯四世在卡尔纳克的阿蒙神庙加冕为王，但在其统治的第六年，他将自己的名字由"阿蒙很满意"改为"埃赫那吞"（意为"为阿吞服务"）。

前1355年（或更早）：埃赫那吞在埃及强行推广阿吞神崇拜，关闭阿蒙神庙。他与阿吞神直接接触："除了阿吞神之子埃赫那吞，没有其他人能够知晓阿吞神。"

前1350年：都城从底比斯迁至如今被称作泰尔·埃尔-阿玛尔那的无人居住地。新城被命名为"埃赫塔吞"或"阿吞神的视界"。它介于底比斯和孟菲斯之间，位于尼罗河东岸。

前1350年：埃赫那吞为刻画王室成员的石雕艺术带来了革命性的变化：他、他的妻子们，偶尔还有某位高级官员的生理缺陷被展现出来。就他本人而言，我们可以看到他过长的下巴和隆起的腹部。

位于卡尔纳克的埃赫那吞的巨大石像

前1350年（以后）：许多法老的陵墓都坐落在底比斯城西侧沙漠中被称为"帝王谷"的比本·埃尔-莫鲁克。除了图坦哈蒙的陵墓之外，其他所有陵墓都遭到了洗劫和破坏，残留下来的只有一些石棺、木乃伊和墙壁浮雕。

前1350—前1343年：在阿玛尔那发现了迈锡尼的陶器。

前1348年：在卡尔纳克，书吏阿蒙霍特普（哈普之子）的雕像被人们当成神与不识字的崇拜者之间沟通的桥梁。在其后数个世纪中，他被神化了。

前1345—前1330年：埃赫那吞的继承者斯门卡拉/尼斐尔尼弗鲁阿吞放弃了异端宗教（正如名字所示，图坦哈蒙同样如此）。斯门卡拉将都城迁回底比斯，并将埃赫那吞的一些王名框换成了自己的。

图坦哈蒙的陵墓

霍华德·卡特的发现

　　如果说图坦哈蒙在所有法老里最出名，且名声传遍全球的话，那是因为他的陵墓在近代出土的十八王朝法老的陵墓中是唯一完好无损的一座。图坦哈蒙是"阿玛尔那时代"的最后一位统治者。这个时代是激进的宗教新思想和大量艺术革新的时代，其开创者是埃赫那吞及其漂亮妻子涅菲尔提提。图坦哈蒙在九岁时继承了王位，此时，埃赫那吞已去世四年。他是埃赫那吞与一位较小的妻子基娅所生。原名"图坦哈吞"，改为"图坦哈蒙"，反映了对阿蒙神的崇拜重新取代了对阿吞的崇拜。作为"活着的阿蒙神"，年轻的图坦哈蒙统治了十年（前1343—前1333年），在19岁时突然暴毙。他的陵墓有四个墓室，里面塞满了精选的家具以及用最高工艺标准制成的黄金与宝石制品。

　　陵墓中的一些物品是法老的日常用品，另一些与葬礼仪式有关，还有一些是供他在来世按自己习惯的方式使用的物品。棺椁有四副，一个套一个，最里面的棺椁以纯金打造。装有防腐后的内脏器官的雪花石膏"卡诺皮克"罐被密封在一个镶有黄金与珐琅的木制神龛里。神龛上有四尊精美的女神雕像。

右上图：毫无疑问，图坦哈蒙最著名的珍宝，即安放在其头部和肩部的纯金面具，显然是参照法老的面部特征而制作的。额头上方的鹰首与蛇头象征着对上下埃及的王权。

下图：新王国的皇家墓区坐落在尼罗河西岸、阿尔库恩山山脚的帝王谷或比本·埃尔-莫鲁克。作为底比斯的一部分，墓区位于开罗以南435英里处。在为新王国法老和贵族修建的众多陵墓中，图坦哈蒙的陵墓是其中之一，其入口处位于图片的中心。

前1343—前1300

前1343—前1333年：图坦哈蒙的短暂统治时期。登基时，他只是个小男孩，当时埃及的首都为底比斯。他向阿蒙神和穆特神献祭，并恢复了被弃之不用的神祠。

前1343—前1333年：图坦哈蒙手下掌管努比亚的首席大臣胡伊的精美彩绘墓说明，努比亚可以满足埃及法老大量的黄金需求，因而非常重要。

前1343—前1333年：在法老统治的这段时间里，如果有军事远征，这一任务通常交由非王室成员的大臣阿伊负责。

前1333—前1328年：阿伊统治时期。阿伊主持了图坦哈蒙的葬礼仪式。他在比本·埃尔-莫鲁克为自己建造了一座看起来很小的坟墓。

前1328—前1298年：非王室成员霍列姆海布是第十八王朝最后一位统治者。他来自下埃及的一座小城，在行政阶梯中步步高升，最终获得了军队的控制权。他将孟菲斯变成了自己的指挥部。

前1300年：霍列姆海布陵墓中的浮雕极其精美。

前1300—前1150年：代尔·埃尔-麦迪那的工匠们使用各种辅以皮革和灯芯草的木制家具，如床、皮革座椅、灯芯草座椅、矮凳、三脚凳等。

霍华德·卡特

国王霍列姆海布跪在阿图姆神前

图坦哈蒙的陵墓

左上图：打通墓墙的门道
左下图：卡特和卡纳文站在墓室最外面的神殿的颓垣旁
右图：缠着亚麻布的法老尸体被放在第三口（最内层）纯金棺椁内

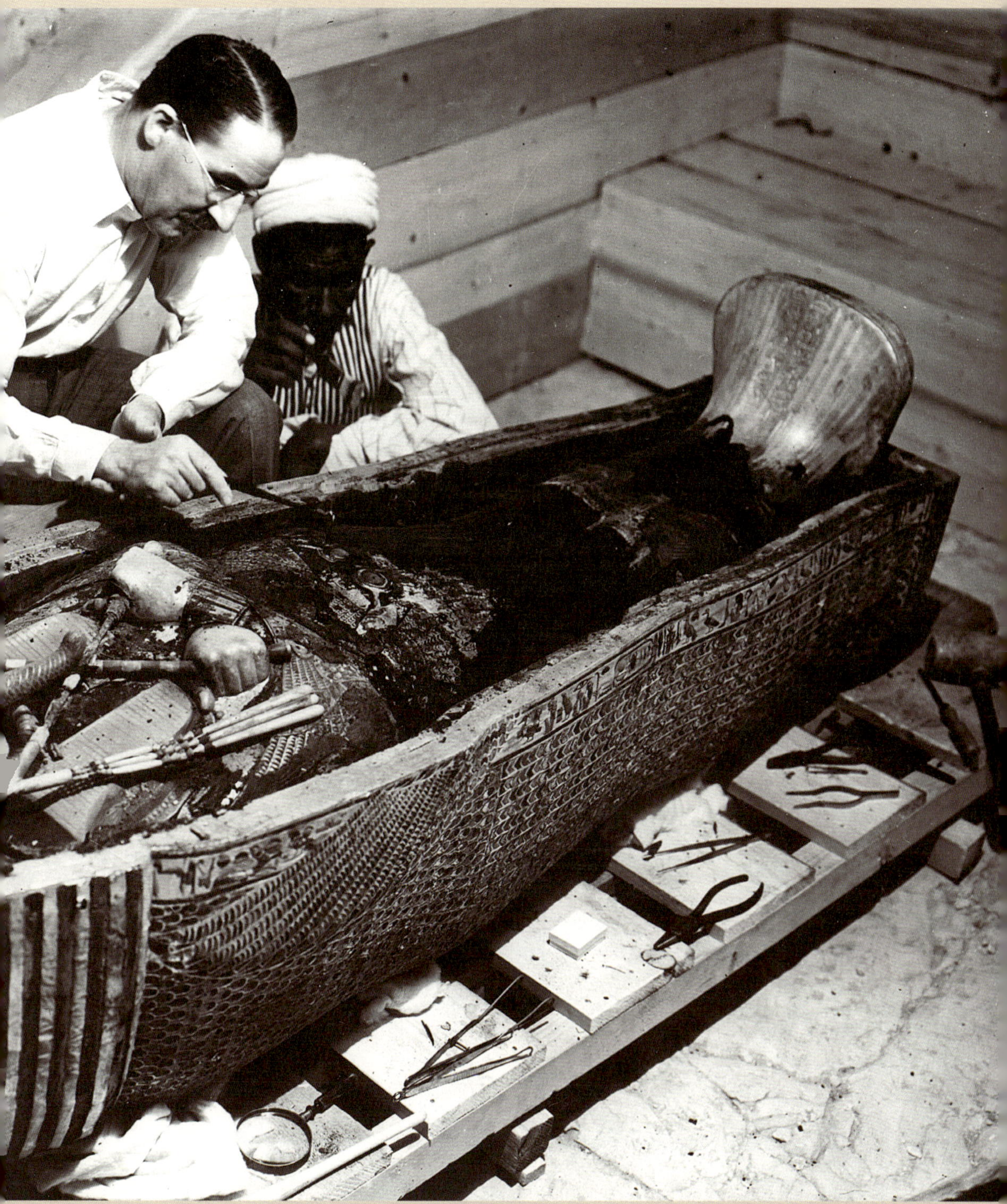

图坦哈蒙的陵墓

> 有人问霍华德·卡特："第一次向墓中窥视时是否看到了什么？"他说："是的，他看到了'精妙绝伦的东西'。"
>
> ——1922年11月

上图：这枚华丽的金扣描绘了作为一名战士、驾驭着战车的图坦哈蒙，他的猎犬随车奔跑。

右图与下图：躺在石棺里、身着纯金服饰的年幼国王。

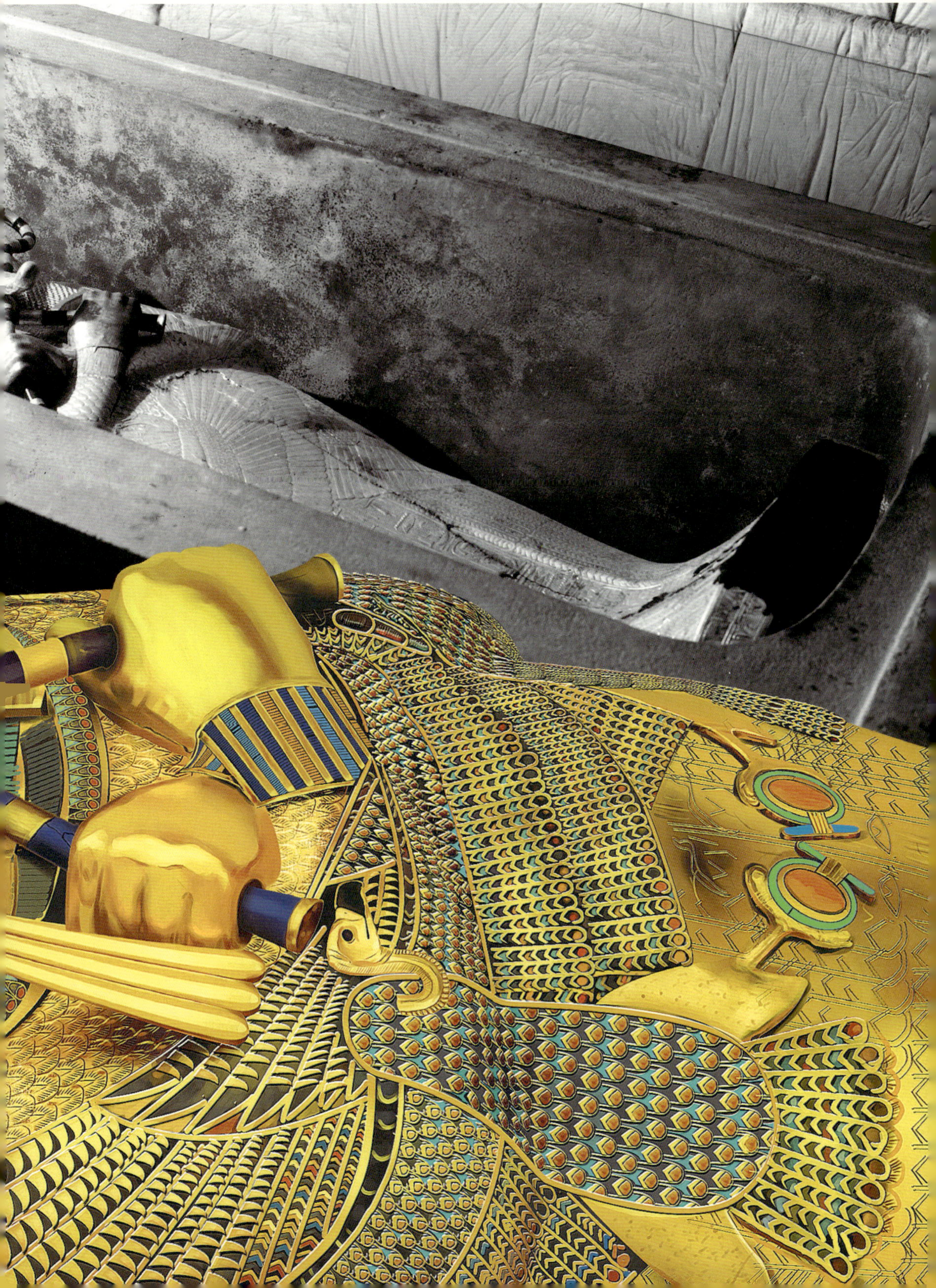

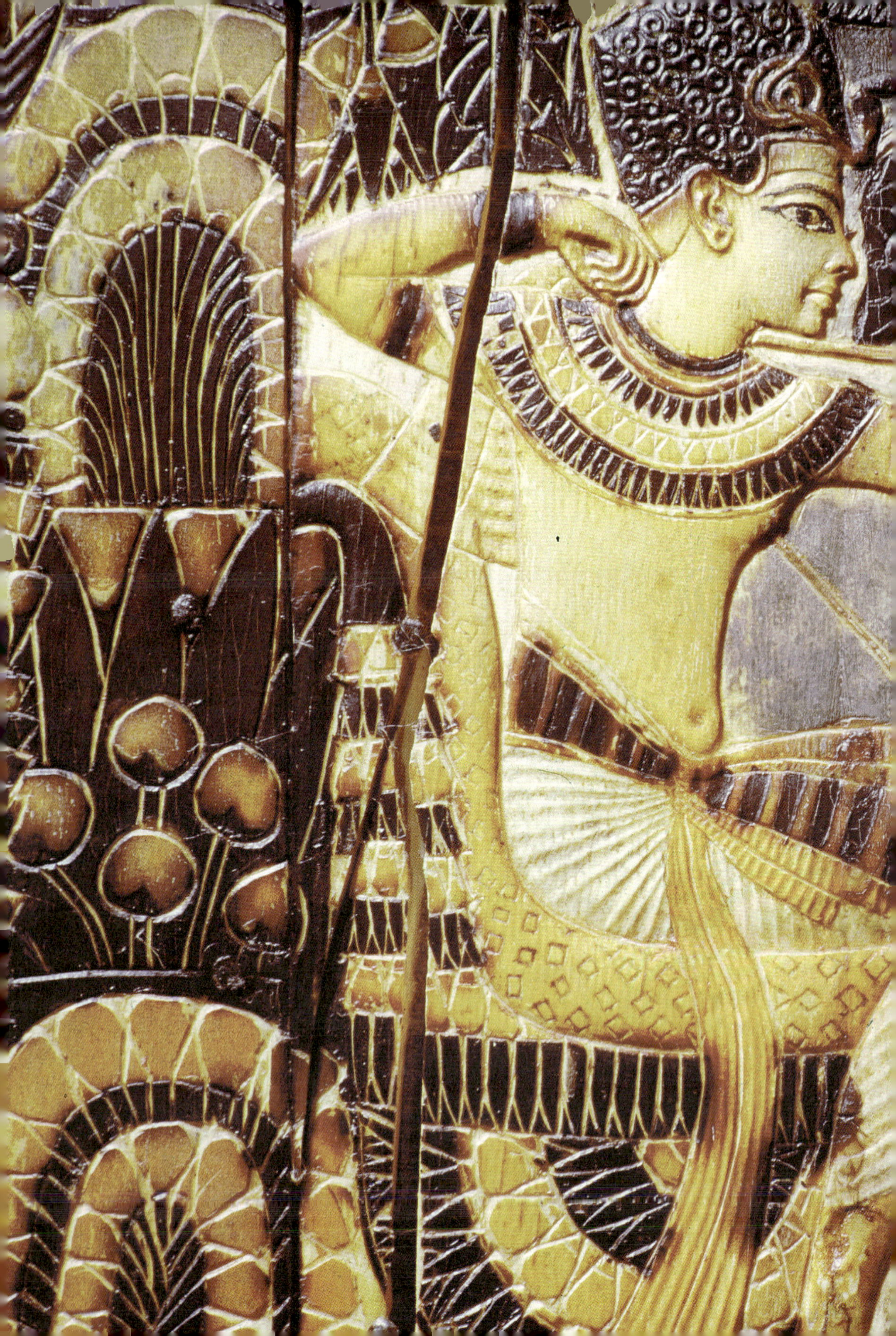

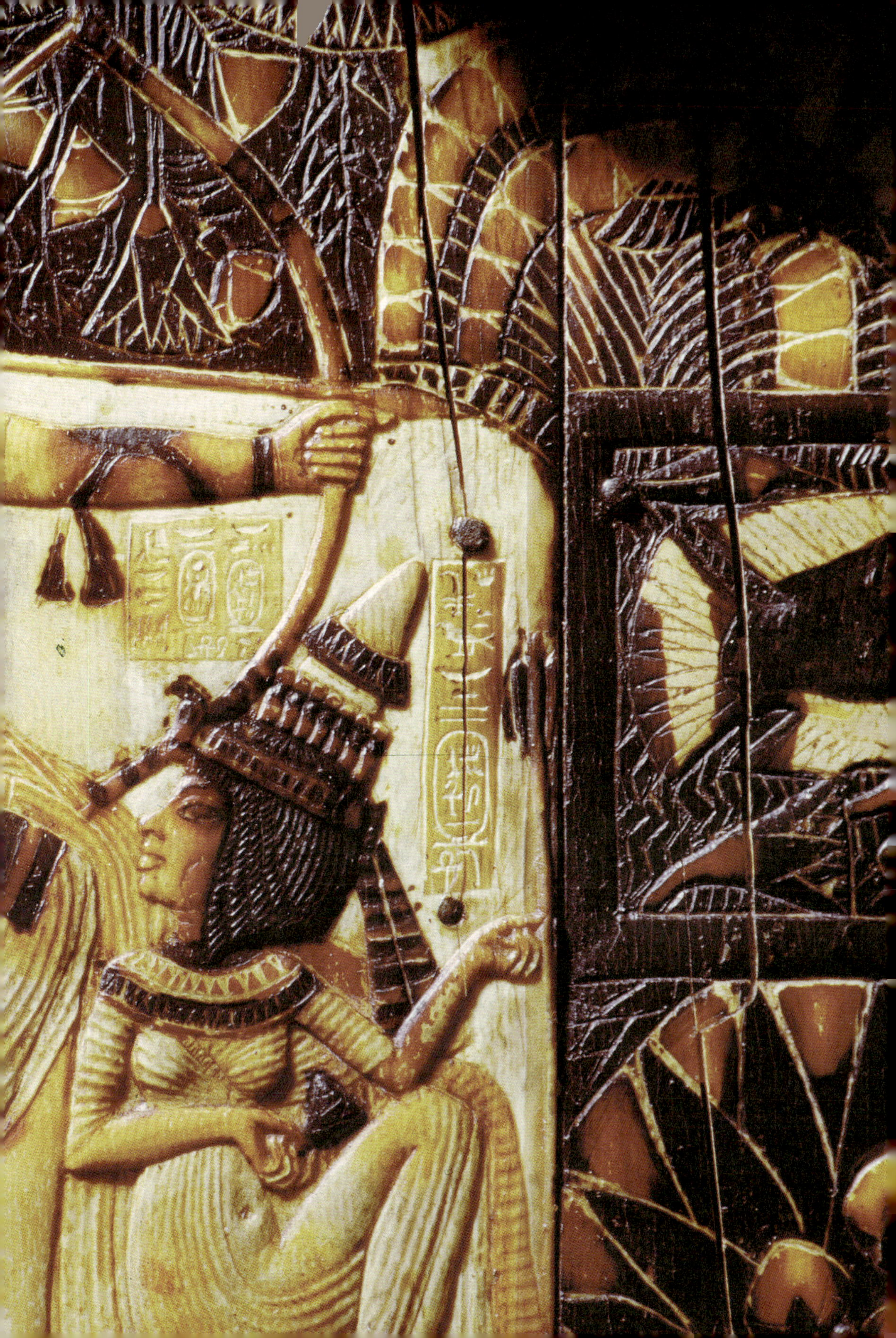

图坦哈蒙的陵墓

墓中的宝藏

用珠宝来表现化身为猎鹰的太阳神

包上青金石和黄金的手镯。圣甲虫是太阳神的另一个象征。

图坦哈蒙生前很可能戴着这串刻画兀鹰女神内赫贝特的纯金项链

国王的名字、头衔和神性特征都凸印在这面"安卡"形状的镀金木制手镜上。

宝藏 — 墓室

通道 — 石阶 — 走廊 — 前厅 — 附属建筑

这尊木像也许是陵墓中发现的最引人注目的艺术品,描绘的是从蓝莲中浮现的幼小太阳神。这些都是图坦哈蒙的特征,拉长的头部类似阿玛尔那的公主。

这只雪花石膏做成的圣杯上刻有对法老的吉祥祝福(因此也被称为"祝福杯"),代表着开着单花的白莲。

124

前1300—前1298

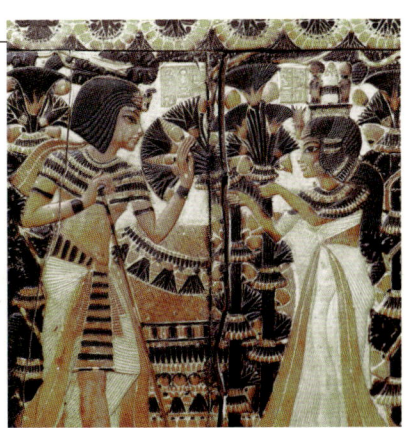

装有两个图坦哈蒙塑像的金盒子，塑像的颜色一深一浅。

权杖顶端的法老金像，可能是其登基加冕时所持。

彩绘木盒上的一块象牙刻镶板，是宝藏中杰出的艺术品之一，描绘了图坦哈蒙的妻子送给他两束鲜花时的情景。

前1300年（以后）：书面埃及语接近口语，且吸收了许多外来词汇。小说包含了历史传奇故事，但手稿中错误百出，表明书吏的水准下降了。

前1300—前1150年：人们在日常生活中经常使用剃刀、剪刀、钝头镊子和青铜理发工具。日常用品，如镜柄和小雕像等，都采用青铜（冶炼中使用了去蜡技术）制作。人们制作彩陶珠宝和装饰性物品时先制作零件，再进行组合。金银线和金银粒使用较多。由管状彩陶珠子制成的不同式样的"韦塞赫"领圈开始流行。彩陶器皿的生产量很大，有趣的是，正如青铜器皿中的含锡量下降一样，彩陶中锡的成分也在减少。

前1300—前1100年：一些涉及医学的纸草书被葬在了墓中。这些纸草书讨论了烧伤、怀孕、肿瘤、口臭、蠕虫和一些其他的疾病。

前1298—前1187年：第十九王朝统治时期。拉美西斯一世（意为"拉所塑造的人"），一位来自埃及东北部的男子，曾出任霍列姆海布的首席大臣（早期的雕像将他作为一名书吏加以描绘），被霍列姆海布指定为继承人并建立了第十九王朝。他在位两年。

- 国家之神仍是阿蒙，行政与宗教中心在底比斯，但统治者首选的居住地是孟菲斯以及三角洲地区或其附近的培尔-拉美西斯（确切位置尚不清楚）。第十九王朝需要得到权力日增的底比斯祭司集团的支持，但海盗与海上民族的侵扰，以及对西亚用兵的考虑使得住在北方更为现实。拉美西斯很可能对巴勒斯坦进行过一次军事远征。

前1298—前1064年：卡尔纳克阿蒙神祭司集团的权力不可遏制地增长。他们成功地保持了职位的世袭。据资料显示，神庙拥有数量惊人的田产。

前1298—前1279年：拉美西斯一世在阿拜多斯兴建，并由塞托斯一世最终完成了一座神庙（如今依然矗立着）。神庙里有供奉奥西里斯家族及其他神灵的神龛。这一做法很可能为这些"外来"法老赢得了普遍赞誉和祭司集团的支持。阿拜多斯的第七个祈祷室是为塞托斯建造的。

125

雕塑与绘画

埃及的雕塑与绘画不是为了艺术而创造的。葬在墓地里的雕像不仅是主人的模拟像，还包含着死者的灵魂，并且对其在来世继续生存至关重要。墓中的浮雕和绘画还可以使死者在来世过上满足的生活。

下文所描述的艺术是情趣高雅的精英所独享，表达的是拥有独自规范与审美准则的贵族价值观。只有少数朝臣才可以制作自己的雕像，也只有少数人才可以建造自己的陵墓并饰以浮雕与绘画。然而，雕刻家、泥瓦匠和画家并非统治阶层的成员，一幅浮雕或雕像作品的完成往往是多人在不同阶段合作完成的结果：先用凿子凿坯，然后制作、打磨抛光，最后竣工。

神庙里的浮雕描绘了一个国王统治期间发生的真实历史事件。国王的形象总是更加高大些，除非他面对的是神灵。

浮雕与绘画

一幅描绘舞蹈家与音乐家的绘画

浮雕可以浅刻,也可以深刻;可以在背景墙面上凸雕,也可以凹雕。起雕时,象形符号与图像要轮廓鲜明,这样就可以在填充颜料时不留下污迹。

埃及画家使用的色彩主要有白色(颜料由白垩或石膏制成)、绿色(孔雀石)、黑色(木炭)和红色(红赭石),而黄色(黄赭石或雌黄)、蓝色(蓝铜矿)和棕色(褐赭石)也常用于绘画中(作于灰泥墙的石膏粉底上)。尤其是在新王国时期,墓壁、棺椁和纸莎草上的绘画色彩明亮。在阿玛尔那时代(约前1370—前1340年),一群男子的皮肤会被涂成不同的颜色:深蓝色皮肤的男子身边可能是一个浅蓝色皮肤的人,如此等等。

前1298—前1201年:竖立在塞拉比特·埃尔-卡迪姆(位于西奈半岛)的塞托斯一世和拉美西斯二世的石碑表明,埃及人一直在那里开采绿松石,并持续到美楞普塔统治时期。

前1296年:拉美西斯一世的陵墓是在比本·埃尔-莫鲁克(帝王谷)的悬崖上雕刻而成的。墓厅的墙壁上抹上了灰泥并做了彩绘。石棺上的铭文是画上去而非刻上去的。不过,陵墓还没有完工。

位于卡尔纳克的一座神庙里的浮雕

前1296—前1279年:拉美西斯一世之子塞托斯(塞提)一世的统治始于对叙利亚的军事远征。在黎巴嫩境内,他命人砍伐了高大的树木,还带回了俘虏和战利品。在接下来的远征中,他对战的是穆西里二世率领的赫梯军队。

前1296—前1279年:卡尔纳克多柱式建筑上的浮雕讲述了塞托斯一世在巴勒斯坦、黎巴嫩和叙利亚的军事功绩。

前1296—前1279年:塞托斯一世颁发给阿拜多斯新建神庙的土地许可证刻在了往南560英里的地方,靠近第三瀑布。许可证的前言描述了神庙的美丽,充满着诗意。在阿拜多斯,他编撰了一份埃及历史上伟大国王的名录。这份名录为后来的历史编撰者(如曼涅托)提供了一份资料来源。

127

雕塑与绘画

人体形态

埃及艺术家在描绘人体形态时使用了一些惯用手法，如行走中的国王通常一只脚在前，另一只脚在后，但双脚在地面上都是平的。在二维作品（即绘画与浮雕）中，他们将一个人的头部描绘成千篇一律的侧面姿态，却将眼睛完全展示给观众。对于肩膀和躯干的处理同样如此，尽管腿和脚是侧面的。人的比例在一个相等的方格上被标准化。从脚掌到膝盖有6个方格，到发际线（不是头顶，因为可以戴假发、王冠或头饰）有18个方格，后来变成20或21个方格。三维雕塑运用同样的规则，他们制作时要建构网格。举例来说，新王国以前，肩膀的宽度通常是身体高度的三分之一。

在刻画一男一女并排坐着或站着时，他们通常有相同的尺寸，女子在男子的左边，右臂搂着男子的肩膀或腰部。肤色也很有规则地区分开来，男子要比女子黑很多。

国王塞索斯特里斯一世：刻画人体的侧面时总是一只脚在前，一只脚在后。

描绘雕刻家本人及其妻子的早期作品之一

前1296—前1279

前1296—前1279年：塞托斯重新恢复了被埃赫那吞抹除的阿蒙神的名字，同时通过在阿拜多斯建造神庙的方式赋予了奥西里斯神更大的重要性。

前1296—前1279年：塞托斯的岩墓中的彩绘浮雕精美绝伦，在我们所说的最高质量的作品中，也许它是最后一部。塞托斯的陵庙在比本·埃尔-莫鲁克的岩墓中最为壮观，其中带有顶绘的墓室尤其漂亮。他那巨大的雪花石膏石棺只有2英寸厚且是半透明的。

与利比亚人作战中的埃及人

前1290年：奥西里斯的审判以及穿越幽冥世界的夜行是此时墓室中最受欢迎的主题。

前1290年（以后）：由于沙漠中的利比亚人入侵了三角洲西部，双方爆发了多次战争。由于吸纳了利比亚人、努比亚人和谢尔登人战俘，埃及军队的规模迅速扩大。

前1290—前1275年：埃及在西亚享有最辽阔的领土，但实际行政管理仍交由当地首领负责，埃及人只充任法老的使者。相比之下，努比亚被纳入埃及的直接管辖范围。

前1289年：在越过西奈半岛通往约旦河谷和叙利亚的途中，塞托斯一世挖掘了九口水井，并为每口水井都设置了要塞加以保护。

前1280—前1064年：大多数绘画或雕像都是老一套的战争或宗教献祭题材。这一时期的建筑与其说漂亮，不如说壮观。刻写的象形文字比例不正确。

前1279—前1212年：拉美西斯二世统治时期。他是一位伟大的建设者，拉美西斯一世的孙子，曾被派往西亚与父亲塞托斯一世并肩作战。拉美西斯二世把全部精力放在了对外战争上。他摧毁了赫梯帝国的边界，使巴勒斯坦、黎巴嫩和叙利亚的一些小国臣服，并最终与赫梯国王哈图西里签订了一份和平条约。他在沿西海岸的道路上修建了一条要塞防线，以抵御西部（利比亚）沙漠中的利布人、马什威什人、切姆胡人和切姆纽人的入侵。

前1279—前1212年：拉美西斯二世创造的军事辉煌被铭刻在他的纪念碑上，长长的碑文缅怀着他的战绩。

前1279—前1212年：拉美西斯二世在其父亲建在阿拜多斯的神庙群中加建了一座神祠，但这座神祠中的浮雕和象形文字做工低劣。霍列姆海布统治时期（前1328—前1298年）开工兴建、塞托斯统治时期（前1296—前1279年）继续建设的卡尔纳克柱厅在这段时间内竣工。拉美西斯二世自己的底比斯陵庙（被称为"拉美赛姆"）有一个巨大的塔门通向两个有柱廊的庭院。法老的坐像由一整块完好的黑石制成，但与另一座雕像（现存于大英博物馆）相比，这座雕像保存得不那么完好。

• 拉美西斯二世还在不同地区竖立了多个石碑。

前1279—前1212年：在贝鲁特附近发现了一座被部分损毁的拉美西斯二世的石碑。随着埃及军队分散驻扎在西奈半岛与奥伦特河之间的区域，黎凡特居民必定感受到了埃及的多重影响。

卡尔纳克的柱厅

129

雕塑与绘画

透视

象形文字与绘画相辅相成。鸟的文字符号可能与代表房子的未封闭的矩形符号一样大，甚至更大。同样，在绘画与浮雕中，真实的比例并不重要。决定一个人或物相对大小的是其在特定背景中的重要性。如果某个部位是某人的重要特征，那么就算不可见，它也会被呈现出来（于是，一个侧面姿态的人，其双脚脚底的弧度和双手的所有手指肯定会被描绘出来）。同样，侧姿女子的远侧乳房也几乎总是显露出来（这与女子的实际穿着没有关系，因为在雕像中，两只乳房都被遮住了）。

一幅画可能描绘同一个人的系列事件。此外，一个长方形池塘就画成一个长方形，没有运用透视原理加以缩小。池塘边的树木被画成向外生长的样子。池塘上端的树是

直立的，两侧横置，下端的树则是倒置的。在很长一段时间里，尼罗河上的两条船被画成一上一下，大小相同，互不遮蔽。船下是代表水的波浪线。换言之，画中没有体现透视原理。正如一位近代历史学家所言，透视是一种幻觉：埃及人不是根据他们所看到的现实，而是根据他们对现实的理解来描绘自然。然而，一些可爱的木刻三维陵墓模型证明这一原则也有例外。站在一个木制底座上的一排三个搬运工，离观众的距离越近，比例越大，好像他们（或一个搬运工）真的离观众很近。在阿玛尔那时代的一些浮雕中，如果以群体为主题，其中的某个人会被其他人部分遮蔽。

生长在一个花园池塘四周的树木。画中描绘了第十八王朝时期的一位书吏及其妻子在奥西里斯（没有画出来）面前接受审判。

圆雕

雕刻家必须不断雕刻石块才能做成石雕。在制作过程中，任何伸出的臂膀或脚都可能从石块主体中脱落，因此，人的形体从未完全自成一体——背部与一根柱子相连，或者手臂与胸和脚之间都有连接。正如艺术史学家所言，埃及雕刻家"奋力"将自己的人物作品从石块中"解放"出来（雕刻家可能去过采石场，因为在一段时期中，我们可以通过石头及其产地推断风格的差异）。偶尔，一位伟大的雕刻家会受到法老的尊重，并被赐予"天赋异禀者"的头衔。从技术上讲，对于石头的处理技术发展很快，以至于到第二十七王朝时，诸如玄武岩和片岩之类的硬石都能被打磨得光彩熠熠。

"雕像"的象形文字是一个手持长棍和权杖的站立男子，在经典的埃及雕塑作品中产生了某些特定的形式，如坐着或站着的法老、坐着或站着的神、坐着的重臣、跨步的法老等。从中王国到公元前1千纪末，"团块雕像"（block statues），即坐在基座上的袖珍非王室男子人像被制作出来，整个轮廓基本上呈几何形。中王国时开始刻画王室成员以外的老年形象。

在阿玛尔那时代，雕像技术的精妙和创新性达到空前的高度。在此之前，被安葬的国王的雕像应该凸显他的年轻与健康，因为这是享受来世生活必备的条件（正因为如此，必须要有标签将法老的母亲与妻子区分开来）。但在公元前1400年左右，埃及艺术家在刻画法老时吸收了更多的现实主义成分，甚至有贬损形象的特征，如腰间过多的脂肪、拉长的脸或过长的鼻子等。另一个非同寻常且引人瞩目的创新是突破了僵化的人物直面前方的正面描绘，而是赋予某个人物形象（如一个女神）转头和张

前1279—前1244

前1279—前1212年：谢尔登人（可能是撒丁人）头戴独特的头盔，手持圆盾和利剑，乘战船前来袭击埃及，但后来的文献提到他们成为法老的警卫，再后来他们耕种着小块份地。

- 拉美西斯二世命人为那些从瓦底·埃尔-阿拉奇（努比亚）运送黄金的工人挖井。此时的努比亚事实上已成为埃及的一个州。这里只发生过一次小规模的战争。

前1245年：拉美西斯二世娶了赫梯国王哈图西里的长女。

塞尔凯特女神雕像。转头和张开双臂的姿态很罕见。

阿布·辛拜尔神庙前矗立着四座巨大的拉美西斯二世的雕像

开双臂的姿态。如果不是用石材，而是用木料制作雕像，外面包上石膏再镀金的话，这些姿势就更容易塑造。图坦哈蒙用鱼叉叉捕河马的木-金雕像中体现出很明显的张力和动感。一些小的细节同样令人愉悦：正是在阿玛尔那时代，雕像人物的五个脚趾和脚指甲才全部展现出来。

在第二十五王朝时期（前752—前656年），艺术创作取得了技术上的突破：先用黏土制成艺术品模型，然后用青铜铸造。

图坦哈蒙站在木筏上叉捕河马的著名雕像。与大多数雕刻与绘画作品不同的是，这幅作品是刻画人物形象时传达出了活泼动感特征的少数作品之一。

前1244年：拉美西斯的杰作是在阿布·辛拜尔（位于努比亚地区）的砂岩悬崖上为阿蒙神、普塔赫神、拉-哈拉赫提和他本人建造的一座神庙。这座纪念建筑前矗立着四座戴着上下埃及王冠的拉美西斯二世的巨大雕像，每座雕像都超过65英尺，并且是在崖岩表面雕刻而成的。在每座雕像的两脚之间和两侧都有其妻子和孩子的雕像。在入口处的庭院后面是神和他自己的雕塑作品。在这座令人惊叹的神庙附近，他为自己的妻子涅菲尔塔莉建造了一座稍逊一些的神庙以示敬意。

国王美楞普塔，拉美西斯二世的继承者。

133

埃及珠宝

早在巴达里文化时期（前5000年），埃及人就开始用铜珠、上过釉的滑石和其他彩石装扮自己的身体。在涅伽达文化时期，装饰品中增加了彩瓷珠子。孔雀石和方铅矿用于眼妆，用来研磨这些矿石的调色板雕刻得非常精致。

在第一王朝时期，法老妻子的随葬品中出现了含有黄金、绿松石和紫水晶的臂镯。古王国时期，紫水晶、水晶和玛瑙－红玉髓（全部来自东部沙漠地区）、西奈半岛的绿松石和孔雀石，以及来自阿富汗东部的青金石都被用作装饰品。金子和金银合金进一步增加了装扮效果。在技术上，人们能够制作金叶与珐琅，或者镶嵌着彩石的圆环。雕像显示埃及人已佩戴胸饰。随着时间的推移，胸饰逐渐变大且轮廓呈矩形。

在中王国时期，埃及从东部沙漠地区引进了红玉髓和绿玉髓（被称为"亨麦特"，意为"使人愉悦"）。珐琅制作技术进一步完善。埃尔·拉呼恩的一座坟墓中有一件极其漂亮的黄金胸饰。

在彩色装饰品的清单上，第十八王朝时期增加了嵌在珐琅里的五颜六色的玻璃，后来（前7世纪）增加了珊瑚，托勒密时期增加了绿玉（翡翠）和珍珠。珍珠很可能是在罗马与印度半岛开展早期贸易之后，经过印度南部和斯里兰卡附近海域，沿水路流入地中海的。

穷人满足于用绿草和鲜花扎成的头带。具有讽刺意味的是，这些装饰品仿制了为富人准备的昂贵饰品。埃及人也会在脖子上佩戴串珠、垂饰和护身符（包括圣甲虫和"乌加特之眼"）。中王国时期佩戴胸饰和耳环。

穿着褶袍、佩戴芬芳的头锥和琳琅满目的珠宝的音乐家。

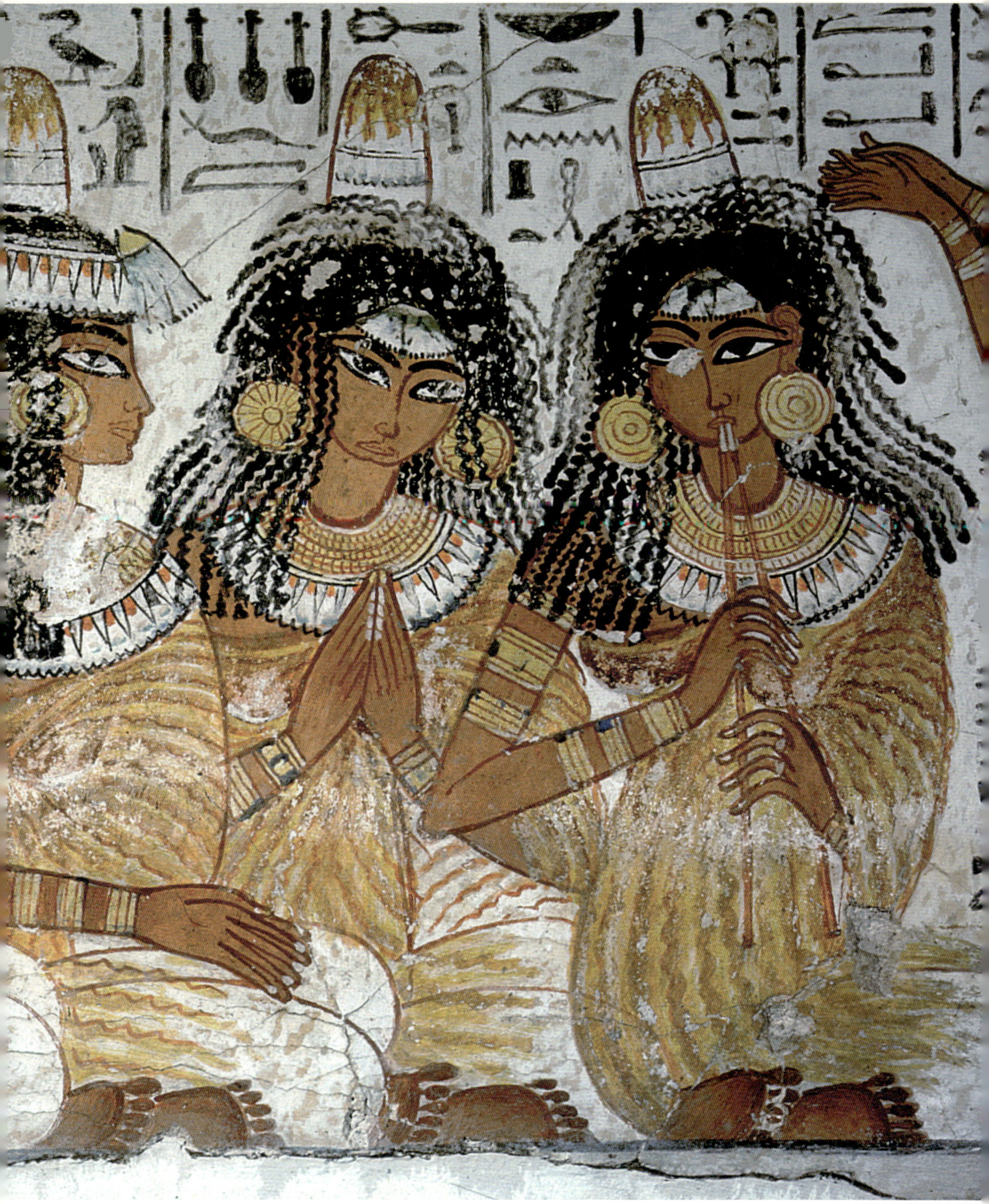

埃及珠宝

外图：做成秃鹫形状的领圈
里图：一只手镯，手镯上的"乌加特之眼"用青金石镶嵌而成。

埃及人还佩戴指环以及"韦塞赫"（一种由五到七排长珠子串成的宽领圈，最初制作于第一王朝时期。新王国时期，由于彩瓷的大量使用，这种项链成为精英阶层的时髦装饰品）。新王国时期，埃及人开始佩戴带有金银丝（从中王国时期开始）和金银粒的精致耳环。至于戒指，图坦哈蒙国王戴的那枚有一个一体化的金属边框。第二十王朝时期，有一枚金制的图章戒指，表面刻着主人的名字。

某些颜色带有象征意义。黄色（金子的颜色），即木乃伊面具的着色，代表持久的事物。绿色（孔雀石，"荷鲁斯之眼"护身符）意味着植物、生命的诞生。红色（例如红玉髓）代表生命和生理，同时也代表火和愤怒。至于蓝色（青金石），则代表水、尼罗河、洪水，还有天空。

前1244—前1185

前1244年：阿布·辛拜尔神庙建造得十分精巧，每年春秋季节各有一天，初升的阳光可以穿透所有殿厅，照亮神祠里阿蒙-拉、普塔赫、拉-哈拉赫提（还有一个是拉美西斯自己）的雕像。

前1212—前1201年：美楞普塔在其50岁时登基。他是拉美西斯二世的第十三个儿子。

前1207年：利比亚人的入侵已达紧要关头。利布人与其他集团，即"海上民族"，从巴勒斯坦地区如潮水般涌入三角洲。埃及人在战斗中戕残被他们杀害的"海上民族"的尸体，一旦发现未行割礼的尸体，便要对其进行阉割，否则，他们的双手就要被剁掉。卡尔纳克神庙墙壁上的铭文记载了美楞普塔对战"海上民族"取得的胜利：他击退了大批携妻带子前往埃及"寻求食物"和定居点的移民。

前1205年：美楞普塔在一篇铭文中提到了以色列：他使以色列的土地荒芜，没有留下任何种子。以色列位列被埃及击败的迦南地区的国家名单中。

前1201—前1187年：一位沾老的统治时期，每位法老的统治时间都很短暂，其中一位是孩童，最后一位（也是第十九王朝最后一位统治者）是塔瓦斯拉特。她是前任法老的正妻（其随葬珠宝以及遭到破坏的木乃伊已被发现）。

- 底比斯出现了治安问题：贿赂、盗窃、抢夺财产和身体暴力（各类纸莎草文献中都有所提及）。第十九王朝在最后十年左右的时间里几乎没有留下任何纪念建筑。

前1200年：正如重要的《哈里斯大纸草》所证实的那样，此时的神庙从其田产中获得大量的收入，其中最富有的是底比斯的阿蒙神庙。后来的第二十王朝的法老们不得不面对强大的祭司集团造成的后果。

前1200年（以后）：被派往国外办差的书吏们对西亚的一些城市，如毕布罗斯、推罗和卡叠什等非常熟悉。

前1187—前1185年：第二十王朝法老塞特拉克特统治时期。

前1187—前1064年：除了首任国王塞特拉克特之外，所有第二十王朝的法老都被称为"拉美西斯"（从拉美西斯三世到拉美西斯十一世）。其中，只有拉美西斯三世还能称得上伟大。

前1185—前1153年：拉美西斯三世是最后一位能称得上是"伟大战士"的法老。截至公元前

拉美塞姆

1174年左右，他有三次主要战役，其中两次是对抗利比亚同盟，一次是在西亚（这些战役的情况都记载在其位于麦迪奈特·哈布的陵庙以及《哈里斯大纸草》中）。第二次战役（约前1177年）是一次海战，抗击一大群携妻带子的"海上民族"（包括皮勒塞特人、切克尔人、谢尔登人和威希威希人，他们摧毁了赫梯的都城，在叙利亚和巴勒斯坦制造了混乱之后奔向埃及）。

前1185—前1153年：位于麦迪奈特·哈布的拉美西斯三世的王宫（其砖砌地基存留了下来）与陵庙相互毗邻。这座神庙的许多特征都是模仿了"拉美塞姆"，包括描绘他在叙利亚作战的浮雕（事实上他从未在那里作战过）。他的陵墓现在位于比本·埃尔-莫鲁克。其木乃伊保存在开罗博物馆。

拉美西斯三世神庙中出现的国王的名字——麦迪奈特·哈布

前1185—前1153年：保存得不太完好的拉美西斯三世的王宫墙壁上描绘了一些诸如海战之类的有趣事件。

前1185—前1153年：在底比斯墓区，拉美西斯三世的陵庙是保存得较为完好的神庙之一。它建有巨大的塔门和带柱廊的庭院、一个仍在原位的屋顶，以及几十间供工作人员居住的住所。神庙东门受到了叙利亚防御建筑的启发。

埃及珠宝

来自图特摩斯三世宫廷中的一位女子，戴着假发形状的头饰。

前1185—前1160

图坦哈蒙陵墓中的一个垂饰

前1185—前1153年：一些彩色瓷砖被用来建造位于麦迪奈特·哈布的拉美西斯三世的陵庙。陵庙中的艺术作品描绘了一些非埃及人的特征与服饰。这说明埃及人对其他文化产生了兴趣。

前1180—前1064年：这一时期的纸莎草文书记载了人们可能犯的各种罪行，如贿赂官员的亲信拘捕他们的原告，快要受到惩罚的时候加入抬送神像的队伍行列，从神庙商店窃取衣物等。

前1174年：拉美西斯三世恢复了和平。他宣称："我在整个国土上种下各种树木和青葱的植物，让人们能有阴凉之地可坐。"他还声称，埃及妇女现在可以自由旅行。

前1170—前1064年：人们与某些神灵建立了非常私密的关系。人们认为，阿蒙神听从卑微的哀求，向疲倦者伸出援手。任何带着忧愁的心到他那里去的人，离开时都会欢天喜地。

前1165—前1065年：在埃及历史上，这一时期的文字材料（写在纪念建筑、陶片或纸莎草上）最为丰富。

前1160—前1155年：位于麦迪奈特·哈布的《都灵纸草》以僧侣体文字写成。它描述了一场宫廷阴谋。这场阴谋从一位总管依附于王后开始，随后他在后宫煽动仇恨与叛乱。共有数名官员和六名王妃受到了指控。

前1160年：据《米诺纸草》记载，有人书写咒语和制作蜡像，并偷送到王宫内的女眷住处，但没有成功。

护身符不仅能让我们深入了解埃及美学，还能让我们洞察埃及人的意识形态和图腾，以及他们面临的日常问题与焦虑。这些护身符是一些装饰品，能保护佩戴者免受伤害和邪恶的侵扰。它们的力量源自它们所代表的生物或神灵，也许还与护身符的材质和颜色有关。埃及人不仅在日常生活中将护身符作为吊坠、指甲套佩戴，或者放在项链上、缀在衣服上，还将它们放在木乃伊或木乃伊的绷带上。据记载，法老时代的埃及有300多种护身符，在大约公元前150年以后，数量尤其丰富。有的护身符做成了王冠或"节德柱"（djed-pillar，意为"持久"的象形文字）的形状，有的护身符代表托特神、哈索尔神、"巴"鸟、幼神、杂交动物和怀孕的河马。"乌加特之眼"是新月形的拉神之眼，并与托特神联系在一起。它被当作抵御嫉妒、诅咒或不幸的最佳保护品。

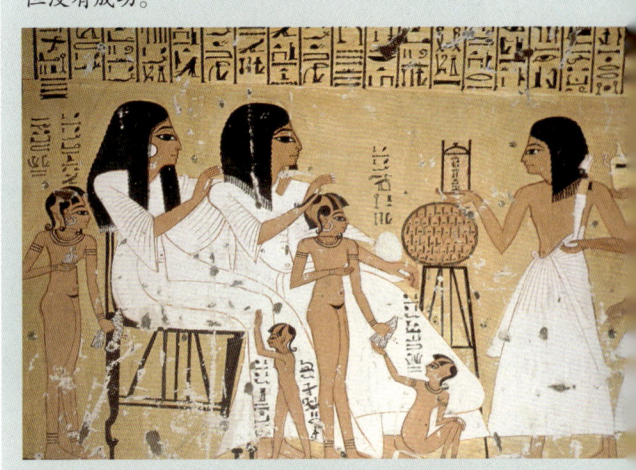

工头伊讷卡坟墓中的一幅壁画，描绘了他与家人在一起的情景。

139

埃及珠宝

陶瓷

古代埃及人用陶瓷制作珠子、吊坠、镶嵌装饰品、护身符、供品、盘碟、高脚杯和其他物品。在图坦哈蒙的墓中出土了100多件陶瓷制品。正如在美索不达米亚和南亚地区一样，在埃及，陶瓷实际上是半宝石（如青金石和绿松石）的替代品（尽管后来也做成了其他颜色）。也许更准确地说，它是人造宝石。

"陶瓷"一词来源于意大利的一个小镇"费昂斯"，中世纪晚期在那里制作一种釉面陶器。在埃及语中，"陶瓷"一词是"切赫奈特"（Tjehenet），意为"光亮的"。陶瓷是一种有光泽的材料。它是一种烧结材料，因为在烧制时，只有部分成分会融化并将整个材料凝结在一起。主

乔塞尔的层级金字塔上使用的一块瓷砖面板

体材料由石英粉与适当比例的石灰和泡碱或草木灰混合而成，外涂层是明亮的绿蓝色釉质，其颜色来自铜矿石粉末加上石灰、硅、苏打和其他矿物质。埃及人在史前就已经学会给滑石上釉，但石头的釉面不如玻璃料的釉面光亮，后者是陶瓷制品的无定形内核。

埃及早期的陶瓷是自带釉的：在陶瓷坯体中加入某些粉末，待坯体干燥时便汇聚于表面形成一层外壳。后来，这种胶合技术流行起来：给工艺品的坯体涂上釉面，釉面能部分融进坯体并赋之以令人愉悦的色彩。这种物质不仅具有审美价值，还具有实用价值，柔软到可以根据需要塑形，因此非常宝贵。

在早王朝和古王国时期，陶瓷主要采用风化技术上釉，采用压入模具或绕棒浇铸混合物来塑形。乔塞尔的层级金字塔用了大约36000块2×1.5英寸的绿-蓝色装饰瓷砖（这种颜色很可能在埃及文化

上图：一只陶瓷碗
下图：以秸秆为内核做成的一些小雕像，比如这只陶瓷刺猬。

140

前1160—前1141

前1160年：直到此时，埃及仍然控制着下努比亚和更往南的库什。

前1156年：在代尔·埃尔-麦迪那，当没有领到按月发放的口粮时，工匠村庄里的工人发动了罢工。

前1153—前1064年：从拉美西斯四世到拉美西斯十一世的统治时期。所有这些法老的统治时间都很短暂，所有法老都在比本·埃尔-莫鲁克建造陵墓。他们的住处越来越局限在三角洲地区，与此同时，底比斯祭司集团的财富不断增长。底比斯地区的犯罪事件频繁发生（有纸莎草材料可以证明），祭司变得特别有权势，而法老们只能将关注点放在北方。

前1150年：拉美西斯四世在瓦底-哈玛玛特留下了一段为其建造巨大石碑而开采杂砂岩的记录。

用僧侣体文字书写的《哈里斯大纸草》

前1150年：为麦迪奈特·哈布的国家档案而制作的《哈里斯大纸草》以潇洒飘逸的僧侣体文字写成，上有众神灵和拉美西斯三世的彩绘图片，描绘了后者对底比斯、赫利奥波里斯和孟菲斯给予的所有恩赐：建筑、神庙设施、土地，以及税收所得。

前1142年：328英尺长、共5200行的《维勒布尔纸草》中提到了底比斯、赫利奥波里斯和孟菲斯神庙土地的税收问题。所有家庭都有纳税义务。

前1141年：拉美西斯五世（正如其木乃伊所示）死于天花。

泡碱

泡碱是一种可轻易获得的盐类，一种碳酸盐，是制作木乃伊的主要原料。它的其他用途包括：陶瓷制作、清除室内害虫、清洁牙齿和身体的其他部位。撒上一圈泡碱可以构成一个简单的魔咒，来抵御不想要的影响或鬼怪。

中具有特殊意义）。当模具中的材料成形之后，反面会加上一个凸饰。后期会将凸饰穿孔，用铜线串起一排排瓷砖并置于灰泥墙面上。在阿拜多斯发现了一个早期的陶瓷制作中心。

在中王国时期，陶瓷的生产规模扩大，胶结很普遍，釉面光亮，附着良好，还出现了很多陶瓷新品种。新王国时期，在泰尔·埃尔-阿玛尔那有个陶瓷生产基地，那里发现了数百个用于露天铸造陶器的模具。模具技术意味着可以为法老制作多个同类产品（如陶戒），在节日期间作为礼物赠送给臣民。

前1100—前700年：由于三角洲地区的土壤条件较差，没有太多的考古材料，因此，日常生活、房屋形状、家具等信息不详。

文字、文学与书吏

埃及早期的沟通媒介包括文字、绘画和浮雕：一些具有表音功能（用于语言表达、人名和概念表达）、带有缩小的图像符号的真正文字夹杂着一些纯粹的图片。与一个符号代表一个音节的楔形文字不同的是，埃及的象形文字中，一个符号一般代表一个完整的单词。

前1141—前1100

前1141—前1133年：拉美西斯五世留下了法老在西奈半岛的塞拉比特·埃尔-卡迪姆开采绿松石的最后记录。

前1113年：阿蒙神的高级祭司此时篡取了一个法老的臣民从未妄想的地位——他在浮雕上竟然与法老一样高，并像法老一样祈求阿蒙-拉赐他长命百岁。

前1100—前1000年：由于接二连三的盗墓事件，底比斯的祭司们将数个王族成员的木乃伊从原葬处移走（一些木乃伊绷带上的文字对此做了描述），并集体藏匿于代尔·埃尔-巴赫里。

前1100年（以后）："卡诺皮克"罐是放置死者内脏——肝、肺、胃和肠的通用容器，盖子做成人或动物的头形并加上彩绘。四个罐子都要葬在坟墓中。

前1100—前900年：彩陶工匠们掌握了制作颜色鲜亮的镂雕容器（比如用以存放珠宝）的技术。

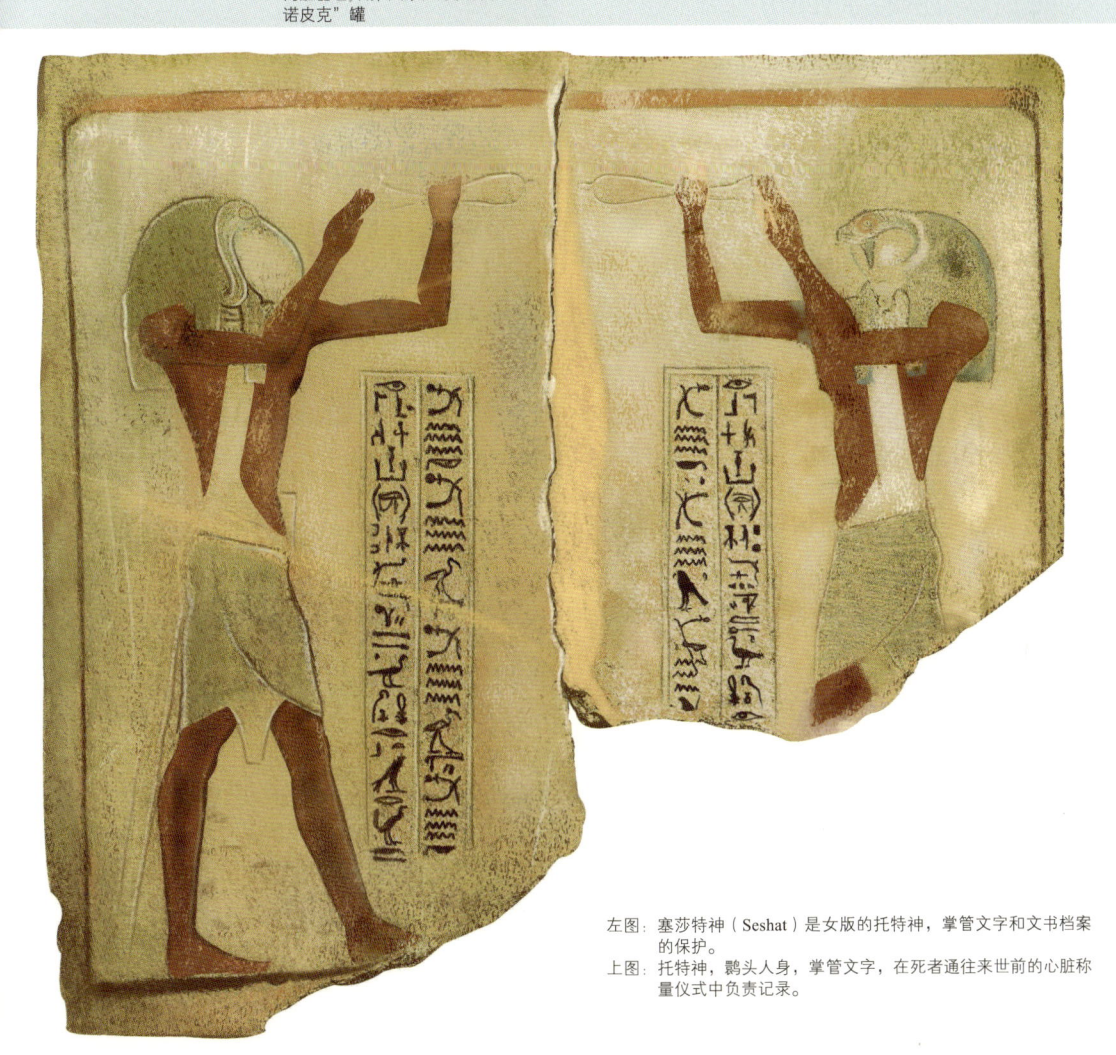

在制作木乃伊的过程中用以储存死者内脏器官（肝、肺、胃和肠）的"卡诺皮克"罐

左图：塞莎特神（Seshat）是女版的托特神，掌管文字和文书档案的保护。
上图：托特神，鹮头人身，掌管文字，在死者通往来世前的心脏称量仪式中负责记录。

143

文字

象形体

带有图画符号的象形文字体系也是一种艺术,至少从公元前3000年开始兴盛,并一直持续到公元394年。"象形文字"一词在希腊语中的意思是"神圣的刻写"。以这种书写方式,人、器皿、星星、植物和动物的图案或被刻画,或只是画在祈愿物品(如大型化妆调色板)、神庙和墓室的墙壁、金字塔的通道、祭坛的底座、石碑,以及雕像上面。这些符号传达了埃及口语的文字与声音,并被称为"麦杜—奈阙"(mdw-ntr)或"圣书体文字"。

文字最初是作为管理备忘录或记账的一种方式,或者作为一种标签或说明(如某个人名或物品)写在仪式用的权标头与化妆调色板、装饰着仪式与膜拜图景的墓室或神庙的柱子上。因此,埃及文字从一开始就既有实用性,又与纪念性的展示联系在一起。最初的时候,人们不需要使用完整的句子。到了公元前2600—前2500年左右,连续的文本或完整的句子才开始出现(清单和纪念性的说明文字并存),文字的表达潜能最终实现。在那个时候,符号即使表示了相应的物体,但同时也有了另一些附带的含义。比如,一个书吏的调色板的图案也表示"书吏";太阳的图案不仅传达"太阳"的意思,也表示"白天"或"小时"。这是画这些符号的艺术准则。到了公元前2600年左右,拼写法(如何书写符号)开始标准化,并且每一个符号都有特定的颜色,如太阳是红色的,月亮是黄色的。单词之间既没有空格也没有标记。

一个符号不仅可以传达相关的含义,还具有与图案毫无关联的含义:一些单词辅音相同(发音相似),意思却迥然不同。为了表达明确的含义,一些限定符号开始被使用。比如,后面有坐着的男子简图的单词表示的是这个男子的姓名,后面有三条竖符的单词

象形文字是一些缩小的图画。它与浮雕或绘画一起发挥了解释性的作用。后来,象形文字几乎专用于神庙的墙壁。

表示的是复数,等等。

在埃及语中(与希伯来语和阿拉伯语等闪族语言一样),词根大多数是三个辅音,这样一个三辅音的词根就是一个象形文字单词。加上去才能读的元音、词尾的变格和数都没有写出来,因此,没有人能够大声朗读古埃及语。然而,随着时间的推移,音节符号开始被使用。比如,到了新王国时期,秃鹫的符号表示元音"a"。

这一优美的文字被使用了三千年,几乎没有发生变化。象形符号大约有750个,不仅用于纪念性目的(包括神庙里的法律和历史文献),还用于仪式文本和高雅的文学。

上图：三种主要字体：象形体（上）、僧侣体（中）、世俗体（下）。
右上图：托特神，掌管文字与书写，被描绘成狒狒的形象。

僧侣体

公元前2600年之后的某个时期，一种被称为"僧侣体"的书写更快的草书体文字出现了。它以固定的方式连写符号，比象形文字更加实用。从理论上讲，僧侣体文字传达了埃及语的口语形式。这一形式在书面的象形文字形式之外已经发展了几个世纪。大约从公元前2000年开始，在培训书吏的过程中开始教授僧侣体文字。以这种文字书写的材料包括书面行政公文、私人信件、祭司和魔法师日常使用的宗教与魔法纸草，以及干河道的岩石和陶器上的涂鸦等。这种"祭司体文字"在公元前2千纪末被简化，用于在纸莎草上的日常书写。再往后到了公元前7世纪，文字被进一步简化。

科普特体

公元300年左右，随着基督教的出现，埃及语以希腊字母书写（另有7个希腊语中没有的世俗体符号表音）。这种文字便是科普特体。公元1300年之前，吸收了众多希腊语单词的埃及语一直被用于抄写《圣经》和基督教文本。大约在公元600年之后，科普特体不再用作口语，但在科普特教堂中仍然被使用。

世俗体

希罗多德使用"世俗体"（意思是"民体字"，以与"圣体字"相区分）一词来指称公元前700年左右在三角洲地区发展起来的日常使用文字。这是一种可快速书写的草书体文字，有连体字母。虽然人们知道世俗体是由僧侣体发展而来的，但很难弄清发展脉络。在公元前700年到公元450年间，世俗体是标准的民用字体，写在纸莎草、木片和罐子上。埃及人称之为"字母文字"。

然而，即使晚至"舍易斯时期"（前664—前525年），新王国时期发展起来的僧侣体文字仍在使用，同时使用的还有底比斯的晚期僧侣体文字和新发展起来的世俗体文字。象形文字则仍然刻写在纪念建筑上。

马其顿希腊人征服埃及时，世俗体文字是主要的文字形式。在托勒密王朝长达三个世纪的统治时期，法老们使用的是希腊语，埃及语则不断衰落。尽管埃及语和希腊语相互吸收语言要素，但双语使用期宣告了埃及文字和文学开始走向终结。大约在公元400年以后，本土埃及语不再作为日常交流的口语或书面语言使用。

145

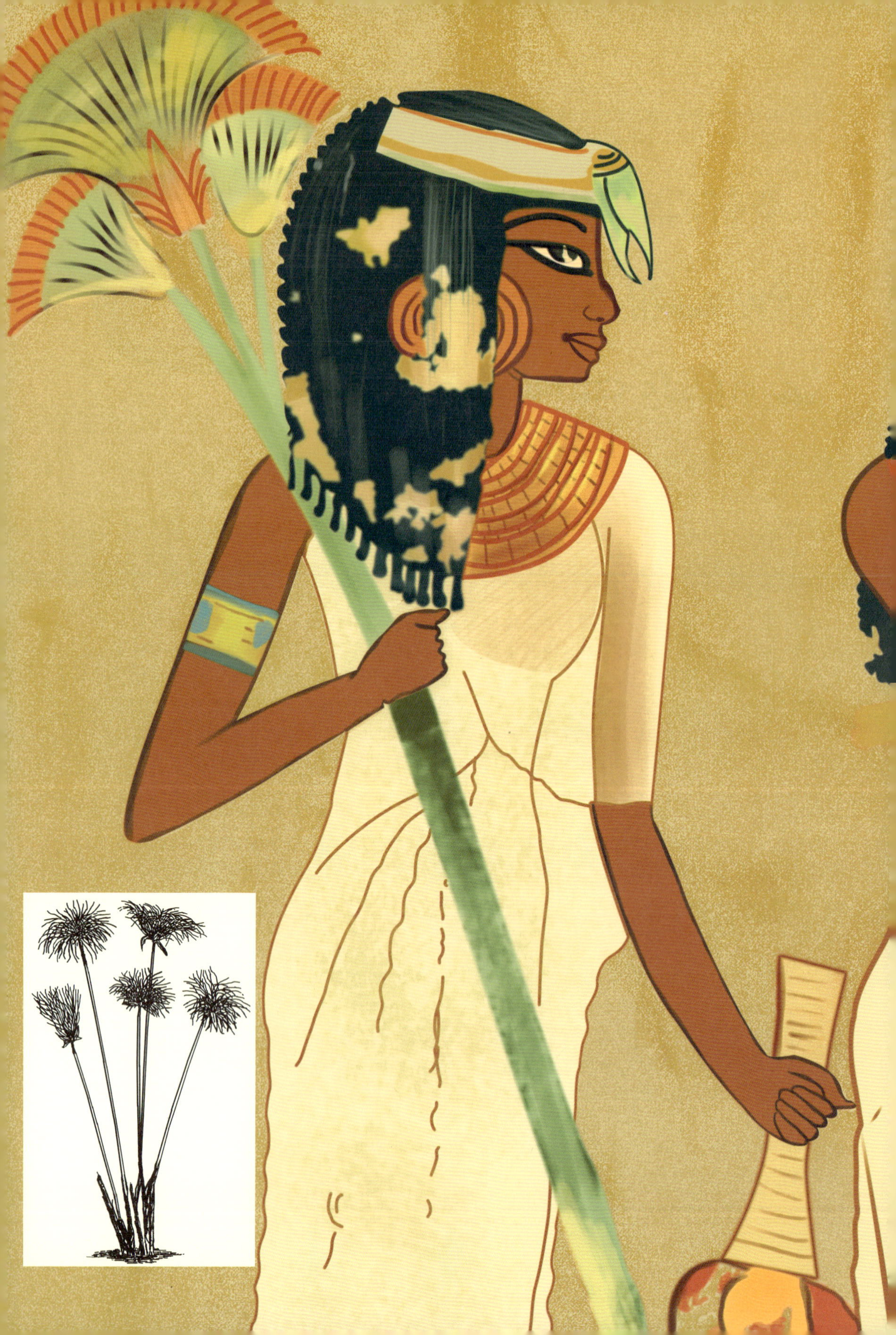

书写工具

纸莎草：埃及书吏使用尖端参差不齐（常常被咬过）的莎草（一种杆状草本类植物）笔、黑色和红色颜料块，以及纸莎草卷。莎草（纸莎草）生长在三角洲地区的淡水沼泽边缘，其高高的茎在去皮后，被切成一段段又长又窄的条状。在它们潮湿的时候将其并排排列，交叉放两层，然后反复捶打，使坚固而柔软的髓纤维不用胶水就能粘合成一张纸。纸莎草呈象牙色，比纸耐用得多。保存时将20张左右的纸卷成一大卷，并用绳子扎起来。

根据计算，一卷纸莎草纸的价格相当于一个熟练工匠干六天活儿的薪水。至少在托勒密王朝时期，纸莎草纸是王室专用产品。大多数学者认为，"纸莎草"一词（希腊语是papuros）可能来自pa-per-aa，意思是"法老所属"，但实际上，这个词并没有被古埃及人用于指代书写材料。在法老时代，纸莎草纤维还被用于制作绳索、篮筐和便鞋。罗马时期，纸莎草从埃及推广到帝国其他所有地区，并在罗马一直使用到11世纪。拿破仑时期，纸莎草已几乎灭绝，仅在苏丹和西西里有所生长，但现在已经重新引入埃及。

陶片：除了在纸莎草、仪式用物品、门、柱子和纪念建筑的墙壁上书写之外，墓地附近工匠和工艺师居住的城镇中出现了大量写在陶片（陶瓷碎片和燧石片）上的文献。对于未来准备当书吏的学生而言，他们还使用木制的书写板。

左图：抱着纸莎草茎秆的妇女。纸莎草需要精心加工才能用于书写。

前1100—前700年：医学纸草上的内容涉及蛇咬、皮肤感染，以及如何击溃邪恶的幽灵。

前1094—前1064年：在拉美西斯十一世统治时期，底比斯爆发了一场反对大祭司阿蒙霍特普的叛乱。他被暴徒囚禁了六个月。城镇居民开始受到劫掠者的骚扰。

- 早期作为一名军官的赫利霍尔成为阿蒙神大祭司。他极为富有。浮雕显示他头戴法老的双王冠，拥有所有传统上法老所拥有的名字。

前1075年（以后）：当底比斯的高级祭司们被要求解决法律问题时，他们在决策前咨询了神谕。当说到胜利者或辩护者的名字时，坐在太阳船里的阿蒙神雕像会点头。

前1070年：一篇虚构的作品描述了温阿蒙在巴勒斯坦沿海的冒险经历。他与当地居民的交往过程反映出此时（第二十到第二十一王朝时期）埃及在世界上的地位已经下降。

前1064—前656年：第三中间期，第二十一到第二十五王朝时期。此时的埃及有两大权力中心：一是三角洲东北地区的塔尼斯，二是底比斯。它们相互并存，彼此之间没有太多战争。在底比斯，权力主要集中在阿蒙神的高级祭司手中。

前1064年：当第二十一王朝在塔尼斯掌权时，《温阿蒙历险记》中明确声称，法老并不能永生，真正的主人是阿蒙神。

前1064—前1038年：第二十一王朝的首位国王斯门德斯来自三角洲地区。他可能是第二十王朝末代国王拉美西斯十一世的女婿。

穿越苍穹的太阳船。船里坐着头顶太阳圆盘、手里拿着"安卡"符号的阿蒙神。

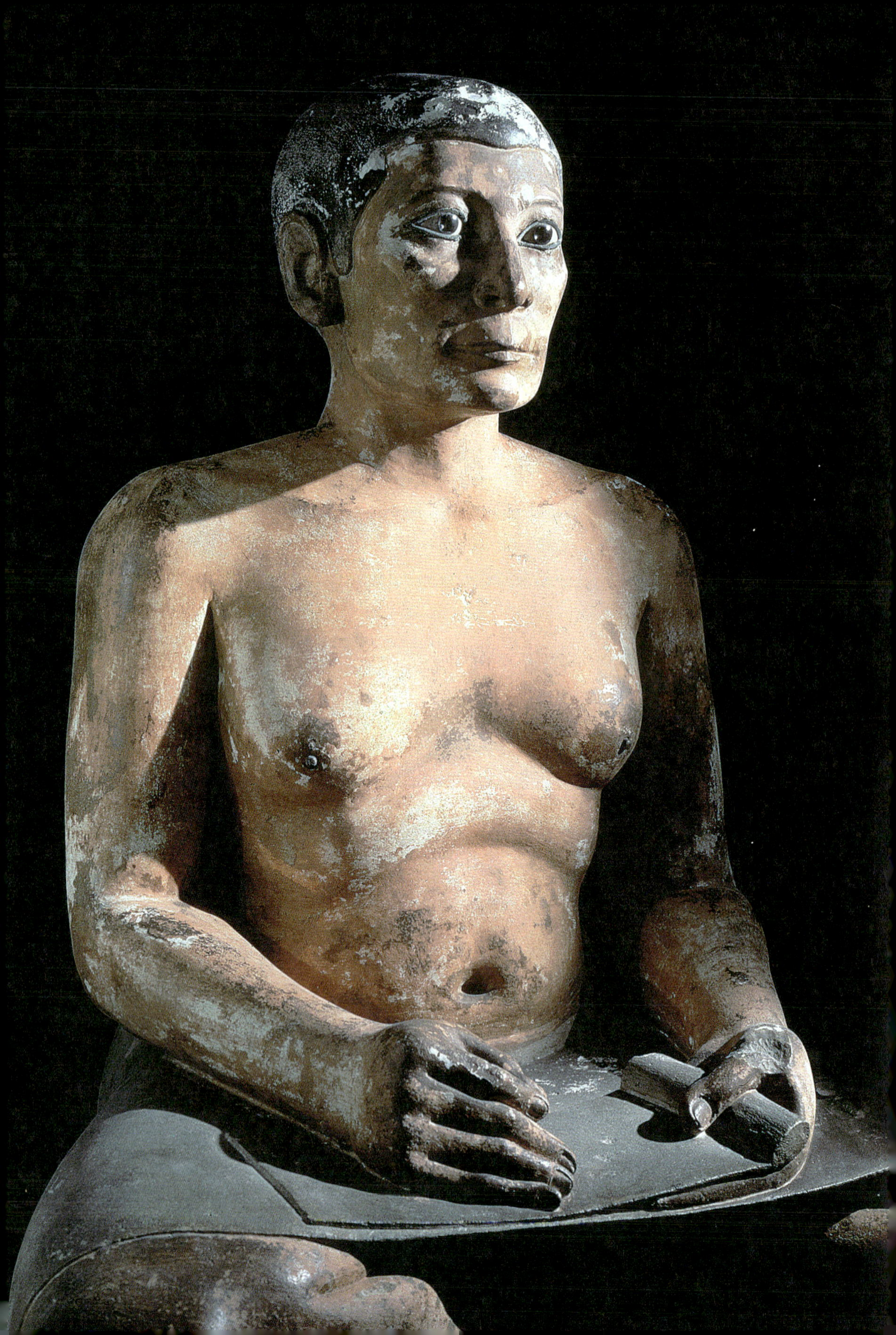

前1064—前1000

前1064—前940年：与新王国时期相比，此时的王室陵墓微不足道。

- 在代尔·埃-巴赫里，沿着一条地下廊道，可以发现一百多副棺椁，以及与阿蒙-拉的祭司木乃伊一同随葬的众多"乌沙布提"俑和小雕像。

前1064—前750年：从石雕方面看，这是一段艺术的衰退期。第二十二王朝的统治者盗用了一些早期的雕像。

前1064—前656年：在塔尼斯，阿蒙神、阿蒙神祭司以及阿蒙神庙的重要性得到了认可；与此同时，底比斯祭司承认三角洲地区的法老们为合法统治者。

前1064—前940年：阿蒙-拉此时变成了原始神以及其他所有神灵的渊薮：除了永不疲倦地穿越苍穹的角色之外，其与太阳有关的特征都被淡化了。

前1060年（以后）：王室建筑中重新大规模使用石头，主要集中在塔尼斯，底比斯也是如此。

前1050年（以后）：墓葬随葬品中出现《来世之书》（或冥界之物）：它以图画和象形文字的形式描述了与夜晚十二个小时相对应的四个冥界区域。

国王普撒塞尼斯一世的黄金丧葬面具，展示了戴有（眼镜）蛇饰的王室头巾。

前1049—前1026年：皮努杰姆一世是阿蒙神大祭司，同时拥有军队统帅的头衔。他的儿子在底比斯继承了这一职位。

前1038—前1034年：阿蒙涅姆尼苏只统治了四年。

前1034—前981年：普撒塞尼斯一世占据了塔尼斯的王位并被葬在那里。其父亲是底比斯阿蒙神大祭司。

前1000年：刻在卡尔纳克墙上的一段长长的铭文描述了一名高级官员如何因为不诚实而被审判的经过。这件事事关重大，因为只有当这名官员从涉及嫌疑罪行的两个牌子中做出选择之后，一年一度前往卢克索的神灵游行才能举行。

前1000年（以后）：在中埃及修建了几所要塞。由于冲突持续不断，农村人口可以在要塞中寻求庇护。

- "卡腾涅齐"被广泛使用：这是一种由多层纸莎草或亚麻布混以灰泥和石膏加固后形成的一种材料，用于制作安放木乃伊的棺椁。最外层的石膏层被涂上彩绘。

一位公主身着女祭司的豹皮大衣，坐在摆满供品的桌前。

前1000—前650年：或许是因为重新自努比亚进口铜矿，青铜铸造业成为第二十五王朝时期埃及的主要产业。早些时候，在第二十一王朝时期，"亚沙布提"小雕像以青铜制作。

- 写在小片纸莎草上的保护性咒语具有与魔法护身符相同的功能，可以召唤阿蒙神的支持。

149

识字状况

在墓壁上刻凿象形文字的工匠或石匠很可能无法将其读出来。由于古埃及社会的识字率很低，因此，书面材料要大声朗读出来。举个例子，生活在公元前1820年左右的一位知识分子的雕像上刻着："哦，前来祈祷的上下埃及人，我会把你们的话转达给阿蒙。"此外，刻在墓穴上的咒语只要在说出来时才被认为是有效的。在埃及语中，"读"也意味着"背诵"，因此，某位法老会"反复吟诵作品"。

识字能力以及掌握书面文字能力的知识确实在全国各地普及。一个中层祭司可能会写给家人系列信件，谈一些极普通的琐事，比如告诉家人不要让田地被水淹了，或者当他外出工作时，不要让女仆继续惹麻烦等。在代尔·埃尔－麦迪那出土的数千陶片证明，许多人都能读会写。另一个能证明识字率的普及和书面文字使用能力的材料是第十八王朝法老阿蒙诺斐斯三世（前1388—前1348年）的大圣甲虫，其中包含五条关于狩猎和皇后的信息。

一份纸莎草中的细节性描绘，展示了对文字与图像的综合使用。内容包括一些来自《亡灵书》（约前1032年）的咒语。

文献

古代埃及的文字材料包括很多种类，就日常俗事而言，有简短的清单与账目。现存的记录包括大事年表（年份选择标准是某个国王统治期间发生的重要事件）、法律文本（多为契约或法庭判决）、王室律令（通常刻于石碑之上）等。写在纸莎草上的私人信件被折叠起来，扎上绳子并用黏土封好。在纸莎草卷中还有关于医学、数学和天文学的文献。

宗教文献的种类包括用于各种仪式场合的诵文和程序文（在神庙和葬礼的仪式上，诵经祭司带着纸莎草卷，并诵念卷上的经文）、金字塔咒语（常写在墓墙上）、"棺椁文"和神话。

除了王室律令之外，还有某些法老的赞美诗或颂词，以及公元前1500年之后出现的纪念法老取得战争胜利的长文。贵族而非国王在他们的墓室墙壁上用象形文字刻上冗长的自传（墓志铭）。

此外，还有智慧文学、教谕文本或教义、悲伤文学、词典和叙事小说。能被归入"通俗"文学种类的文献相对较少。

前1000—前940

前974—前968年：奥韶考的统治。他是利比亚首领美什维什之子，其先祖移居三角洲地区。他们的名字显示出外域背景。

前961—前922年：在耶路撒冷，所罗门治下的以色列王国繁荣兴盛。《圣经·旧约》中有一节（《列王记上》第3章第1节）提到所罗门娶埃及法老之女为妻，这一说法无法从现存的埃及文献中获得佐证。

前950年（以后）：王室建筑主要集中在底比斯、塔尼斯、布巴斯提斯、孟菲斯（祭司的墓地）和吉萨（一座小神庙）。

前950—前750年：画在木棺和存放木乃伊的"卡腾涅齐"上的象形文字和图案几乎已自成一种艺术风格。塔尼斯王室墓地中发现的一些小金像制作于公元前9世纪。

肖先克二世木乃伊上的金凉鞋，确保他在来世有神一样的穿着

前950年（以后）：对动物神的崇拜日益加剧。被埃赫那吞禁止的公牛崇拜死灰复燃。与此同时，对猫神巴斯特的崇拜愈发重要。

前948—前743年：第二十二王朝时期。王朝中心在三角洲的塔尼斯。首任国王舍尚克一世（或肖先克）袭击了巴勒斯坦，在这次袭击中很可能洗劫了耶路撒冷。发现于毕布罗斯的舍尚克的雕像表明，埃及与毕布罗斯曾建立过政治联盟。

与女神巴斯特联系在一起的猫受到了高度崇敬

前945—前940年：普撒塞尼斯二世很可能是阿蒙神大祭司，此时在三角洲地区攫取了权力。

前940年（以后）：舍尚克一世将三角洲东部的布巴斯提斯发展成一个宗教中心。此后，成千上万的平民前往布巴斯提斯的大神庙朝拜当地的猫女神巴斯特。猫从此受到了人们的爱戴和崇敬，甚至连工人在埋葬他们的宠物之前都会先对其进行防腐处理。（参见第67页）

前1000年（以后）：许多未婚的王室女子成了"神之妻"或"阿蒙神之妻"，由此获得了仪式上的重要地位。

前984—前974年：阿蒙尼摩佩特继承了父亲普撒塞尼斯一世的王位，但在他之后，王位的世系继承出现了中断。

前981年：普撒塞尼斯一世被葬在塔尼斯他自己的墓中。尸体放在一口金棺里，脸上戴着黄金面具，但外层石棺却是一个早期法老的。

前968—前948年：西阿蒙统治时期。西阿蒙是一个纯粹的埃及名字，但他的祖先可能是利比亚人。他命人封存了代尔·埃尔-巴赫里地区藏匿新王国时期的木乃伊之所。

151

社会中的书吏

调色板、水壶、毛刷、笔和纸草卷等是书写的部分装备。图中，一名书吏正在宣读其他书吏写好的一份清单。

一位新王国时期的书吏（约前1550年）被葬在底比斯对面的尼罗河西岸。随葬品中有他生前使用过的笔、墨丸、调色板和一只狒狒的小陶像。这是书写之神、书吏的保护神托特的神像。在吉萨，目前已发现至少14座为高级书吏建造的墓地。

在代尔·埃尔-麦迪那，一位普通的底层书吏从王室谷仓所分得的粮食要比工匠多三分之一。萨卡拉和吉萨地区许多贵族的陵墓中都出现了盘腿而坐、膝上放着纸莎草的男性雕像，这也许是想传达墓主有文化的信息。这反过来又能说明文化水平具有提升社会地位的价值。（顺便说一下，图坦卡蒙墓中发现了从未使用过的雪花石膏和象牙调色板的模型）

尽管识字可以带来社会声望，但实际上，埃及的文学或艺术作品中从来没有描绘过正在书写的国王和高级官员的形象。更适合王室的活动是狩猎和捕鸟，或者在战场上作战。真正从事书写工作、在黄金作坊里做记录、做各种测量和税收估算工作的是下层书吏。

在早期，男孩子们的父亲如果恰好是书吏的话，他们会跟随自己的父亲学习读写。中王国时期，王宫附近有专门培养书吏的学校（称为"生命之屋"）。男孩从7岁开始在

前927—前892年：奥索尔康一世统治时期。在毕布罗斯，有一座上面刻有腓尼基文字的雕像表达了对他的敬意。

约前917年："罗波安王（所罗门的继任者）统治的第五年，埃及王示撒克前来攻取耶路撒冷，掠夺了耶和华殿和王宫里的所有宝物。"（《列王记上》，第14章，第25—26节）

前900—前800年：在卡尔纳克神庙区的入口处，第二十二王朝的法老们建造了"布巴斯提特门"。门上描绘了在西亚的战争以及其他一些重要事件。

前877—前838年：奥索尔康二世统治了很长一段时间。布巴斯提斯的浮雕描绘了他庆祝塞德节的场景。他任命自己家族的一名成员做了孟菲斯的祭司，取消了该职位的世袭制度。

前867—前724年：底比斯的第二十三王朝统治埃及，与塔尼斯的第二十二王朝并存了一段时间。首任国王哈希埃斯以大祭司的身份入职。

前850年：奥索尔康二世在布巴斯提斯建造了他的"周年纪念堂"。

前877—前838年：底比斯的祭司集团被豁免了很多税款和行政检查。

前877—前838年：在卡尔纳克，奥索尔康二世用77列象形文字铭文做了自传性描述，其中提到的活动包括捐给卡尔纳克一船船的物品以及经常视察神庙等。

前850年：在底比斯，为阿蒙-拉神殿点上油灯以及每日为其他辅神用鹅献祭成为一种习俗。

前853年：埃及加入了巴勒斯坦地区由一些小国组成的"卡卡联盟"（coalition of Qarqar），以共同抵御亚述国王沙尔马纳塞三世的入侵。

前838—前743年：尽管第二十二王朝的合法性总体上被认可，但实际上，这一时期的众多政体都在不同程度上享有独立性。

前752—前656年：努比亚的第二十五王朝统治埃及。

前752—前656年：努比亚的统治并没有改变埃及的宗教信仰。在纳帕塔，人们崇拜阿蒙神长达数个世纪。

前752—前717年：努比亚王朝的权力中心位于第四瀑布附近的纳帕塔。国王皮耶（皮安希）北上控制了三角洲诸王，但其后撤回至纳帕塔。此事在一块石碑上有所提及。

前750—前650年：第二十五王朝恢复了许多古老的艺术传统。刻画非洲人的雕塑大多数都是参照了古典标准而制作的。与此同时，在努比亚，来自孟菲斯的石刻家按照新王国时期的风格制作塔哈尔卡的狮身人面像。

前743—前715年：塔尼斯第二十三王朝统治时期。关于他们统治情况的记录很少。

前731—前717年：三角洲西部舍易斯的第二十四王朝。目前仅知两位统治者的法老衔。

前700年（以后）：世俗体文字开始使用。

前690—前664年：第二十五王朝第四任国王塔哈尔卡面临亚述国王阿萨尔哈东军队的入侵。

前674年、前671年：亚述国王阿萨尔哈东率军抵达腓尼基沿岸，巩固了他对推罗的控制，两次攻占孟菲斯。

前670年：阿萨尔哈东描绘他与塔哈尔卡的战斗时说道："我用箭头打了他五次。……我围困他的王宫所在地孟菲斯，将其摧毁，破除其城墙并将其付之一炬。"

前666—前662年：亚述最后一位征服者亚述班尼拔征服了底比斯，将埃及分割为数个诸侯国。努比亚国王塔努塔蒙试图阻止他向南推进。亚述班尼拔将卡尔纳克古老神庙中的财宝洗劫一空。

这里接受教育。他们在陶片和木板上练习识字，后来成为仪式专家或医务人员的学徒，或者以办事员的身份为政府服务。

文字、文学与书吏

拉美西斯二世进攻叙利亚地区的赫梯要塞达普尔

法老的铭文

拉美西斯二世对其在叙利亚地区的卡叠什战役中的英雄主义做了如下描述：

"陛下迅疾出发，一个人进入大批倒下的哈梯人（赫梯人）中间，没有其他人跟随。陛下环顾四周，发现周围有2500对战马，……身边没有队长，没有战车手，没有士兵，没有盾牌手；步兵和车兵在敌人面前都已消失了踪迹，没有一个人毫无惧色地准备迎战。……陛下这时候说道：'阿蒙父亲，是什么让您不快？……我曾背着您做过任何事吗？难道我没有按您的盼咐前进与停止吗？……即使有一点小事发生在听从您忠告的人身上，人们会怎么说呢？'"

最后，阿蒙在紧要关头将驻扎在附近的军队派来解救了拉美西斯。

塞托斯一世在第三瀑布附近的纳乌里（Nauri）的铭文，涉及他在阿拜多斯建造的新神殿。

法老希望能稍微改善一下东部沙漠中的淘金者的境遇，因为这些人将成为他的新神庙的仆从。以下是为新机构颁发的法令。法老说道：

"路上没有水，该有多么悲惨！旅行者如何解决饮食问题？他们必定感到喉咙干燥。何以解渴？家乡遥远、沙漠辽阔……现在，我要为他们提供保全生命的法宝，使他们在日后的岁月里称颂我的名字，使后人夸耀我的精力，因为我同情并关照出门在外的人。"

前664—前525年：舍易斯第二十六王朝的统治者在三角洲地区他们的神庙附近建造了墓地，但对古代的金字塔遗产极其感兴趣。有些统治者希望自己能被葬在金字塔陵墓里。

一副饰有铭文的木棺。棺材前端的两只眼睛能使木乃伊透过供灵魂穿越的画门观察外部世界。

前664—前550年：三角洲的精英集团对第四王朝法老孟卡拉非常尊重，在他位于吉萨的金字塔中为他供奉了一副木棺。上面的铭文写道："哦，孟卡拉，上下埃及之王，万岁！"

前664—前525年：第二十六王朝统治时期。他们是"来自北方的商人国王"，行政与权力中心在三角洲。他们通过吸纳希腊雇佣军参加军队而建立了百年的法制与秩序。

前660—前650年：在这段时期，许多移民移居埃及。他们在雕像和浮雕制作时有意识地模仿古代（尤其是古王国时期）的风格。（有些学者由此认为这一艺术非常生硬）

前656年：第二十五王朝最后一位国王塔努塔蒙撤至纳帕塔，其后裔统治努比亚达数十年。

前653年：下埃及在舍易斯统治者普萨姆提克（普萨麦提考斯一世）的领导下开始反抗亚述人的统治，并最终将亚述军队逐出了埃及。他建立了第二十六王朝。

前610—前595年：尼科二世开始在尼罗河下游与红海之间开凿运河。根据希腊历史学家希罗多德的说法，他派遣了一支腓尼基舰队环绕非洲。

前610年：描绘一群妇女歇斯底里的哀悼场面的浮雕虽有些程式化，但她们举起的手倒是有一定的规则。

155

第六王朝时期的两部自传

长篇自传是第六王朝时期形成的一种文学形式,在此后的数百年里一直是一种重要的文学体裁。自传性的叙事不是简单地为了自我颂扬,相反,它们应被理解为一种为追求不朽而撰写的墓志铭。因此,叙事中去除了传主的失误与缺陷,以及一些不重要的细节。

哈尔胡夫自传

这篇自传刻在阿斯旺的一座石墓正面,共58行。由于墓室外表的石材质地不够坚硬,铭文保存状况较差。哈尔胡夫是一位诵经祭司之子,在麦然拉统治时期入职,后来被任命为佩皮二世的上埃及总督。佩皮二世派他四次远征雅姆(努比亚),探查石头、木材和其他名贵物品。远征归来时,他用300头驴满载香料、乌木、兽皮和其他货物,并接受了当地首领的贡奉或臣服。

当最后一次从雅姆归来时,哈尔胡夫写道,他收到了法老写给他的一封信,信中催他快点儿回来,带回他在"地平线上的居民之所"(即地球末端)捕获的"神之舞者登"(被认为是一名侏儒舞伎),并且要确保他不能发生意外,要保护他,不要让他坠船。如果将差事办好,那么,哈尔胡夫将获得少有的荣誉。"与来自'矿产之地'和'普瓦纳'的所有贡品相比,陛下更想见的是'登'。"

新王国时期的王陵墙壁上有大量的象形文字与图案

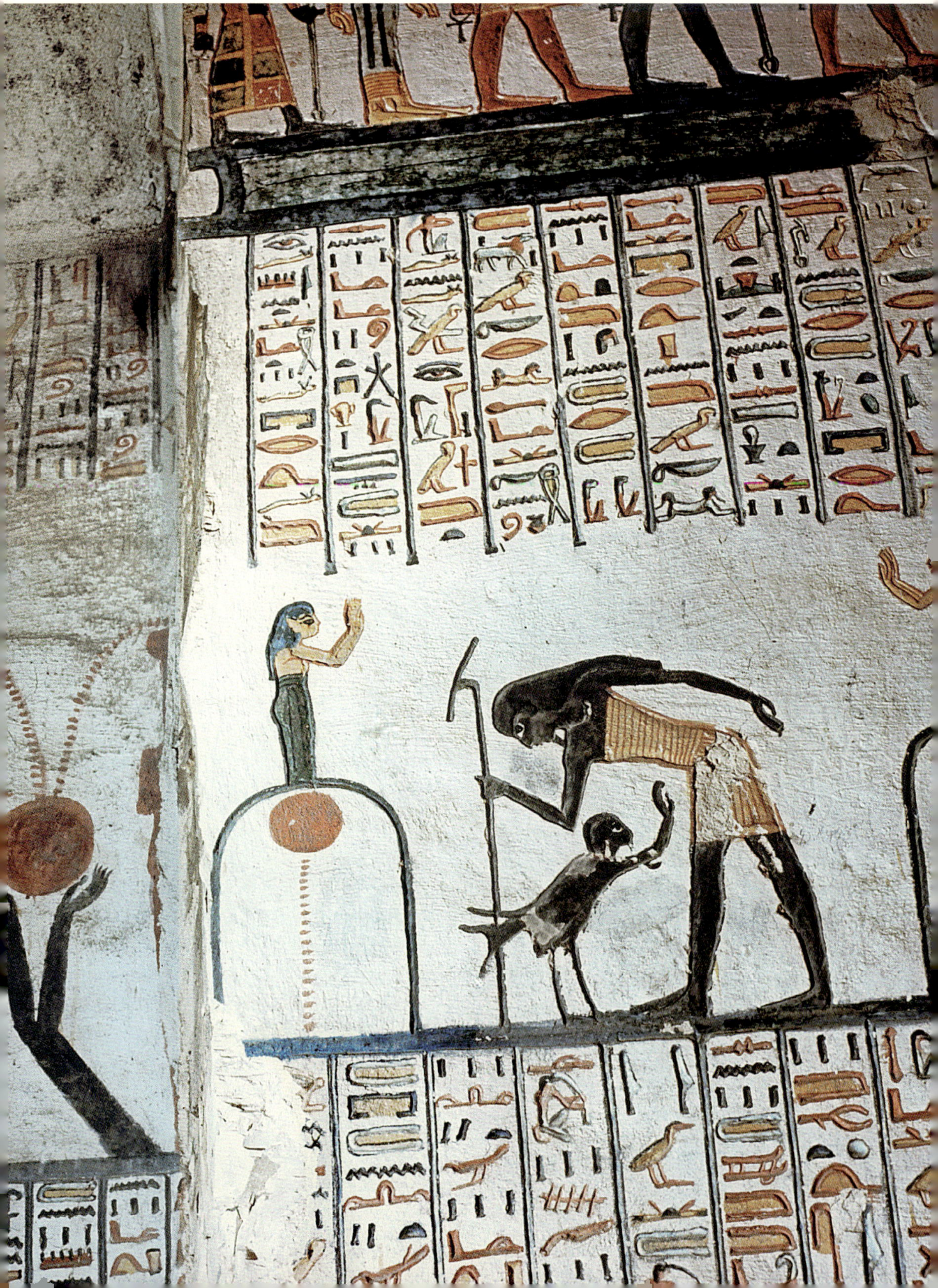

第六王朝时期的两部自传

乌尼自传

这篇自传的象形文字刻在阿拜多斯的乌尼墓地的神祠上，共51列。自传前有一行祈求供品的铭文。

在特提统治时期，乌尼就在王宫中任职，后经佩皮一世，一直延续到麦然拉统治时期（约前2345—前2290年）。他那漫长的公共职业生涯中充满了传奇的经历。起初，乌尼只是一个无名小卒（"一个穿着渔网的年轻人"）。他首次负责的任务是保卫和护送国王。很明显乌尼想取悦国王，因为有一次，当国王的后宫发生冲突时，国王秘密选中了他进行调查。他被送到宫中探查并向法老呈送了一份书面报告。"没有官员在那里，只有我。"

其后，埃及与亚洲的"沙漠居民"之间爆发了一场战争，因而不得不招募一支庞大的军队。乌尼任军队统帅。也许他对自己毫发无损地结束了这场战争感到十分自豪，因此写下了一首诗：

这支军队安然归来，
它踩躏了沙漠人的土地；
这支军队安然归来，
它把沙漠人的国家夷为平地；
这支军队安然归来，
它砍倒了沙漠人的无花果树和葡萄树。

后来，乌尼作为上埃及总督，率领远征队为国王开采建造陵墓和其他各种建筑所需要的石头。很明显，古代埃及没有真正意义上的官僚机构，因为在行政体系中缺乏专门化的任务。一个人可以被委以不同的任务，被授予各种头衔。

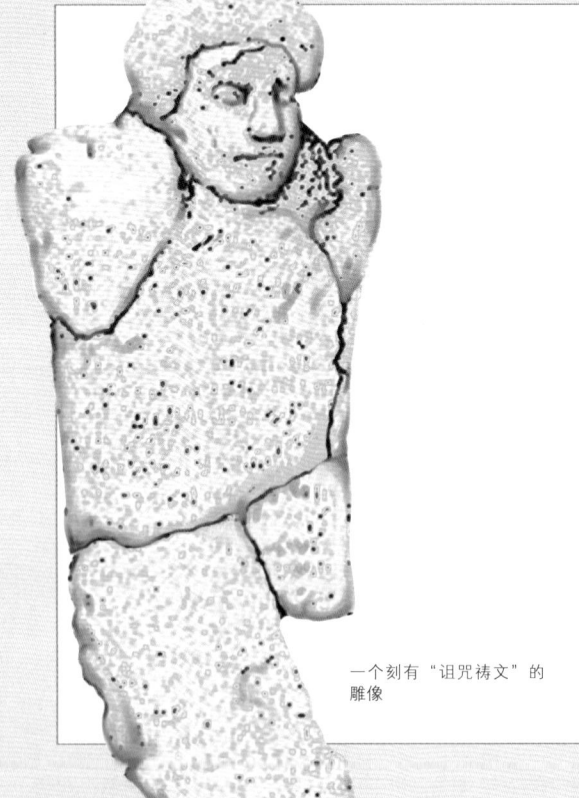

一个刻有"诅咒祷文"的雕像

诅咒祷文

从古王国开始，但主要是在塞索斯特里斯三世（前1880—前1840年）之后，在陶片、小碗、双手被缚于背后的男子小雕像、黏土或石头上可以发现用僧侣体文字胡乱写上的一些信息。这些东西是被故意打碎并葬于底比斯和萨卡拉的墓地附近或努比亚的一些地区的。

铭文的内容显示，这只是一种巫术实践。上面的文字是一些被认为会对法老与墓主造成危险的人或事物的名录。这些名录中包括一些已故的埃及人（他们邪恶的灵魂可能四处徘徊）和外国君主（努比亚、利比亚和巴勒斯坦）。外国人被描述为一些可能会造反或编织阴谋的人——所有这些他们都害怕。这种实践背后的巫术思想是：只要打碎小雕像和毁坏被称为"诅咒祷文"的文本，那些在文本上提及的人也可以在仪式上被摧毁。

前600—前500年：根据一些艺术史学家的观点，希腊人与埃及的定期接触对希腊雕塑的制作技术、比例和古典线条都产生了影响。

前600年：诺克拉提斯无法再控制埃及与地中海之间的贸易。
- 埃及陶器制作过程中开始使用脚动陶轮。
- 有关植物与种子药物效用的知识传播到了希腊。

前595—前589年：普萨麦提考斯二世建造了几座纪念碑，并用希腊文在位于阿布·辛拜尔、塔尼斯和卡尔纳克的拉美西斯二世的巨像上描述了他远征努比亚的情况。

涌向埃及的移民

数十年来，希腊人一直以小股的形式移居埃及。他们常与埃及人通婚，有时会被埃及的宗教中心所吸引。公元前5世纪，希腊人、波斯人和犹太人大量涌入埃及。人们可以从语言（希腊语和阿拉米语传入埃及）和文学媒介方面感受到移民所带来的主要影响。定居在阿斯旺的犹太人在其法律文件中将几条埃及语合同条款翻译成了阿拉米语。这些移民在遵守埃及法律的前提下保持了自己的婚姻与嫁妆习俗。公元前4世纪末，当亚历山大的继承者们竭力控制巴勒斯坦时，更多的犹太人被强行或鼓励迁至埃及，于是在埃及出现了一个庞大的犹太人社区。公元前5世纪的文件证明了犹太定居者中奴隶的存在以及关于奴隶的一些状况，如奴隶的右手上烙着主人的名字，可以将奴隶送与他人抵债，奴隶可以为主人生育，奴隶能够获得释放等。

前589—前570年：阿普里斯统治时期。他很可能是《圣经·旧约》中所说的合弗拉（《耶利米书》第44章第30节）。

前589—前570年：阿普里斯的王宫是幸存下来的最后一座法老的宫殿。它建于孟菲斯的一座43英尺高的平台上。

前588—前587年：巴比伦的尼布甲尼撒将耶路撒冷的犹太人强行迁至巴比伦。残留的犹太人中有很多人选择到埃及避难。

前570—前526年：阿玛西斯统治时期。他失去了在地中海东岸的同盟，并被波斯皇帝冈比西斯击败。

前550年（以后）：用僧侣体或世俗体写成的法律文件，根据所涉内容如销售、租赁、财产分割或婚姻安排等，各自采用固定格式。

前550年（以后）：祈愿小雕像与"巫沙布提"彩陶小雕像通过模具批量生产。小雕像上刻有铭文。

前525年：埃及最终向占据着孟菲斯的冈比西斯投降，成为波斯帝国的一个行省。

前525—前405年：传统上被称为第二十七王朝的统治时期。埃及此时由一名波斯总督和一名级别较低的波斯官员管理。埃及官员接受他们的指令。新统治者拒绝吸纳任何层面的埃及文化。

前525—前400年：奈斯女神（神祠在舍易斯）变得非常重要。

前525—前522年：尽管冈比西斯破坏了许多埃及神庙，在希腊人和犹太人的心目中非常残忍，但据一位埃及祭司记载，他听取了人们的请愿，清理了很多非法占据重要的奈斯神庙的外国人，对神庙进行了修复，并且恢复了神职人员的收入。纪念这一业绩的铭文用象形文字刻在了祭司乌杰哈拉斯讷（Udjerharresne）的雕像上。

前521—前486年：波斯皇帝大流士一世下令完成运河的开凿（从西往东大约47英里）。运河沿着瓦底—图米拉特，穿越了布巴斯提斯附近的尼罗河与红海北端之间的东部沙漠。满载埃及献给波斯的贡品的24艘船只沿着这条运河一路航行。穿越东部沙漠抵达红海的途中，竖立着一系列刻有象形文字和楔形文字

波斯国王大流士一世

的石碑。

- 大流士一世在阿拜多斯往西很远的哈尔加（Kharga）绿洲建造了一座阿蒙神庙。
- 出于对埃及文化的尊重，他下令编撰埃及法典。

陵墓墙壁上的铭文

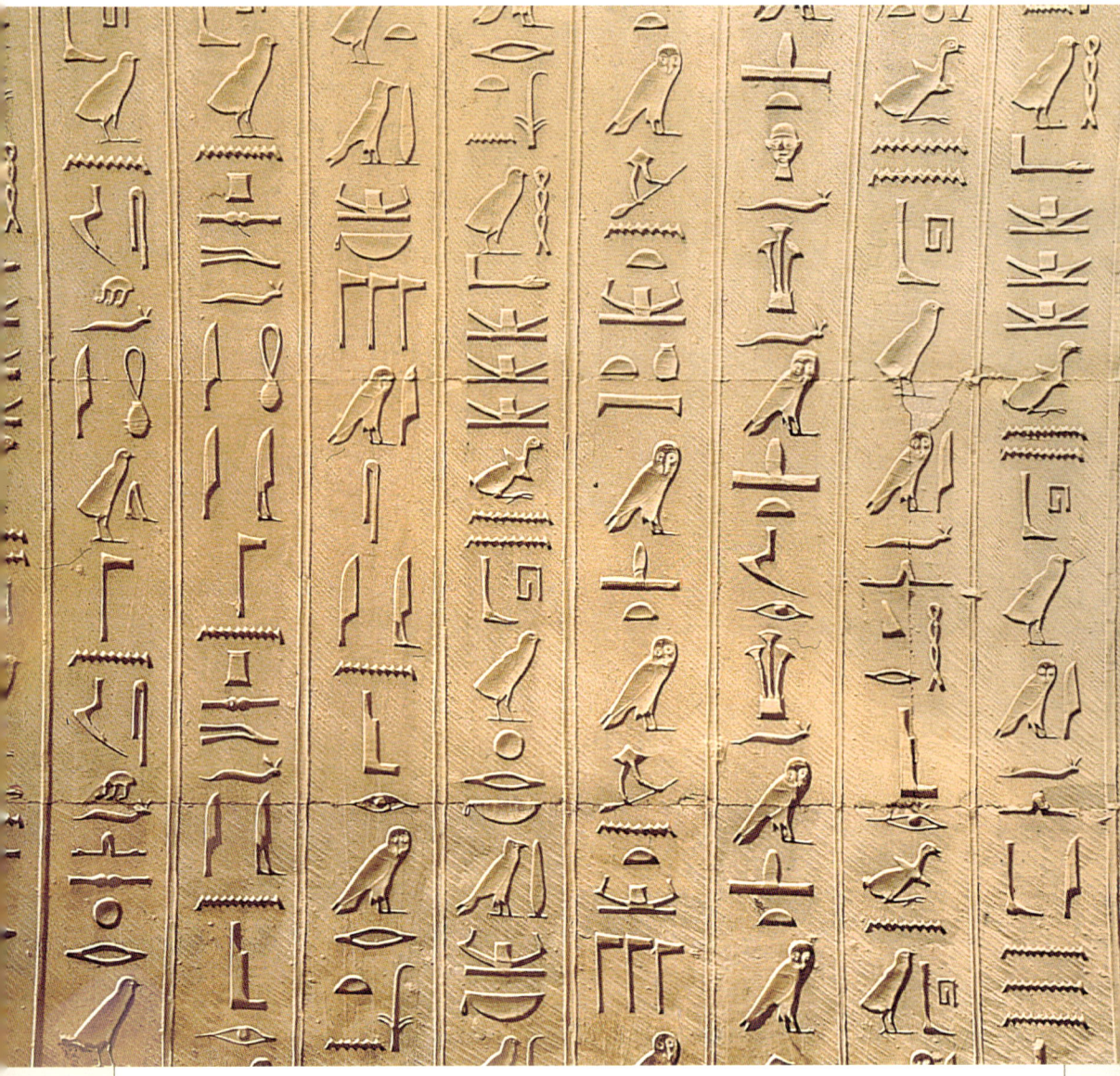

金字塔铭文

金字塔铭文也刻在同一时期的金字塔墓室里。这些符咒用以保证墓主死后的福祉。王室金字塔中的铭文描述了如何将法老与某些星星等同:

获得你的一席之地,
在天堂的群星之间,
因为你是孤寂的星……
你将俯瞰着奥西里斯
(冥界的死者都服从他的统治)。
然后,摆渡者在早晨醒来,搭载着死者穿越将天空与地面分开的水域。

前521—前500

前521—前486年：在苏撒（位于波斯南部）有一尊大流士一世的巨大雕像。制作雕像的灰色石灰岩取自瓦底-哈玛玛特，原打算用于建造赫利奥波里斯的一座神庙。雕像上不仅有用三种楔形文字刻写的铭文，还有用埃及象形文字刻写的铭文。

前512年：发现于埃尔·西巴的"世俗体大纸草"中，一位老人抱怨他所遭受的不公。他继承祖传遗产的权利被剥夺。

前500年（以后）：埃利芬廷的犹太居民建造了他们自己的神庙。波斯皇帝们对保护此地犹太人的宗教权利很感兴趣，就像在巴勒斯坦地区一样。

前500年：上埃及的一位祭司兼治疗师在石碑上撰文感谢公羊头神阿尔萨菲斯在他游历国外时对他的保护。这块石碑表明了周边地区对埃及治疗师的需求。

前500年：现存的一些红色玻璃残片证明，专业化的玻璃作坊一直维持到法老时代的最后几十年。

阿玛尔那的女祭司，红色玻璃塑像。

- 直到此时埃及人尚不熟悉的金属货币被引入埃及。对于这些主要由波斯和希腊发行的硬币，人们更看重其金属价值而非交换功能。

前500年：诺克拉提斯和德芬纳有冶铁作坊。

- 此时，彩陶生产技术得以改进：通过使用铜矿或锑矿，能使陶器呈现苹果绿色，且釉面更加持久。

一名官员兼圣哲的"团块雕像"。在雕像上方倒水，流淌在雕像脚前凹槽里的水可以用于治疗。

第二十六王朝一位官员的《金字塔铭文》的细节

铁器时代的埃及

埃及学家和考古学家不仅关注纪念性建筑和伟大的艺术,还关注普通工具或武器的制作技术和制作材料。尽管在公元前2000年之前安纳托利亚的居民就开始冶炼铁,但直到公元前650年左右铁才传入埃及,时间相对较晚。在其他地区,青铜产业仍在蓬勃发展。冶铁业很可能是在安纳托利亚北部地区发展起来的,因为那里有良好的自然条件,即黑海沿岸富含铁的沙子中含有适于熔融的杂质。

此前的埃及历史中有过一些例外,比如,图坦哈蒙国王(前1343—前1333年)陵墓的随葬品中有一把带有刀柄和金鞘的铁刃匕首(发现时匕首上毫无锈迹),还有十六把小铁凿。但是埃及缺乏大量的铁矿石,其制造铁器的技术是在西奈半岛的各个炼铜点发展起来的。在那里,铁矿石可能被当成了炼铜的助熔剂。然而,铁器在埃及的常规使用只是伴随着亚述的征服(亚述军队在公元前800年装备了铁制武器)而在公元前650年左右出现的。在附近有丰富的铁矿石,东部沙漠地区的赤铁矿也是铁的来源之一。

工艺生产的各个阶段。工匠们使用了吹管和其他一些工具。

用以治疗的石碑

埃及学还可以揭示普通人的实践与信仰,比如用于治疗的雕像与石碑。

在一块制作于公元前350年的灰色片岩石碑上,年轻的荷鲁斯神的浮雕周围环绕着许多文字和图像。荷鲁斯神征服了蛇、蝎子、鳄鱼和羚羊。这件作品的功能是带有巫术性质的疾病治疗,特别是治疗肉体伤害。

人们会走到像这样的石碑前,触摸它,或者往它上面泼水,再将水刷在伤口上,然后背诵刻在石碑上的咒语,比如:"欢迎你,荷鲁斯!今天快点到我这里来保护我,使我不会受到沙漠里的狮子、河里的鳄鱼和洞里的蛇的伤害。……愿你话语的力量能将我从邪恶中拯救出来。"

前500—前380

前500年：一些幼神的"治疗"雕像被制作出来。信徒们可以前往寻求治疗。有些石碑（如现存于大都会艺术博物馆的梅特涅石碑）是专为特定个体定制的。

前500—前200年：象形文字继续用于刻写为亡者准备的咒语（或良好的祝词）。

约前500—前400年：埃及的犹太人认为所有的神庙事务和宗教实践都起源于耶路撒冷。

前485年、前463年：埃及两次反抗波斯的统治，但都没有成功。

前459—前454年：希罗多德在埃及游历，在其《历史》一书中记载了大量的埃及见闻。

> **技术**
>
> 诺克拉提斯彩陶的核心主体由富含铁的黏土构成，在还原条件下燃烧时会呈现出黑色。这项技术没有传至上埃及。在那里，黑色仍然通过添加锰而获得。可能用于存放香水的"新年长颈瓶"出口至整个地中海区域，在新年节日里很受欢迎。在冶金中，冶炼青铜所需要的锡合金使用减少（很可能与锡的供应量减少有关），而这影响到作为工业原料的铁的出现。阿斯旺东部沙漠地区的铁矿石开始得以开采。

前450年：一捆用阿拉米语（波斯帝国所使用的语言之一，在巴勒斯坦地区取代了希伯来语）写成的纸莎草纸被放在了埃利芬廷岛上。这份文献涉及波斯驻军中的犹太人问题。

前425—前404年：一位地位很高、可能来自孟菲斯的官员用阿拉米语在皮革上写信。

前420年：识字率仍然有限，因此，书吏在草拟了一份法律文件之后会把证人的名字一并写上，而不是由证人自己写名字。

前410年：在埃利芬廷，犹太居民与埃及祭司集团发生了冲突，犹太神庙被夷为平地。

前405年：反抗波斯总督的一次反叛获得了成功，埃及获得了五年独立的时间，统治者是来自舍易斯的阿密尔塔奥斯（第二十八王朝）。

前405年：一些神谕用世俗体文字写在了纸莎草纸上。

前400—700年：写在纸莎草纸上的希腊文学作品源源不断地诞生，很多作品是在埃及创作的。

前399年：阿密尔塔奥斯在一次战役中被尼斐利提斯一世击败。后者在三角洲地区布巴斯提斯以北的门德斯登基成为法老。他建立了第二十九王朝。

前393年：第二十九王朝出现了政治分裂，三角洲地区尤为严重。王朝争端的胜利者统治了不到一年的时间。

前393—前380年：尼斐利提斯一世的孙子阿考利斯在雅典和塞浦路斯的支持下，抵御了一次波斯的入侵。

前380—前342年：在第三十王朝时期，埃及间断性地处于波斯的统治之下。

用微小的玻璃碎片镶成鹰神荷鲁斯的图案

前380年：能被证实的埃及最早的五彩玻璃是将复杂设计过的不同颜色的细棒熔炼在一起制作而成的。

从卡尔纳克通往卢克索神庙的斯芬克斯宏伟大道

前380—前342年：埃及铸造金属货币以支付希腊雇佣军的军饷。

前380—前342年：为了抵达卢克索神庙，埃及修建了斯芬克斯大道。埃及在埃利芬廷为克努姆神建造了一座神庙。在埃利芬廷附近的菲莱岛上，第一座建筑落成。

社会中的妇女

与古往今来所有社会中的妇女一样,古代埃及社会中的妇女在构建家园、帮助丈夫干农活儿,以及最重要的抚养孩子等方面起着重要的社会作用。然而,很多文本和艺术证据表明,她们在公共领域也同样活跃。这一点对于一些希腊访客,如希罗多德而言非常奇怪,因为他们已经习惯了妇女不能享有公民权的希腊社会。按照自己的文化标准,希罗多德发现埃及社会非常奇特。他在书中写道:"埃及妇女去市场,她们的男人却留在家里织布。"

婚姻

古代埃及的文献建议:一位年轻的男子一旦成功,他就应该建立一个家庭,珍爱他的妻子,给她好的吃穿,并记得"用药膏缓解她身体的疼痛"。男人应该使自己的妻子心情愉悦,不要在法庭上与她对抗。有一个格言说:如果你的妻子快乐,不要对她无动于衷。"结婚"一词与"泊船"和"建房"一样。

埃及语中没有"婚姻制度"一词。婚姻是一种私人安排和私人事务。从婚姻没有任何形式的书面证明来判断,它不是一项具有神圣意义的事情。结婚时不需要一份法律契约。这种情况一直持续到后期才发生改变,但改变也主要集中在希腊人群中。婚姻没有公共记录,离婚也不需要法律制裁,只要表明性格不合或想分开即可。此外,似乎也没有关于谁能或不能结婚的严格规定。但是,这一制度对于年轻人的社会化有着重要的作用,另一个原因是,一个人的来世生活是由家人负责照料的。

一对夫妻在结婚之后便建立了独立的家庭。父亲可能会说,他已经把自己的女儿"嫁给"了某个男人,但年轻人似乎有一定的选择权。尽管父母在女儿出嫁时会给她一些个人物品、衣服和珠宝,但埃及不存在类似古希腊社会中的嫁妆制度(直到希腊人定居于北部)。有时候,有些证据表明新郎会带上一些礼物。

一些上层阶级成员的私人墓地显示,与死去的丈夫同享来世生活的妻子可达五位。我们不知道这些证据是证明了连续的五次婚姻,还是证明了广泛存在的一夫多妻制,但文献中确实偶尔提到了在其他文化中同样存在的邪恶继母的故事。

一位贵族坟墓中的一幅画,描绘了坐在饭桌旁的男子与他的妻子。尽管妻子被画得很小,但情况并不总是如此。在古代埃及,妇女受到了极大的尊重。

前380—前342年：第三十王朝见证了圆雕艺术的显著复兴。雕像上的浮雕明显有模仿第二十八王朝作品的趋势。

前342—前332年：埃及由波斯统治向由马其顿统治的转型期。

前332年：亚历山大大帝进攻埃及时，波斯最后一位埃及总督不战请降。亚历山大在孟菲斯按照埃及习俗献祭了一头公牛。他仿效希腊人普遍的做法，在西瓦绿洲中咨询了阿蒙神谕。他任命众多各自拥有金库的上下埃及总督进行管理，取代以前的波斯行省总督。在任命了一名总揽行政和税收的代理人之后，亚历山大离开了埃及。亚洲有更多的战争在等着他。

前331年：亚历山大大帝在一座埃及村庄附近为亚历山大里亚城奠定了基础。该村后来成为亚历山大里亚的郊区。

亚历山大大帝的半身塑像

前330年：亚历山大赋予居住在亚历山大里亚特定城区的犹太人与希腊定居者相同的权利。

前323年：亚历山大去世，其部将马其顿人托勒密一世索塔尔（"拯救者"）继承了他的衣钵，成为埃及总督。

前323年：托勒密将叙利亚和巴勒斯坦并入埃及。

前320年：埃及控制了现代利比亚的昔兰尼加地区，主要城镇是昔兰尼。

前320年：亚历山大里亚取代了孟菲斯成为埃及首都；埃及现在可以俯瞰地中海，而不是局限在东西方沙漠之间。孟菲斯保留了它的显赫地位，并且令三百年后入侵埃及的阿拉伯人感到惊叹。

前320—前30年：世俗体文字用于神庙事务、婚契、遗嘱、离婚判决、税收收据等，也用于私人信件。

前315年：作为总督，托勒密签订了一项条约，埃及可以将罗德岛用作持久的贸易基地。（埃及在德洛斯岛上也有一个仓库）

前312年：塞浦路斯岛成为托勒密的属地。

前311年：刻以象形文字的托勒密的"总督碑"宣称，"帕塔努特"（埃及）的领土——其所有的村落与城镇、所有的居民和田地——凡属荷鲁斯神庙正当所有的一切都已永远归还给神。

前305年：托勒密自立为埃及国王，建立了一个法老王朝，但无论是从出生，还是从语言（希腊语）和文化上看，法老都是马其顿人。

前305年（以后）：僧侣体文字只用于在葬礼的纸莎草上书写。有一本用于葬礼的书是用僧侣体文字写的，主人的名字却是用世俗体文字写的。

前305—前282年：托勒密一世将亚历山大的诸多战役编入了编年史。

前305—前30年：埃及国家不仅限于埃及，还不时控制着塞浦路斯岛，以及利比亚、黎凡特、爱琴海和希腊的许多城市。

- 托勒密诸王在浮雕中把自己描绘成戴着上下埃及王冠的法老，持有哈索尔的象征、安卡或生命符号，以及其他的埃及象征物。在硬币上，他们却是戴着王冠的希腊人形象。

阿尔西诺二世女王的头像。她是亚历山大大帝死后统治埃及的马其顿统治者中的一员。

- 统治者的行政首都和王宫都设在亚历山大大帝在地中海沿岸建立的亚历山大里亚。托勒密国家的行政管理运行的基础是保持周密的记录，尤其是维持复杂的强制劳动制度。此时的埃及在各个方面（商业、政治、文化）都已属于地中海世界。

社会中的妇女

王室的利益

艺术作品中经常会出现阿玛尔那时期的国王与王后肖像。图中，王后手持一束鲜花。人物及其动作、精致的服饰风格表明，他们大约生活在埃赫那吞和涅菲尔提提时代。

不仅王室成员，其他社会成员也会在家族内部选择近亲结婚。没有文字材料表明这种做法是有罪的。现知新王国时期的许多法老都是娶自己的姐妹为妻，公元前8世纪的努比亚法老也是如此。最著名的有乱伦婚姻的王朝是马其顿托勒密王朝（有八位法老娶了自己的姐妹）。

论及王室内部的兄弟-姐妹婚姻，我们知道，继承需要从母亲一方确保长子的身份和王室血统的纯净。此外，如果需要由某位王后来履行某些仪式的职责并享有某些特权的话，那么，国王会更愿意自己的某个女儿成为王后的人选（新王国之后，阿蒙神女祭司被称为"阿蒙的妻子和女儿"，尽管这些女子宣誓要独身）。在祭祀集团开始索要特定的特权以及出现权威与合法性危机时，王室家族内部遵守严格的内婚制的需求就会更加迫切。

在托勒密王朝统治时期，对法老及其王后的崇拜发展成对整个统治家族的崇拜：神圣的王权可能是保持家族内部通婚的另一个原因。

女祭司

从早期开始，女祭司们便在哈索尔神庙里诵经、奠酒和递送供品。后来，在底比斯，她们变得越来越重要。新王国时期的一些石碑描绘了妇女们向某位神灵或祖先供奉祭品的情景。神庙文件将她们称为女祭司和唱经者。随着专职祭司职位的出现，王室女子一个个相继成为"神之妻"。许多等级较低的妇女以"歌手"身份受雇于阿蒙神庙，她们很可能是"神之妻"的侍从。

前300

- 掌控埃及的军队成员主要是希腊人（尤其是马其顿人），但在公元前246年和公元前216年，不得不另外组建了埃及分队。

前300年：从这一年开始，居住在亚历山大里亚的希腊人主要受希腊法律管制。

前300年（以后）：麦罗埃（苏丹）的赤铁矿用于冶炼铁。

前300年：从此时开始，人口与耕地面积都开始增加。埃及很可能是北非、地中海区域和西亚地区人口最密集的国家。埃及的统治阶层可能是这一地区最富有的统治者。在罗马帝国扩张的过程中，埃及最后才被征服。

- 欧几里得在亚历山大里亚时，将希腊的数学文集进行了统一汇编。

前300—前30年：经济领域广泛使用了货币，但与此同时，债务和付款常常以实物形式支付。不会希腊语的埃及人无法受雇于行政岗位。一位骆驼承包商抱怨说，他因为不能表现得像个希腊人而受到了不公正对待。律师们为税收案件辩护，反对政府官员的渎职和敲诈勒索行为。

- 希腊人依靠自己的医疗体系，而不是采用埃及人古老的做法。

前300—前30年：托勒密王死后，尸体按照埃及传统的方式被做成木乃伊并被葬在石棺中。然而，许多埃及的神灵都被赋予了希腊名字。对各种动物神的崇拜日益兴盛。数百头鳄鱼被做成木乃伊并裹着纸莎草下葬。它们通常被单独或集体放在石棺里。孟菲斯的神牛也受到了同等的对待。

托勒密王朝一位统治者的彩绘棺椁

社会中的妇女

女性法老

在克利奥帕特拉之前有四位女性法老。

奈姆蒂姆萨夫二世,或尼科特里丝(前2196—前2195年),历史学家曼涅托称她是"她那个时期最高贵和最可爱的女子"。作为第六王朝最后一位法老,奈姆蒂姆萨夫二世的统治将古王国带向了终结。

索布克尼弗鲁(前1785—前1781年),作为第十二王朝最后一位强势法老,她的地位与中王国末期的情况相似。据说她接替了自己的哥哥阿蒙尼美斯四世的王位,这也许反映了当时王室内部经历过权力争夺的风波。

哈特谢普苏特(前1472—前1457年),辉煌的第十八王朝女法老。她最初担任年轻的图特摩斯三世的摄政王,但在几年的时间里便用上了王衔、戴上了王冠,开始独自掌权。有时她被刻画成身穿男子服饰的样子。在一次旨在加强其王权合法性的宣传中,她下令制作浮雕并以神性观念描绘她的出生。她生前的统治很成功,但在她死后,掌握了实权的图特摩斯三世下令抹去铭文和纪念建筑中哈特谢普苏特的名字。这么做也许是因为他憎恨她攫取了王权、憎恨女人当法老,或者仅仅想将他与女王共治期间取得的所有成就都纳入自己麾下。尽管所有的王表上都没有她的名字,但是,正是她组织了一次前往蓬特的海上远征,命令雕刻家们为后人描绘这片异域土地上的居民、房屋、植被和产品;她在代尔·埃尔-巴赫里建造的神庙位居法老时代埃及最好的神庙之列。2007年,她的木乃伊被初步识别出来。(参见第90页)

塔瓦斯拉特(前1189—前1187年),第十九王朝最后一位君王。有关她的信息不多。

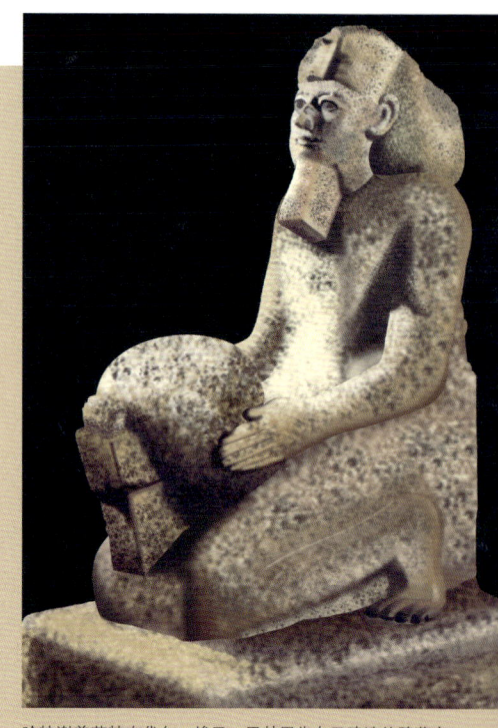

哈特谢普苏特在代尔·埃及-巴赫里为自己建造的陵墓中出现的女王塑像。在女王的塑像中,这座塑像是为数不多的以男子形象呈现的作品。她手持刻有象征着稳定的符号的花瓶,很可能是跪在阿蒙神的面前。

克利奥帕特拉七世的肖像。她在同名女王中最为有名。

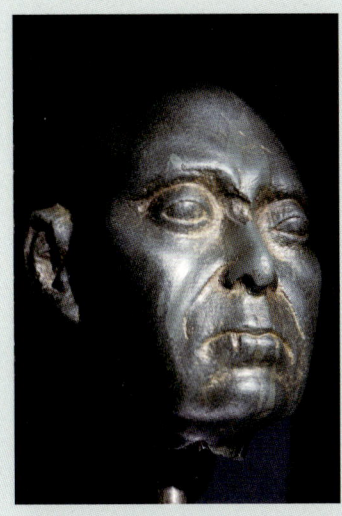

一名罗马贵族被按照埃及风格刻画成了埃及人的形象

克利奥帕特拉

公元前51年，17岁的克利奥帕特拉登上了王位，与年长自己10岁的哥哥托勒密十三世共同统治埃及。公元前48年，她嫁给了他，之后不久又与另一个哥哥成婚。尤里乌斯·恺撒攻占埃及之后不久便传出他与女王的绯闻。公元前47年，他们的孩子恺撒里昂诞生。公元前44年恺撒遇刺之后，克利奥帕特拉再次需要寻求外部支持，以对抗国内的敌对者。她乘坐带有银桨、紫帆和其他香艳装备的豪华楼船去见安东尼的旅行（普鲁塔克对此行有过描述）看起来也许有点粗俗，却为一些伟大的文学创作提供了灵感。她与安东尼的头像共同出现在罗马的迪纳里货币上。克利奥帕特拉尽管是一位希腊法老，但她懂埃及语，在某些重要的神庙节日上露面，艺术作品中戴着传统的有蛇形标志的头饰，对伊西丝神的崇拜着迷。屋大维击败安东尼之后，由于不愿被屋大维控制而受辱，克利奥帕特拉手持眼镜蛇或角蝰让其噬胸，以这种极具埃及特色的方式结束了自己的生命。（参见第179页的时间表）

- 数百件小陶像和用各种石头制成的护身符证明了民间宗教的属性。
- 尤其在公元前180年之后，当犹太移民人数激增时，埃及国内出现了几座犹太教堂。

前300年：位于法雍洼地的费城（Philadelphia）开始有人定居。城市呈网格状设计，居住环境良好：两套房间各有一个院子相连，浴室的地面镶有马赛克，某些房间的墙壁上有彩绘。

前300—前30年：真正的肖像作品出现在这一时期。托勒密雕刻家们制作了几件卓越的头部塑像。各种细节中包括对面部线条的精致描绘。托勒密神庙的浮雕常常千篇一律。浮雕中的人物偶尔会面向观众。

前300—前100年：在赫尔摩波里斯的朱鹭墓区，为了一次安葬仪式特意制作了一只中空的银鹭，其眼睛用玻璃做成并镶着金边。

前300—前200年：一本希腊语教科书中包含了马其顿每个月的名称、数字、神灵和河流的名称。另外还有诗歌、《荷马史诗》节选和幽默独白。

前300—前30年：希腊语用于统治阶层的官方文件以及日常交流——亚历山大里亚比埃及其他地区更多地使用希腊语。

前300—前100年：尽管埃及出口创收巨大，但大多数农民依然守着自己的小块土地和畜群。

- 主要的玻璃制作中心在亚历山大里亚和黎凡特地区的几个沿海城镇。在制作玻璃器皿时，人们将核心材质浸入熔融的玻璃，或者将彩棒熔在一起形成镶嵌图案。

一位名叫亚历山大夫人的未知女子头像，以托勒密王室肖像风格雕刻而成。

前300—前250年：亚历山大里亚的大图书馆为教育机构"缪斯神殿"或"缪斯昂神殿"的建立创造了条件。

前290年：托勒密一世建立了一个新的信仰，即萨拉皮斯信仰。在亚历山大里亚和孟菲斯都有萨拉皮斯神殿，但在其他地区，这一神灵崇拜并不流行。

社会中的妇女

艺术中的妇女

　　放松的情侣、家庭场景、法老及其母亲等都是常见的艺术主题。艺术作品中的女子要么与男子一样大，要么小一些，主要取决于艺术创作的目的和女子的相对社会地位。如果是某位法老的丧葬纪念建筑，那么，王后和公主的雕像比例相对较小，有时只及法老巨大雕像的膝盖处。与此同时，有许多描绘伉俪情深的夫妻雕像，无论他们是王室成员还是非王室成员，男女的比例都是相同的，妻子的手臂搂着丈夫的腰或肩膀。偶尔会出现性别比例颠倒的雕像作品，如王后将她的王太子抱在膝上。除了涅菲尔提提之外，其他王室和上层社会的女性从来不会被刻画成面容憔悴或腰部肥大的形象。辛勤劳作的形象，如碾磨谷物、烘烤面包或织布等仅限于农妇。

　　在努比亚的科尔玛，生活在中王国时期的一位贵族妇女的黑色花岗岩雕像被安葬在她丈夫的墓中。这尊真人般大小的雕像是将妇女作为唯一主题刻画的纪念性艺术作品之一。她的坐姿与任何一位墓葬雕像中男子的坐姿一模一样。

佩皮二世国王坐在母亲的腿上，这与刻画荷鲁斯坐在伊西丝腿上的手法相同。

正在王室后宫玩游戏的女子。前朝遗孀们也住在后宫里。那里受到了严密的监控，以防止阴谋或动乱。

王室妇女

国王的妻子们是哈索尔女神的化身。在艺术作品中，她们的凤冠上带有牛角和太阳圆盘。其中，王后似乎具有特定的仪式性功能。

阿赫摩斯·涅弗塔莉：建立第十八王朝（前1550年）的阿赫摩斯的王后，拥有"阿蒙神之妻"头衔，并由此获得了一定的特权和土地馈赠。

提伊：第十八王朝阿蒙诺斐斯三世（前1388—前1348年）的王后，被称为"国王的伟大妻子"。阿蒙诺斐斯三世在他的铭文中提到提伊的频率极高。她的肖像也很多，且经常与法老相随。

涅菲尔提提：埃赫那吞或阿蒙诺斐斯四世（前1360—前1343年）苗条而优雅的妻子。她的肖像作品显示其所用服饰、头饰和珠宝与早期的风格完全不同。她为埃赫那吞生下了六个女儿，并在传播他的新宗教方面发挥了重要作用。在此之后，她与自己的丈夫一样淡出了人们的视线，没有人知道她的坟墓或木乃伊的下落。

涅菲尔塔莉：拉美西斯二世（前1279—前1212年）的妻子。有一座神庙单独为她而建，以示敬意。

涅菲尔提提，通常被认为是埃赫那吞的正妻。她的雕塑和浮雕为现代人提供了埃及美女的模式化观念。

社会中的妇女

普通妇女的权利

与其他古代文明中的妇女相比，埃及的普通女子享有更有利的法律地位。比如，在公元前6世纪到公元前3世纪之间，希腊城邦中只有男子才有公民权，女子没有公民资格，只能算是公民的母亲。女子不能参加公民大会或陪审法庭；如果碰巧拥有自己的土地，她们不能自由出售或出租；如果婚姻失败，妻子的嫁妆要归还给她的父亲。在大规模经济交易中，没有男性担保，希腊妇女寸步难行。

相比之下，埃及妇女即使在早期也没有被禁止拥有财产。虽然家庭生计需要靠丈夫维持，且大多数妇女都葬在为男性亲属修建的坟墓里，但是，妇女可以继承土地。从中王国时期开始，兄弟姐妹可以平等地继承遗产，并可从父母双方继承，条件是，他（她）们必须负责父母的葬礼仪式。在公元前12世纪的一个极端例子中，一名男子把他的全部财产留给了妻子，而不是兄弟姐妹或孩子。为了确保不会有反诉，他还为妻子办理了他俩的"领养"关系证明。妇女的婚姻地位对其财产权没有任何影响。新王国时期的一份记录记载了按照不同类别出租的土地面积，其中列出的种类包括牧民、士兵、祭司和妇女。除非有通奸行为，否则，妇女的经济保障可以得到确保。她与丈夫各自所应得的财产份额会经过仔细测算。

埃及妇女可以放贷收取利息，她们还可以立遗嘱。她们提起的法律诉讼的法律权重等同于男子。但如果一个妇女通奸，她会面临非常严厉的惩罚。

许多男子及其妻子们的雕像表明，妇女拥有几乎与男子相等的社会地位。妻子的雕像通常被置于她们丈夫的右边。

前284—前246年：托勒密二世菲拉德尔弗斯（意为"他的姐妹/兄弟的情人"）与其说是一位将军（他将战争留给了他信任的指挥官），不如说是一位醉心于动物学和植物学的知识分子。他是托勒密诸王中第一个娶自己妹妹（阿西诺二世）的国王。

- 有关税收的详细法律条文开始拟定，金币开始发行。

前280年（以后）：埃及军队中开始使用大象，骆驼被引入埃及。

前280年：托勒密的圆雕为埃及雕塑带来了一种新的自然主义风格，女性雕塑中可以看到柔和的曲线。

前280年（以后）：亚历山大里亚与其说是一座埃及城市，不如说是地中海沿岸的一座希腊港口。

- 托勒密二世向雅典赠送银制礼品和小麦。

前275年（以后）：亚历山大里亚的一些知识分子撰写关于人体各器官功能的解剖学和生理学论文。

前275年：埃及祭司曼涅托受命撰写一部关于历代法老的历史。他用希腊语写成的这部著作成为当今历史学家了解埃及历史的基本资料。

前270年：此后不久，伊西丝神庙在菲莱岛上建成。它是托勒密时代下努比亚（Lower Nubia）的主要神殿。（作为第一瀑布以南的一座小岛，菲莱岛在20世纪被淹没在阿斯旺大坝之下）

前258年：在一份以世俗体文字写成的纸莎草纸上记载了对埃及进行人口普查的命令。

前250—前230年：农村居民对乡间道路上的盗匪横行常怀忧惧。

前246—前222年：托勒密三世被称为尤尔盖提斯（意为"恩人"）。他提倡学习，并下令凡携书至埃及的旅行者必须将书籍存放在亚历山大里亚图书馆，以便制作复本。

前246年：托勒密三世侵占了叙利亚北部。埃及在数十年里一直统治着从塞琉古王朝手中夺得的黎凡特。

前240年：这一年过后，托勒密三世发行的青铜货币开始在埃及流通。在其下一任继承者统治时期，青铜币完全取代了银币。

- 在亚历山大里亚图书馆，埃拉托色尼通过测量夏至期间的阴影来计算地球的周长。他首次尝试在经纬线网格上绘制世界地图。

约前240年：《世俗体埃及语编年史》（一本有关以往历代法老的故事集）被作为赠礼献给了阿匹斯和姆奈维斯牛神庙。

托勒密时代的一位妇女的雕像

托勒密五世埃庇法尼斯在其彩绘镀金浮雕中向一头圣牛供奉一块田地

西亚的贸易与外交

西奈半岛、巴勒斯坦和叙利亚是埃及获取多种珍贵物资之所。从史前时期开始直至整个法老时代，埃及与这些地区的交往都非常频繁。公元前1475年左右，埃及对巴勒斯坦和叙利亚采取了军事侵略政策，但一个世纪过后，这样的对抗政策被联姻外交政策所取代。在所谓的"阿玛尔那时代"，埃及法老们与安纳托利亚（赫梯）、叙利亚（米坦尼）和巴比伦的统治者以及巴勒斯坦地区的几个小国的君主定期保持信件往来。

努比亚人向法老进贡动物、珠宝等贡品。

西奈半岛：采矿与矿石

开罗附近的玛阿迪史前定居点说明，早在公元前4千纪末期，埃及与西奈半岛和巴勒斯坦南部地区就有了联系。当时的往来主要通过陆路，并以驴队驮运货物。埃及人在西奈半岛西部的塞拉比特·埃尔-卡迪姆和马格哈拉，以及西奈半岛东部边境的蒂姆纳开采铜和铜矿石（一种被称为孔雀石的绿色石头，也被用作眼部化妆品），以及蓝色的绿松石。古王国时期，埃及人已经穿越苏伊士湾来到了塞拉比特·埃尔-卡迪姆和马格哈拉矿区，在其中的一个矿场附近发现的一艘船只的岩刻可以证明这一点。西奈半岛的各类铭文、浮雕和石碑描绘了多位法老的权势；中王国时期建在塞拉比特·埃尔-卡迪姆的哈索尔神庙也表明，数以百计的埃及人曾在那里劳作。（现代历史学家把哈索尔分别说成是矿工的守护神、西奈半岛和巴勒斯坦的神灵，以及绿松石的女主人）

公元前2000年到公元前1600年之间，为埃及人工作的迦南本地矿工发明了世界上第一种字母文字。这些字母由27个符号构成，借用了埃及象形文字中的图案。用这些字母写成的简短铭文主要是一些刻在岩石、雕像和各类祈愿物品上，向迦南各类神灵祈求的祷词。尽管西奈字母在公元前1600年传到了巴勒斯坦南部的居民点，但作为所有其他字母演变基础的腓尼基字母很可能是各自独立发展起来的几种文字之一。

在蒂姆纳，岩层由易凿的软砂岩组成，且富含孔雀石和其他氧化铜矿。到了新王国时期，埃及之所以能大规模开采铜矿，是因为技术的革新，如发明了一种排渣装置。如果炉渣能定期从燃烧的窑中排出，就不必周期性地关闭炉窑。然而，持续的冶炼意味着该地区的植被严重枯竭，山坡上布满了矿井和坑道。埃及在这一地区的开采很可能在公元前1100年终止。

Map of Ancient Egypt: Mineral and Ore Resources

Mediterranean Sea

- Alexandria — Limestone
- Wadi el-Natrum — Natron
- Dead Sea
- Tell el-Gamma — Iron
- Cairo / Memphis
- Gebel Ahmar — Quartzite
- Tura and el-Masara — Limestone
- Wadi el-Garawi — Calcite (Alabaster)
- Umm el-Sawan — Gypsum
- Basalt, Dolerite — Faiyum
- Timna — Copper
- Gulf of Aqaba
- Gulf of Suez
- Copper
- Wadi Nasb / Maghara
- Serabit el-Khadim — Copper, Malachite, Turquoise
- Flint
- **EASTERN DESERT**
- Beni Hasan — Limestone
- Wadi el-Nakia — Limestone
- Tell el-Amarna — Limestone
- Hatnub — Calcite (Alabaster)
- Copper
- Gebel Zeit — Galena (Lead ore)
- Gebel Manzal el-Seyl — Limestone, Tuff
- Mons Porphyrites — Dolerite, Porphyry
- Asyut
- El-Salamuri — Limestone
- Mons Claudianus — Granite, Gneiss
- Jasper
- Gabbro, Porphyry
- Galena (Lead ore)
- Abydos — Limestone
- Qena — Mari clay
- Qift — Wadi Hammamat
- Quseir
- Luxor / Thebes
- Granite, Graywacke
- Dates
- El-Kharga Oasis
- Alum
- Gebelein — Limestone
- Copper
- Tin
- El-Kab natron
- Wadi Mia
- Galena (Lead Ore)
- Tin, Tin, Tin
- Kanayis
- Felspar
- Gebel el-Silsila — Sandstone
- Dolerite
- Emerald or Beryl
- Iron
- Wadi Beiza
- Tin
- Copper
- Berenike
- Aswan — Lead and Galena, Granite, Diorite, Quartzite, Serpentine, Sandstone
- Amethyst
- Umm Eleiga — Gold
- Dunqul Oasis
- Kurkur Oasis
- Qertassi — Sandstone
- **Red Sea**
- Chephren's Quarry — Anorthosite gneiss, Gabbro gneiss
- Korosko
- Copper, Malachite
- Wadi Allaqi
- Wadi Gabgaba
- **Nile River**
- **NUBIAN DESERT**

0 — 50 miles

矿石资源
埃及及周边地区丰富的矿石和金属储备对埃及文明的权力与财富至关重要

Inset: EGYPT — Alexandria, Cairo, Asyut, Nile R., Red Sea, Libya, Sudan, Napata

西亚的贸易与外交

叙利亚和巴勒斯坦：木材、黄金与白银

埃及从黎凡特（叙利亚、黎巴嫩和巴勒斯坦）获取战俘、牲畜和优质木材（如雪松和松木），以及对木乃伊制作至关重要的树脂。埃及所需铜矿的一部分来自叙利亚和塞浦路斯岛，这一事实在公元前2千纪末期从牛皮状的铜锭上很容易识别出来。埃及驻军通常驻扎在沿海地区的交通要道。在少数居民点发现了埃及人的圣甲虫，也许埃及工匠在一些地区从事石刻工作。在这一地区的所有居民点中，毕布罗斯与埃及的关系尤其密切。毕布罗斯拥有一泓天然的泉水以及一处安全的小型港湾，还有肥沃的农业用地。不远处的山坡上长满了雪松、冷杉和松树。此处还有一座埃及的哈索尔女神神庙。埃及人很可能以小股移民的形式不时居住在这里。一些刻有若干法老名字的物品（通常是石杯和石碗）已被发现。据记载，在第十一王朝时期，长长的亚麻布和亚麻做成

上图：用亚麻制成连衣裙和布料。埃及人通常将其出口至毕布罗斯和周邻各国。

左图和右图：埃及人从东部沙漠和努比亚开采的黄金名闻遐迩；白银的名声略低；以先进的工艺技术制造的器皿和珠宝很可能受到了其他文化的影响，并且大多数发现于下埃及的塔尼斯。

的衣服被运至毕布罗斯以交换当地的木材。在毕布罗斯附近发现了一把刻有埃及人名字的斧头，这表明是埃及人自己从事实际的伐木工作。

在托德（位于卢克索南部）的蒙图神庙的地基上，考古学家发现了多个装有财宝的青铜箱子。这些箱子上刻有阿蒙尼美斯二世（前1932—前1896年）的名字。据他处记载，阿蒙尼美斯二世曾收到来自叙利亚的大量白银。托德宝藏中，阿蒙尼美斯二世献给神的各种银制、金制和青金石工艺品并非出自埃及工匠之手。许多学者认为，这些财宝是毕布罗斯君主送给埃及的礼物。

新王国的法老们必定也很乐于与地中海东部的诸多城市保持频繁的贸易往来。在三角洲西部186英里处，近期的考古发现了一座拉美西斯二世建立的要塞，即扎韦耶特·乌姆·埃尔-拉海姆，同时在要塞中发现了产自塞浦路斯、叙利亚、巴勒斯坦、克里特岛和希腊的精美陶器。建造这样的要塞很可能是为了保护埃及人的海上贸易免受四处劫掠的利比亚海盗的侵扰。

前222—前204年：在荒淫无度的托勒密四世统治时期，埃及的军事与经济开始衰退，同时面临叙利亚的袭击和国内的叛乱。公元前206年，上埃及脱离出去，此后由一位旁系成员统治。从此时开始，王朝纷争、宫廷阴谋和各种谋杀愈演愈烈，从而为外来干预打开了方便之门。

前204—前180年：托勒密五世埃庇法尼斯（意为"神显者"）宣布与他父亲共治。随着后者的死亡，年幼国王的摄政权几易其手。托勒密五世娶了叙利亚国王安条克的女儿克利奥帕特拉。

前196年：托勒密五世在所谓的"罗塞达石碑"上颁布了一项法令：援引了埃及的神灵这一事实表明，国王（托勒密五世）此次是在孟菲斯加冕。因为在孟菲斯曾发生过多次叛乱，这一措施是对当地埃及人的一种安抚。法令以象形体、世俗体和希腊语三种文字刻在了罗塞达石碑上。

前180—前164年：托勒密六世在阿斯旺北部的考姆·奥姆波（Kom Ombo）的沙丘上建造了一座俯视尼罗河的神庙。神庙献给鳄鱼神索贝克和伟大的荷鲁斯，其柱子上的莲花和纸莎草雕刻象征着埃及的北部和南部。

前180—前164年：年幼的托勒密六世菲洛米特（意为"笃爱母亲者"）继位之后，安条克于公元前170年和公元前168年两次入侵托勒密王国。第二次入侵时，安条克在孟菲斯加冕为埃及国王，但因为罗马的干预而没有持续多长时间。

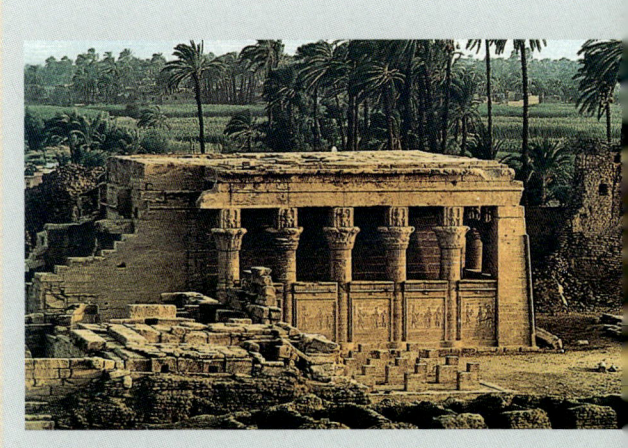

位于丹德拉的哈索尔神庙

西亚的贸易与外交

王室之间的通信

1887年，泰尔·埃尔－阿玛尔那的一位农妇偶然发现了一些刻有美索不达米亚的阿卡德语楔形文字的泥板。这些泥板被不同的贸易商买走，因此散落于世界各地。尽管如此，经过艰辛的努力，学者们从大约350封信中拼凑出一幅相当连贯的近东各国交往画面，时间从阿蒙诺斐斯三世统治时期经埃赫那吞延伸到图坦哈蒙统治时期（约前1360—前1340年）。目前所知，所有这些信件都收藏在古代的埃赫塔吞城国王居所东侧的文书档案馆中。

这些信件是以阿卡德语而非埃及语写成的。阿纳托利亚、叙利亚、巴勒斯坦和埃及的众多书吏不得不学习一门外语。阿卡德语是整个近东地区的通用语言，但不是作为市井之徒或行伍军人的口头用语，而是作为上层社会的沟通媒介和一种高雅文化元素。大国统治者之间的通信以阿卡德语书写，但这种语言有明显的胡里安语（北叙利亚语言）特征；与此同时，叙利亚和巴勒斯坦地区的各诸侯国国主之间的通信语言则深受迦南语的影响，尤其是在语法方面。

法老们几乎完全依靠书吏书写个人和公共文件

王室之间的信件

法老的正式信件有一个标准的开头和结尾。结尾通常是："知道大王健康，犹如天上的太阳。他那数不清的军队和战车，从日出到日落，都安然无恙。"另一个大国的统治者可能会对他这样说："致A，埃及国王，我的兄弟，'C国国王B祝愿平安与您的房屋、您的妻子们、您的儿子们……您国土上的一切同在'。"如果某个统治者粗俗鄙陋，没有以这种礼貌的方式致信，他可能会收到一封回信，声明既然他在信中没有祝福语，他也不会收到任何祝福。这是地位平等者之间的通信规则。

诸侯的信件

一封来自巴勒斯坦地区某个诸侯国的信件让我们看到了一幅就算不是奴颜婢膝，也算是活脱脱的奉承画面："致大王，我的主人，我的太阳神，'您的仆人A，在我的大王、我的主人、我的太阳神的脚下出现了七次，我拜倒了七次'。"另外的一些例子是来自"仆人、您两脚之间的尘埃"的祝福，或者"我七次拜倒在大王、我的主人、我的太阳、我的神、我的生命气息的脚下"。这些问候和向法老表示臣服的声明常常占据了一封信的主体，而实际的信息只出现在信的末尾处。比如，一位诸侯告诉法老，他的青铜已经耗竭，已经被苏图人（Sutu）榨干，但现在他

前164—前100

前164年：正在积蓄势力、成为最令人畏惧的军事强国的罗马开始积极干涉埃及事务。

前163—前145年：负责统治昔兰尼（利比亚）的托勒密八世（或称尤尔盖提斯二世）返回埃及成为法老。在传统上，他被认为是一个让臣民受苦的怪物。

前150年：丹德拉的哈索尔神庙开始兴建，公元60年竣工。

前145—前51年：托勒密王朝后期相继继位的诸王均不受民众欢迎，其中的一位甚至为了还债卖掉了亚历山大大帝的黄金棺。

前118年：托勒密八世颁布了一项法令，明确规定埃及人若与希腊人订立合同，必须面见高级法官，而埃及人之间的事务则由低级法官处理。

前100年：叙利亚人发明了玻璃吹制法，明显减少了生产时间，降低了生产成本。

前100年：阿考里斯（Akoris）的祭司迪奥尼西乌斯的档案包括一些以世俗体文字和希腊语写成的租赁和销售文件。

一位埃及女王的肖像，一般认为她是克利奥帕特拉。

放心了，想必是法老已对他进行了援助。

属国的信件

来自巴勒斯坦属国的信件总共大约有300封，内容从要求提供货物或军事援助，到抱怨军事威胁和同僚的背叛行为，不一而足。属国国王直言不讳地指责他们的私敌与极具破坏性的游牧民族哈皮鲁人结盟，不断给他们提供机会袭击城镇与驻军。阿玛尔那的信件中有大约60封是毕布罗斯的统治者里布-艾迪写给埃及法老的。信中抱怨背叛，抱怨敌人夺取了他的城镇和乡村。为什么他的主子对此无动于衷？里布-艾迪一再请求的埃及和努比亚特遣队在哪里？

埃及与罗马（1）

由于内部纷争不断，公元前130年之后，托勒密王国开始沦为罗马的附庸。

前66—前63年：马克·安东尼的东征使他自己以及罗马变得很强大。

前60—前51年：罗马对埃及的干涉越来越多。

前47年：克利奥帕特拉声称有人密谋对付她，因此逃离了亚历山大里亚，并组建了一支军队在埃及东部边境作战。（参见第169页）

前46年：尤里乌斯·恺撒在追击庞培期间，重新任命克利奥帕特拉与其弟联合执政。克利奥帕特拉与恺撒在尼罗河上逆流行舟时柔情蜜意。她可能为他生下了一个儿子，即托勒密·恺撒里昂。

西亚的贸易与外交

婚姻联盟

在阿玛尔那时代（从埃赫那吞到阿伊），埃及取得唯我独尊的国际地位的一个标志是，在婚姻联盟中，只有外国女子嫁给埃及王室，从没有埃及女子嫁到他国的情况出现。比如，阿蒙诺斐斯三世和埃赫那吞曾迎娶三位米坦尼公主、一位赫梯公主和一位巴比伦公主。尽管巴比伦国王卡达什曼·恩利尔收到了埃及送来的嵌花乌木家具，但他写信给阿蒙诺斐斯三世表达了他对自己妹妹的担心，因为她自从嫁给了埃及法老之后一直杳无音信。她是否还活着？当巴比伦使者前往埃及宣读了这封信之后，阿蒙诺斐斯从人群中挑选了一位女子。这位女子对美索不达米亚的使者们说："瞧，你们的女主人正站在你们的面前！"使者们满腹疑虑地离开了埃及。卡达什曼·恩利尔听了回禀之后回信道，那名说话的女子可能只是"一位乞丐的女儿"。外国女子可能不习惯埃及的宫廷生活，巴比伦国主很担心他的妹妹。另一个例子是，埃赫那吞娶了一位米坦尼妻子之后，有几年称呼她"爱妻"，但此后她在各类记录中消失得无影无踪。

安纳托利亚和巴比伦：军事入侵

公元前1550年左右，西亚分裂为大大小小数个国家，各国围绕边界、属国和资源问题陷入了无休止的冲突之中。公元前1470年左右，图特摩斯三世对西亚发动了军事远征，摧毁了美吉多，并随后抵达米坦尼边境。米坦尼国王逃走，安纳托利亚（赫梯）和巴比伦的君主向图特摩斯三世赠送了丰厚的礼品并宣誓效忠。然而，埃及随后并没有在亚洲建立自己的行政机构。法老们满足于索取贡品、为驻军招募战斗人员，并欢迎亚洲各国首领的儿子们到底比斯为质。最终，埃及不得不应对密谋，图特摩斯四世不得不采取实际行动。在一次战争获胜之后，他娶了一位米坦尼公主。图特摩斯四世之后，埃及的帝国主义实际上已经终结。法老们将精力主要集中在外交、礼物交换和婚姻联盟上。

当法老们超越都城的界限进行冒险时，他们不得不面对周边的邻国，要么通过武力征服（图中的外国俘虏说明了这一点），要么通过外交谈判。

前80—1

埃及与罗马（2）

前44年：尤里乌斯·恺撒被刺杀。

前41年：马克·安东尼在西里西亚的塔尔苏斯召见克利奥帕特拉。普鲁塔克说，她乘着一艘带有紫帆和银桨的豪华楼船沿着塞德纳斯河航行，斜躺在缀满金片的华盖下，有多名音乐家随从。安东尼和克利奥帕特拉成了恋人之后，将国家事务抛诸脑后。

前31年：在希腊的阿克兴海战中，安东尼被屋大维击败。克利奥帕特拉撤走了她的海军，安东尼尾随而去。两人逃至亚历山大里亚，但屋大维随后追到那里。安东尼被杀，克利奥帕特拉以毒蛇噬咬的方式结束了自己的生命。

前27年：屋大维成了罗马皇帝，使用"奥古斯特"这一名称。

前80—前51年：罗马人从托勒密七世手中夺得了塞浦路斯。托勒密七世随后被废黜。

前51—前30年：深具魅力的克利奥帕特拉七世的统治时期。克利奥帕特拉17岁时继位与兄长托勒密八世联合掌权。在托勒密诸王中，只有她说埃及语。她把自己的王国输给了罗马。

被刻画成罗马士兵形象的荷鲁斯神的青铜像

前30—395年：埃及全境开始崇拜古老的埃及神灵（如哈索尔、托特、奥西里斯、荷鲁斯和阿蒙等）、希腊神灵（如阿波罗）、罗马神灵朱庇特，以及犹太神灵。在孟菲斯的一座大神庙的神龛里还供奉着叙利亚神灵阿斯塔特。许多神庙里都有好几个神龛（例如，伊西丝、萨拉皮斯和西尔斯努共享一座神庙）。

前30—395年：伴随着新的行政体系、新的经济和政治制度，以及三个罗马军团（后来减为两个）对法律与秩序的维持，埃及获得了一段时间的和平与相对稳定。在罗马诸多行省中，只有埃及是由一位骑士级别的总督而非元老级别（最高级别）总督统治，且埃及总督由皇帝直接任命。总督职位有任期限制。

- 埃及是罗马腹地所需谷物的主要供应地。约瑟夫（75年）写道："埃及的小麦可以让罗马在一年中维持四个月。"

- 埃及人在许多方面不得不承担罗马统治的代价。例如，公元130年的一次帝国访问使一座小镇损失了13228磅大麦、3000捆干草、372头乳猪和200只绵羊。

- 埃及向整个罗马帝国供应纸莎草，同时出口（主要从亚历山大里亚）玻璃和亚麻布。来自埃及的斑岩和优质花岗岩主要用于罗马的纪念建筑。

前30—296年：硬币在亚历山大里亚铸造，将铸币带出埃及是违法的。这些铸币被称为德拉克马。此后，埃及使用罗马帝国的通用货币。

前27年：屋大维成为罗马的统治者，由此对埃及拥有了最高统治权。

前24年：驻扎在卡斯尔·伊布利姆（努比亚）的一名士兵留下了一首以拉丁语写下的诗歌，这也许是埃及最早的一份拉丁文献。

1—200年：在一些私人房屋里，神的肖像被画在了墙上。屋子里还存有各种神灵的雕像。

1—200年：根据预期收成的价值估算，农民经常负债。债务的循环由于货币化而永无止境。

罗马风格

在罗马时期，有些埃及人采纳了希腊—罗马的服饰和发型，尤其喜欢效仿罗马上流社会成员的风格。

- 许多罗马人死后被制成木乃伊，并戴着镀金面具下葬。

- 卡拉卡拉将罗马公民权授予帝国境内所有居民。公元212年之前，其他公民无疑比埃及本地人享有更大的法律和财政特权。

1—200年：用希腊语写成的爱情魔咒文集成为当时流行文学的一部分。

1—300年：与埃及神庙里的做法不同的是，希腊和罗马的崇拜中心允许普通民众在神庙里泼洒奠酒和献祭。

西亚的贸易与外交

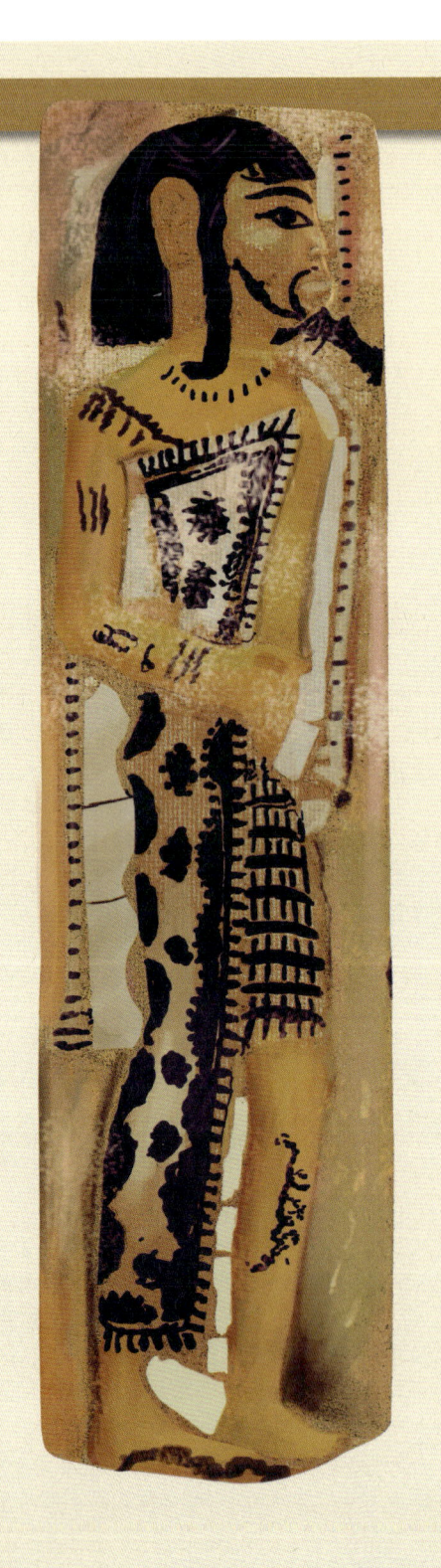

异彩纷呈的多国文化

各地使者的到来必定为通常设在宽大的露天庭院里的法老宫廷增色许多。从绘画作品中可以看出，前来埃及宫中朝觐的使者来自相当多的国度。他们的身体特征和发型各不相同，所穿服饰也呈现出差异，比如，有些到访者身穿有饰边的长袍，巴勒斯坦的小国首领们穿的则是流苏短裙。

埃及失去了对西亚的政治控制之后，其文化魅力在很长时间内依然留存。当亚述王国军事势力增长并扩张到地中海沿岸时，腓尼基的一些象牙雕刻家被掳至亚述各都城为国王效力。在亚述都城尼姆鲁德发现了许多原本镶嵌在王室家具上的牙刻配件（约前900—前650年）。这些象牙雕刻作品大多具有异域特征。埃及的主题（如斯芬克斯、母狮击杀努比亚人、衣物、假发、罐子等）数量多得惊人。埃及文化必曾风靡一时，乃至令新崛起的亚述帝国的精英们醉心效仿。

土皇帝

埃及人实际上并没有在巴勒斯坦维持法律与秩序，有关腐败的抱怨不胜枚举。约帕的一名埃及驻军官员被指控利用那些前来报到的本应负责防卫工作的士兵干私活儿。更有甚者，法老被告知这名官员竟然在收了一笔赎金后将这批人放了。山匪索要的赎金是30舍克勒，而这名官员要了100舍克勒。来自巴勒斯坦的信件中出现了很多征兆预示着公元前1200年将要发生的事情：来自不同种族、无田无地、目无纲纪的人群越来越多。最终，许多青铜时代的国家都将被铺天盖地的陆地与海上移民所吞没，只有拉美西斯三世统治下的埃及顶住了冲击。

- 埃及女神伊西丝在罗马帝国全境广受欢迎。普鲁塔克(约150年)曾记载过伊西丝的神话。据说,作为母亲的伊西丝正在给婴儿荷鲁斯哺乳的形象就是后来圣母玛利亚怀抱圣婴耶稣形象的雏形。

1—300年:这段时期在埃及的卡拉尼和泰阿德尔斐等地出现了许多希腊神庙,专门供奉阿波罗和德米特等神灵。

1—300年:自并入罗马帝国之后,埃及人逐渐接受了基督教信仰。

伊西丝与荷鲁斯成了母子的通用形象

调查员在估算小麦的收成。提供给城镇的粮食需要仔细测算。

东方的视界

有时候，我们会忘了埃及不止限于尼罗河河谷，而且包括一大片沙漠区域。横穿众多季节性干河道的东部沙漠蕴藏着一系列矿产资源，诸如铜、黄金、石灰石、花岗岩、紫水晶、凝灰岩、雪花石膏和铁。因此，埃及人很早就已经穿越这片沙漠。当尼罗河在卢克索以北向东环绕时，它离红海海岸最近。从这里（更准确地说是从右岸的科普托斯）可以踏上最重要的一条线路，即沿着瓦底-哈玛玛特向东直达海边的库塞尔（瓦底-哈玛玛特干河道蕴藏着重要的金矿）。

在国土之外，埃及人需要穿越广阔的水域，因此，各类船只建造得越来越复杂。

托勒密时期：与阿拉伯半岛与印度之间的联系

在托勒密王国时期（前300—前30年），埃及与阿拉伯半岛/印度之间的红海贸易再度活跃起来。这种情况的出现部分是因为军事需求的刺激，托勒密王国需要一个港口进口非洲大象充实军备，以对抗塞琉古王国的印度象兵，部分是因为不同统治者的总体战略规划。皈依佛教的印度孔雀王朝的阿育王大帝（约前268—前233年）曾接见过托勒密二世菲拉德尔弗斯派遣的使团（普林尼在其书中记载了此事）。反之，阿育王在其第十三石刻令中记录了这样一个事实：他的部下将孔雀王朝的宗教信息传到了五位希腊国王那里，其中包括"土罗耶王"。

托勒密二世重新开通了一条连接尼罗河下游与苏伊士湾的古老运河。在红海南部海岸建立了贝雷尼克港，取代了已有的迈奥斯·霍尔莫斯港（后者位于苏伊士湾的河口处）。这样，从阿拉伯海返航的船只就无须顶风艰难逆行，因为托勒密王国统治下的埃及此时已与阿拉伯半岛上的塞巴人和纳巴泰人交易乳香和没药。随着海上交通线的广泛使用，托勒密七世安排了专人负责航海事务。

与异域的交易

总体而言，除了阿拉伯的熏香和香料之外，海上贸易物品还包括印度和斯里兰卡的胡椒、甘松、芳香树脂、蓝宝石、钻石、象牙、珍珠和玳瑁。来自非洲之角和埃及的货物包括布匹、服饰、玻璃、酒和橄榄油。印度对红珊瑚（产于红海和地中海沿岸）的需求量很大。

旅行者海上指南

海上航线一定非常繁忙,以至于一个讲希腊语的埃及人在公元1世纪中叶写了一本手册,叫作《厄立特里亚航行记》。这是一本有关红海沿岸、非洲东北部、阿拉伯半岛、苏伊士湾,包括斯里兰卡甚至印度半岛东海岸在内的南亚地区的港口、航行条件和货物等的指南。这一时期的商品贸易知识大多来自这本小册子。

考古学的证据为此提供了佐证。近期在贝雷尼克的挖掘中发现了许多托勒密王国和希腊的铸币、当地制造的绳索、金属制品、陶器和篮子、椰子、蜡染印花织物、大量的胡椒、玛瑙珠以及大量的柚木。柚木是印度半岛最出名的产品。在印度,最南端的海岸遗址之一——阿拉甘库兰(Alagankulam)出土了许多带有埃及风格的物品。数十年来,印度半岛因其绿玉矿附近以及主要的陆路沿线出现了双耳细颈瓶、玻璃和一批罗马铸币而闻名遐迩。

罗马时期的棺椁沿用了埃及的风格,装饰华丽且表层镀金。

- 早期基督教徒的宗教习俗包括驱赶一些可能引发疾病的恶魔,但基督徒不会用动物献祭,不会向神灵奠酒,也不敬拜皇帝。正因为如此,他们常常遭到迫害,许多基督徒因此而殉难。
- 早期基督教徒在埃及一直低调行事。有关他们的文字记录或考古证据很少。

1—400年:萨拉皮斯(阿匹斯公牛死后与奥西里斯的结合)崇拜在埃及非常盛行。亚历山大里亚和孟菲斯是两大崇拜中心,在这里,公牛被葬在巨大的石棺中。

1—400年:亚历山大里亚和孟菲斯的萨拉皮姆神庙都设有图书馆。以僧侣体文字(用于神庙的文本写作)、世俗体文字、希腊语和科普特语(用希腊字母书写的埃及语)写成的数千纸莎草在这一时间段内完成。

希帕罗斯:水手或季风

根据一个古老的传说,一个名叫希帕罗斯(或海帕罗斯)的希腊领航员通过对各个港口的研究和对星空的观察,偶然发现了一条借助身后吹来的西南季风穿越公海的路线。这样,他就可以绕开阿拉伯的港口,证明从红海到印度西南部马拉巴尔海岸的直航是可行的,尽管这样做很危险,因为此时的阿拉伯海波涛汹涌。在另一个传说中,希帕罗斯不是如古人所想的那样是一个人名,而是指西南季风。有人(也许是一个阿拉伯人)已经知晓如何在离开某个红海或阿拉伯的港口之后,通过观察星空,沿着一条纬线前往印度西海岸的某个特定海港。

这些知识是如何传到埃及的?一个浪漫的希腊传说记载说,一群在红海上巡逻的士兵发现了一名遇难的印度水手并照料他直至其恢复健康,然后带他去见国王。当他能用希腊语交流时,这名水手告诉他们说,他的船在公海上被吹离了航道并且倾覆了。出于感激,这名水手带着国王挑选的埃及船队越洋前往印度。

罗马吞并了埃及之后,贸易越来越发达。斯特拉波在公元1世纪写道,每年有120艘船从迈奥斯·霍尔莫斯出发前往印度。贝雷尼克也是一个繁忙的港口。从贝雷尼克通往尼罗河的路途中,一些岩石掩体里刻有许多铭文,其中的一条铭文是:"X(一个意大利人的名字)从印度归来,于奥古斯都二十八年在此逗留。"托勒密和罗马时期,在海岸和尼罗河之间修建了道路并铺设了路面,以便借助动物商队将货物运到河边,然后顺流而下抵达亚历山大里亚,也许再进一步通过海路抵达罗马。

东方的视界

蓬特之地

在库塞尔东南部、红海沿岸的玛沙·盖瓦西斯发现了中王国时期的船只残骸（带有榫眼的木板），上面的铭文提到了"蓬特之地"。

在新王国时期，第十八王朝法老哈特谢普苏特（前1472—前1457年）派遣了一支远征队前往蓬特国（位于现今非洲之角的厄立特里亚境内或附近）。这次探险先沿瓦底-哈玛玛特抵达红海岸边，然后登上配有异常宽阔的船帆的帆船沿红海一路南下。总航程超过620英里。在记录这次远征时，哈特谢普苏特的雕刻师仔细刻画了蓬特酋长及其妻子的体貌特征、他们那需要用梯子才能进去的圆形小屋、短角牛，以及蓬特国的棕榈树和各种鸟类。然后，他们描绘了埃及船只返航，满载黄金、用于种植的没药树和没药（神庙在祭祀时需要用到）、狒狒、豹皮和象牙。蓬特国从埃及人那里获得了肉类、水果、啤酒、珠子和其他装饰品以及武器。在北风吹拂下，去蓬特的航行应该相对容易，但返航时就必须沿着红海海岸划着狭小的船只北上。（参见第90页）

1—400年：在宏伟的亚历山大里亚城中有数百间砖屋。城市的水源由地下蓄水网络供应，还有地下墓葬。克利奥帕特拉在城中建造了宏伟的带有柱廊、庭院和树丛的恺撒瑞姆（Caesareum）神庙综合体。建筑物前矗立着多座方尖碑。除此之外，还有一座带有意大利大理石石柱的剧院和多个教堂。

1年（以后）：在罗马开始建造方尖碑和带有埃及风格的建筑，伊西丝崇拜在埃及之外传播开来。

41—44年：传说圣马可到了埃及传播福音。

45—50年：在法雍地区的一座小城镇的行政办公室里发现了一份文件。这份文件包含了113份贷款契约。

65年：亚历山大里亚的埃及教会首脑（主教）的交替一直没有中断，因此，科普特（字面意思是"埃及人的"）教会是古老的基督教教会之一。埃及的基督徒如今被称为科普特人。

65年：埃及总督使麦罗埃成为罗马帝国的一部分，但很快便撤出。在一段时间内，帝国的边境位于第一瀑布以南五英里处。

100年（以后）：趋于世纪末时，在石像表面包上一层金银的技术从埃及传到了罗马。

位于代尔·埃尔-巴赫里的哈特谢普苏特神庙的浮雕生动描绘了蓬特酋长及其妻子

法老时代的城镇

直到新王国时期，埃及最大的城市一直是孟菲斯和底比斯。埃赫塔吞（泰尔·埃尔-阿玛尔那）在第十八王朝埃赫那吞生前曾有过短暂辉煌。到了后期，三角洲地区的塔尼斯、布巴斯提斯、舍易斯和亚历山大里亚等城市声名鹊起。在整个历史时期，科普托斯和埃利芬廷尽管只是地区性的中心，但亦是至关重要的城市。

发现于阿拜多斯的一块调色板，将国王表现为一头凶猛的动物。这是早期刻画法老的风格。

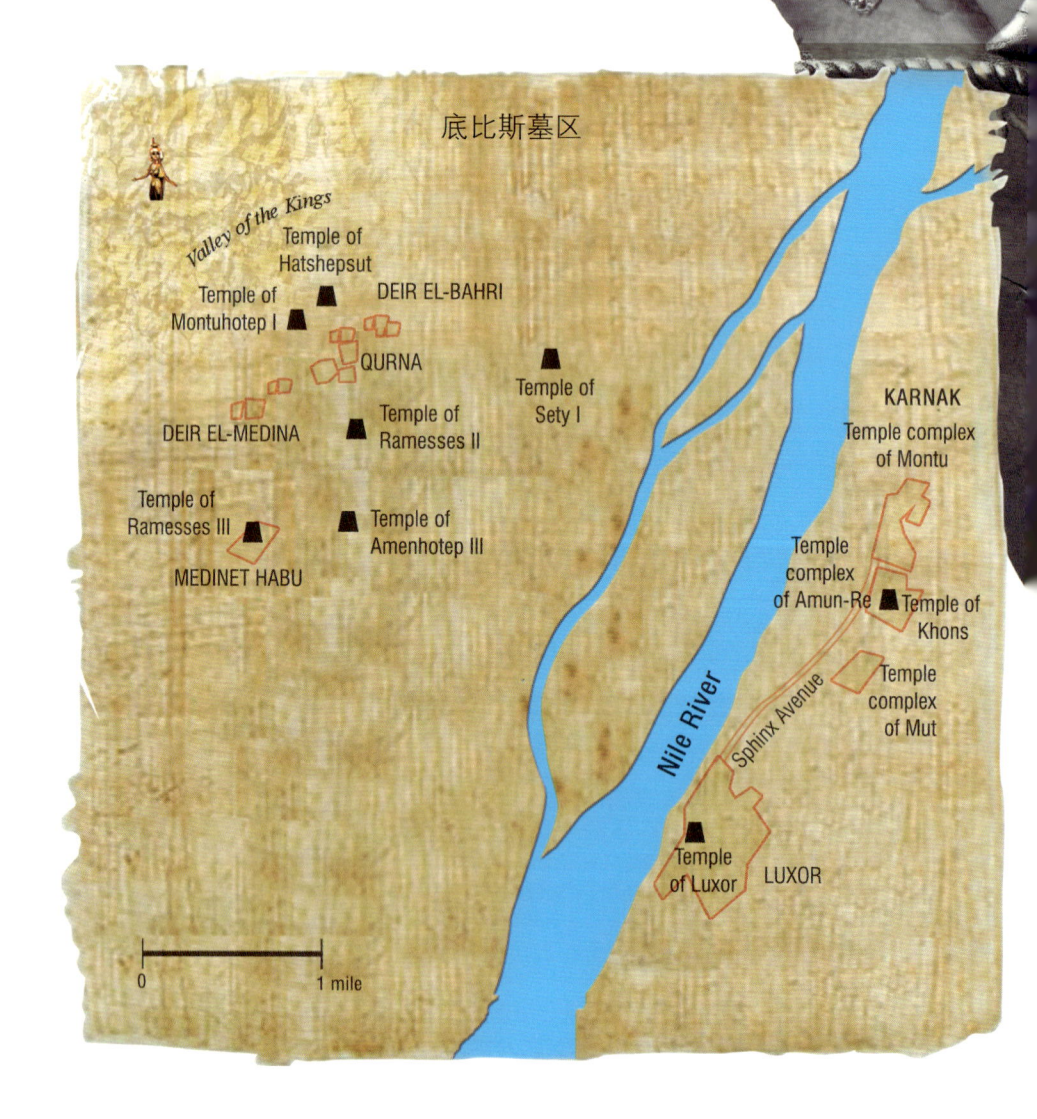

底比斯墓区

Valley of the Kings
Temple of Hatshepsut
Temple of Montuhotep I
DEIR EL-BAHRI
QURNA
DEIR EL-MEDINA
Temple of Ramesses II
Temple of Sety I
Temple of Ramesses III
MEDINET HABU
Temple of Amenhotep III
KARNAK
Temple complex of Montu
Temple complex of Amun-Re
Temple of Khons
Temple complex of Mut
Nile River
Sphinx Avenue
Temple of Luxor
LUXOR

0   1 mile

100年：一个拥有大约4000人口的村落（下埃及的卡拉尼斯）建有两座大神庙，其中的一座以石头建成。

- 人口约3000人的泰布特尼斯镇有50名男子依埃及传统担任祭司。

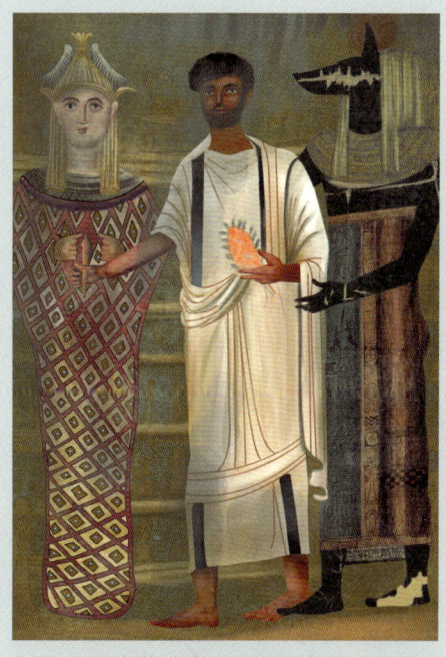

公元1—2世纪在葬礼中使用的彩绘亚麻裹尸布，它沿用了埃及的习俗，但借鉴了古希腊和古罗马的艺术传统。

100—200年：在葬礼中使用的木乃伊布经过了精心描绘，随同安葬的还有以蜡画法（使用熔蜡将色彩焚入木板）绘成的逼真的死者肖像。

100—200年：现知最古老的《新约》篇章（《约翰福音》）在埃及被发现。

100—200年：被称为《赫尔墨斯秘籍》的希腊文献汇编是赫尔墨斯传统（与诺斯替教有关的一种魔法体系）的奠基之作。它以希腊语写成，并吸收了一些埃及人、希腊人和犹太人的实践元素。

100—300年：建有围墙和五道大门的奥克西林库斯城有一座萨拉皮姆神庙、两座教堂、三套浴室和一个可容纳11000人的剧院。有个记录在案的事件讲述了一个男子在浴缸里洗澡时被上方流下的热水烫伤了腹部和腿部。

法老时代的城镇

市政设施

水源：尼罗河是埃及国内城乡用水的主要来源。我们从文字资料得知，卡呼恩和代尔·埃尔-麦迪那的居民通过驴将水载至家中。除尼罗河之外，还有另外一些水源。

埃赫那吞在泰尔·埃尔-阿玛尔那建造的都城距离尼罗河不到一英里，这是考古学家们对于城里为何会有很多水井的解释。其实，在该地区打井并不容易：含水层在地下约23英尺，而且由于地层沙化特别严重，因此井身很容易坍塌。一种解决方法是在井坑四壁用石块或烧砖砌牢，就像青铜时代巴基斯坦地区的摩亨佐·达罗（前2600—前1800年）居民所做的那样。然而，在阿玛尔那和法老时代的其他城镇中，最大的一些水井都是在宽阔的竖井中央开挖的。

竖井要比真正通向水源的井坑大很多。工人们不得不从竖井内侧深入到地下，将装满水的大水罐放在肩膀上运上来。在第二十王朝时期的代尔·埃尔-麦迪那，一条螺旋形的梯级蜿蜒向下170英尺到达水面。可能有一群熟练的掘井工专门从事此项工作。

排水：在世界范围内，卫生是在工业革命广泛开展之后很久才成为城市中心的一项特征。因此，古代埃及的城市并不整洁。即使是在泰尔·埃尔-阿玛尔那这样道路宽敞、建设良好的城市中，下水道也是露天的。据考古证据显示，街上的垃圾越堆越多。除了成群的苍蝇之外，应该还有大量的蚊子，因为一些骸骨显示出死者生前患有疟疾的迹象。

厕所：一些古埃及城镇的房子里配有厕所。厕所以不厚的石板铺成。石板朝着排水沟倾斜。排水沟里的污水要么流到房屋外墙下，要么流到设在地面上的大容器里。偶尔，我们在一个富人的住宅或一位贵族的坟墓里会发现带木座的厕所。木座装在矮墙上，木座下面是一个大罐子。现已被挖掘出来的一些阿玛尔那的房屋中，这些厕所的旁边存放着沙子。

道路：在城镇中，只有供仪式性场合使用或日常使用的道路才会被铺上合适的路面。在节日里，无论是统治者还是某位神灵的神船都会沿着这些道路行进。

埃及人不缺水，即使是平民，亦是如此。

100—400年：一栋普通的乡村住宅大约有三个房间、一些储藏设施，烤箱、谷物磨坊和烧饭的大锅，放养鹅、猪及家禽的庭院，木制桌椅、床、陶灯和儿童玩具等。

100—300年：孟菲斯的萨拉皮姆神庙据说有镀金装饰。

100—500年：这是一个早期宗教运动时期，我们今天称之为"诺斯替主义"。它相信通过个人的知识可以获得救赎。知识，而非事实，才是获得洞察和启蒙的路径。"诺斯替主义"的开创性文本之一是在埃及写成的。

106年：当阿拉伯半岛成为罗马帝国的一部分之后，埃及的东部边界线变得很模糊。

115—117年：由宗教原因引发的一次犹太人的反抗浪潮波及埃及。流血事件很多，人们对罗马统治者的敌意愈发强烈。这次事件深深印刻在了犹太人的传统中。

117—138年：哈德良统治时期，在卡尔纳克地区建造了一座小型的砖砌神殿。

150年（以后）：私信很普遍，很多私信是由生活在小城镇里的普通老百姓写的。这些信件提供了有关亚历山大里亚之外生活状况的详细信息。

200年（以后）：某些特定的地点受到了人们的尊崇，并且与神奇的治疗联系在一起，比如，亚历山大里亚附近沙漠中的圣梅纳斯墓（St. Menas）就是这样一个地方。陵墓中有马赛克装饰，墓壁上镶有雕刻过的饰板。陵墓中还有多根柱子。

200年：随着农业用品（饲料、燃料、木材和肥料）的货币化，当拥有少量财产的人在土地上从事特定工作时，雇佣劳动也出现了。有一份契约记录了一名建筑工人花钱请两名男子为他生产65000块砖头。

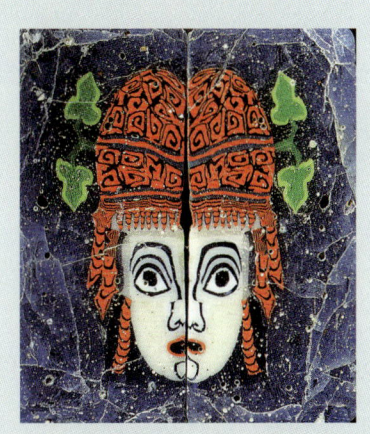

一副在戏剧演出时使用的玻璃面具

200年（以后）：即使是在小城镇，此时也有了书吏、木匠、赶驴人、妓女和艺人。建筑工和玻璃工经常外出寻找就业机会。一名陶工会租用工作场所来完成一项某个酿酒厂订购的数千个陶罐的订单任务。

200年（以后）：教会的财富不断增加、影响力不断增强，并因此成为一个政治争论的议题。不仅如此，教会职位被认为是获得优越地位的重要来源。

社会关系

从古王国时期的高级大臣普塔赫-荷太普的箴言中可以推断，在城镇生活需要一些社会技巧，而在农村生活的农民则不需要练习这些社会技能。普塔赫-荷太普告诫他的儿子："不要因为有点知识就骄傲自满，无论是愚者还是智者都要去向他们请教。艺术的极限永不可及，艺术家的技艺都不完美。好的话语比绿玉更隐蔽，却能从磨刀女仆那里听到。……如果你在行动中遇到一个口头争论者，或者与你不相匹配的穷人，不要攻击他，因为他是弱者。任其自然，他会自己驳倒自己。"

他继续说道："如果你入席时身旁坐着一位比你尊贵的人，接受他给你的东西，就像这些东西放在你面前一样。只需注视你面前的事物，不要不断地瞥他，骚扰他就会冒犯他的'卡'。在他与你说话之前别与他说话。……如果你得到某个重要人物的信任并受托向另一重要人物传递信息，要坚守委派你的人的本性：传达的信息要一字不差。"

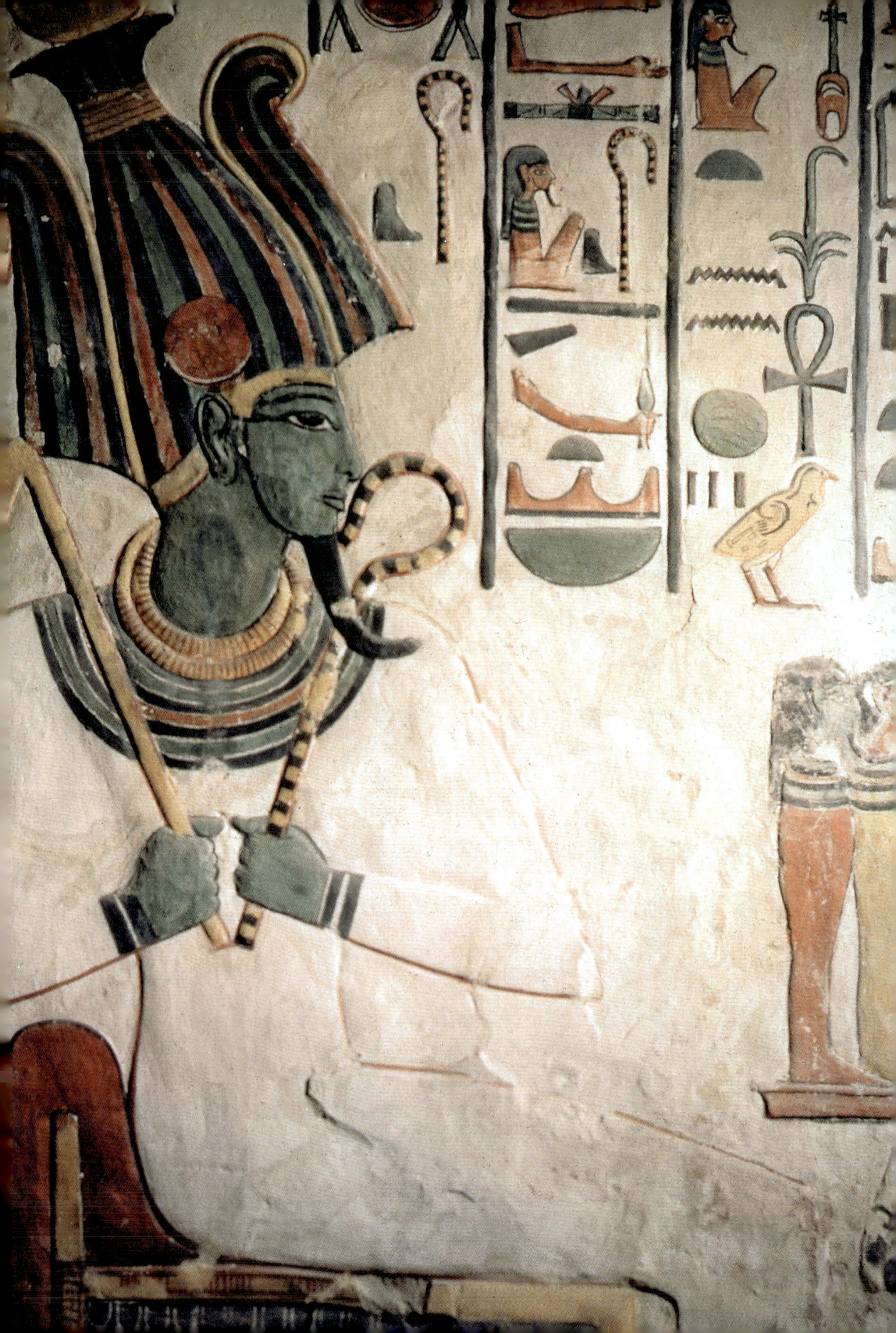

阿拜多斯

阿拜多斯位于上埃及一个农业发达的地区，尼罗河西岸，在冲积平原与沙漠边缘的半圆形悬崖之间，是一个大型定居点。它有王宫建筑、举行仪式的场所、王室成员的砖砌陵墓（包括第一批法老先祖的墓地），以及公元前5000年到公元400年之间建造的许多墓地。从公元前3100年到公元前2500年，很长一段时间内只有王室成员才能进入阿拜多斯，因为它是一个神圣的中心。此后到公元前2050年左右，阿拜多斯在仪式上的荣耀部分转移到了萨卡拉，但吸引了来自不同社会阶层的人前来定居。因此，随着时间的推移，这里有了很多普通民众的墓地。到第十二王朝时期，王室成员的墓区与冥王奥西里斯联系在一起，并且在墓园里竖立了很多祈愿碑。阿拜多斯也是所有埃及人前往"奥西里斯之墓"朝圣的地方。其实，"奥西里斯之墓"只是第一王朝第三位国王哲尔的衣冠冢。

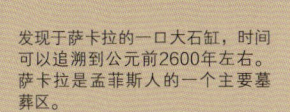

发现于萨卡拉的一口大石缸，时间可以追溯到公元前2600年左右。萨卡拉是孟菲斯人的一个主要墓葬区。

200年：在上埃及的考姆·奥姆波，通往努比亚的交通要道上有一座大型神庙综合体，其中有一个罗马小教堂是专为哈索尔建造的。神庙综合体中保存着一些鳄鱼的木乃伊。

200—450年：世俗体文字逐渐不再被使用。

285—303年：埃及总督坚决反对基督教，并且掀起了一波迫害基督徒的浪潮。

伊西丝神庙建筑群的入口，菲莱。

285—325年：戴克里先皇帝沿着尼罗河向南部边境进发，在第一瀑布的菲莱小岛上建立了一个前哨站点。伊西丝神庙是这里的主要神庙。神庙在托勒密王朝时期开始动工，最终由罗马人完成。除此之外，岛上还有许多其他神祠和门户。

300年：在埃及，通货膨胀日益严重。比如，玻璃的价格在不到二十年的时间里翻了五倍半。这可能与罗马货币贬值有关。

300年：位于卡尔纳克的主神庙中有一座刻有铭文的祭坛，其中的一个神庙大厅的壁画将罗马皇帝描绘成埃及法老的样子。这也许表明早期罗马皇帝将这里作为祭祀中心和接待中心。

300年（以后）：比世俗体文字更简化的科普特体文字是埃及书写文字的最后发展阶段。因为科普特体文字的使用者主要是基督教徒，因此，科普特语也有"基督教埃及语"的含义。与科普特语的使用相关联的是手抄本的发展。单张的纸莎草纸/羊皮纸/纸张被装订成书，逐渐取代了纸莎草纸卷。

300年：哈尔加绿洲中的一些坟墓和小教堂有顶画和壁画。后来这里又出现了一些装饰华丽的纸莎草手稿。

左图：阿拜多斯成为奥西里斯神的崇拜中心。古王国时期，奥西里斯与法老相结合。埃及人去阿拜多斯朝圣，或者命人将他们的棺柩抬到那里。

法老时代的城镇

孟菲斯

作为法老们早期定居之地，孟菲斯的占地面积逐渐扩大，南北相距19英里。法老王宫和普塔赫神庙四周都有据说是美尼斯建造的"白墙"环绕。由于孟菲斯是最高质量的工艺品生产中心，因此，普塔赫神的高级祭祀拥有"最伟大的工匠"头衔。然而，当开罗变成重要城市之后，孟菲斯的各类建筑成了获取建筑材料之地。原先神庙所在地如今成了村落，而古城孟菲斯的大部分城区现在都被尼罗河的淤泥覆盖。这座早期的政治中心的墓区在萨卡拉和吉萨。

创建了孟菲斯的普塔赫神。孟菲斯是公元前3100年左右埃及统一后的首个都城。

卡呼恩（埃尔·拉呼恩）

这座城镇是由中王国时期的法老塞索斯特里斯二世（前1900—前1880年）在沙漠边缘的斜坡上建立的，位于进入法雍洼地的入口处附近。弗林德斯·皮特里曾在这里进行考古挖掘。这是为了法老的河谷神庙而建造的一座大城镇。负责祭拜之责的人除了祭司和所有工作人员之外，还包括农业从事者、拖拽大石块的多组男工、士兵、书吏，以及男女歌手与舞者。卡呼恩又被称为"哈特普－塞诺斯瑞特"（意为"塞诺斯瑞特很平静"）。

由于卡呼恩是一座植入式城镇，因此，它按网格状建造。城市的主干道是一条宽阔的东西向大街，大街两侧是成片的房屋。较大的房屋有数个房间和一些庭院，有时还带有石砌水池和树木。墙壁常被涂成蓝、黄、白三种色带。房屋还有带柱子的游廊和大量的储存设施。一些发现表明，无论大户还是小室，纺纱和编织都是在室内完成的。

小的房屋背靠背成排建造。已挖掘出的房屋约有220座，每座房屋都有一个圆形灰泥箱用以存放谷物。

城里有一座神庙，还有一座建筑是专门管理誓约和处理法律诉讼事务的场所。在卡呼恩发现了大量纸莎草，尤其是在后期建筑物中。有文字资料证明，城里还有一座监狱。已发掘的文物包括房屋内的家具、各种工具和个人的装饰物品。

考姆·奥姆波的哈索尔教堂

基督教的成功

基督教在普通民众当中之所以获得成功，是因为它关心穷人和病人，能提供罗马机构所不能提供的社会支持。另一个成功的原因是，古埃及的宗教信仰与基督教有许多相似之处，特别是对死后审判和复活的信仰。作为基督教象征的十字架与埃及人象征着生命的"安卡"没有太大的区别。

300—500年："圣保罗使徒行传"成为流行的浮雕主题。

300—600年：很大一部分埃及人口的基督教化意味着人们现在将注意力集中在《圣经》上。基督教是《圣经》中的宗教之一。

300—600年：随着教会的发展，《圣经》和相关手稿被翻译成科普特语。许多手稿每时每刻都在被传阅。

300—600年：与法老艺术相比，科普特艺术单调地重复着有限的主题，其中大部分内容都是以非语言的形式将《圣经》中的内容展现给不识字的人。科普特艺术的特点是正面呈现人体，且身体比例不协调。最重要的不是外表，而是肖像的含义。

- 画在木板上的"法雍肖像画"采用了所谓的"蜡画"技法。这种技法的镶嵌手法与绘画如出一辙。

305年：人们通常将隐修制度的建立归功于圣安东尼。

330年（以后）：新建的拜占庭帝国或东罗马帝国的都城君士坦丁堡从亚历山大里亚汲取财富、接手贸易和调集学者。然而，当亚历山大里亚发展其与君士坦丁堡之间的关系时，它与埃及其他地区之间的文化与经济差距越来越大。

312年（以后）：罗马帝国各地修建了许多教堂，基督教的符号（十字架和字母XP）被刻在了墓碑和日常用品上，同时也会出现在这一时期的镶嵌图案中。

312年：君士坦丁皇帝皈依了基督教之后，停止了对基督徒的迫害。

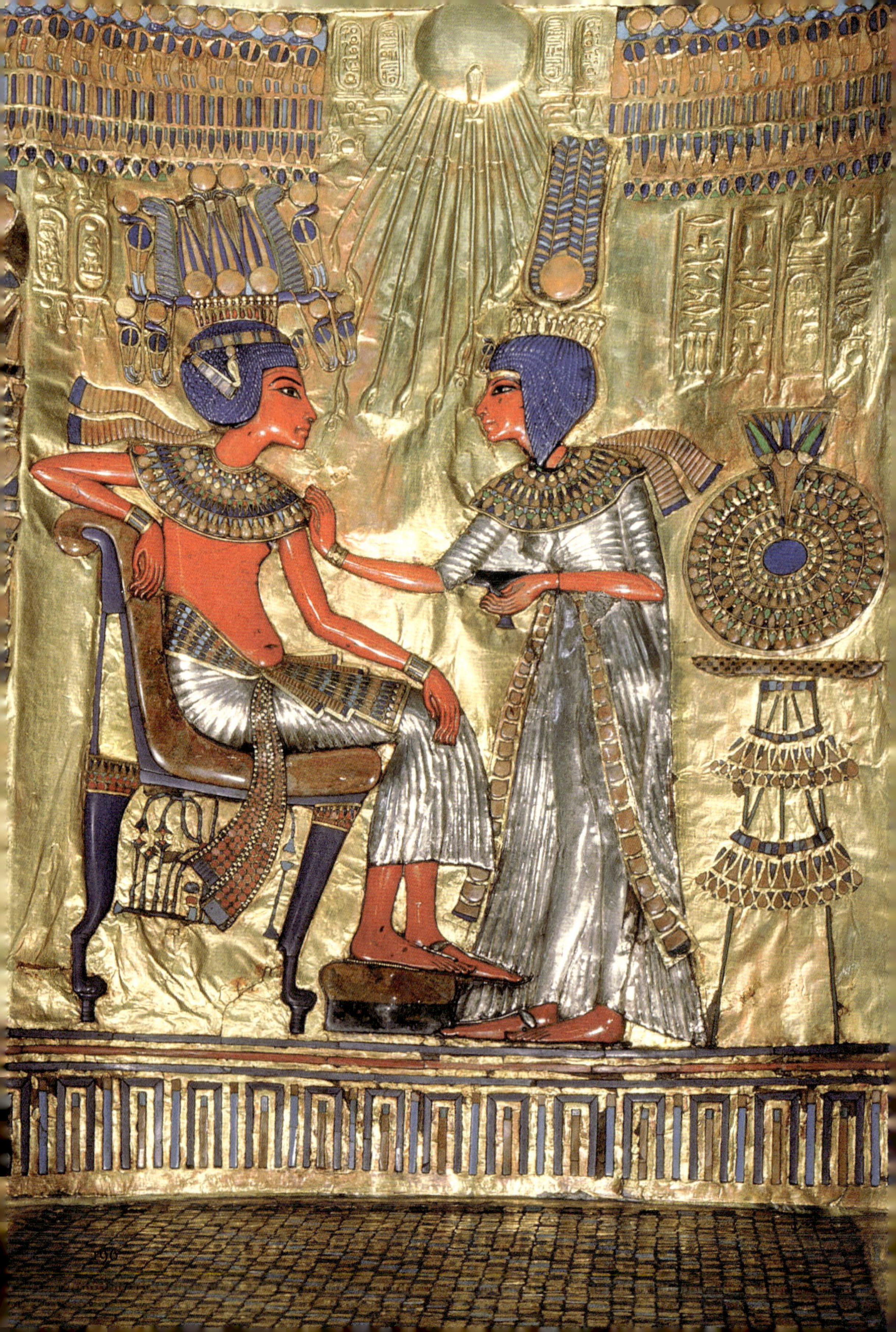

埃赫塔吞

位于泰尔·埃尔-阿玛尔那的"阿吞的视界"是公元前14世纪由埃赫那吞建造的城市。作为太阳圆盘阿吞的完美居所，这座城市虽绵延约6英里长，但非常狭窄。埃赫那吞、斯门卡拉曾将此城用作都城，图坦哈蒙在其统治初期的几年里亦是如此。1891—1912年，皮特里在埃赫塔吞进行考古挖掘。皮特里之后是博尔夏特，挖掘时间是1911—1914年。再之后是一些英国的考古学家。

这座城市以埃赫那吞竖立的十五块石碑为界。北端是位于王室大道一侧的两座砖砌王宫，其中的一座有门廊、树木和水池，另一座王宫在市中心。国王偶尔会在这座王宫的阳台上公开露面。书吏的办公地点位于这座房子的东侧。巨大的阿吞神庙自然是没有屋顶、向太阳敞开的。

城市东部是大体上自给自足的工匠居住区，城市北部和南部是富人居住区。城市中有相当多的水井。房子都带有圆形的黏土烤炉、动物围栏、储存粮食的砖筒仓，还有神龛。

工匠们的简陋墓穴在近期被发现。王室成员的陵墓在19世纪遭到了劫掠。

左图：阿吞照耀着图坦哈蒙（人们认为他是埃赫那吞之子）和他的妻子。这幅画被刻在一张椅子的靠背上。图坦哈蒙的原名"图坦哈吞"被刻在靠背的另一面和椅子的扶手上。

319年：《米兰敕令》宣布归还基督教会被没收的财产。从这时候开始，教会在税收、公共服务义务和财产方面获得了许多特权。

348年：古代埃及最长的一封私人信件出自上埃及的一位男子之手。他在赴亚历山大里亚旅行的途中给他弟弟写了这封信。信中的希腊语言完美无缺。

350年：根据历史学家的观点，此时，一个诺姆中，2%的人口占据着1/3以上的土地。

350年：埃及最早的修道院也许是位于东部沙漠地带的圣安东尼修道院。这位圣人就安葬于此。

350—400年：一位名叫克劳狄乌斯·托勒密的人绘制了一张有几百颗星星的星空图。托勒密还试图解释行星在天空中的运动轨迹。

378年：狄奥多西皇帝禁止异教徒的宗教。

385—391年：许多埃及神庙被关闭，献祭也被禁止。当亚历山大里亚的一座神庙被改造成教堂时，暴乱发生了。一座雕像遭到亵渎，随之出现了一大群老鼠。摧毁神庙的基督徒将此看成是鼓励他们的一种标志。

389年：狄奥多西下令摧毁亚历山大里亚的萨拉皮姆神殿。

395年：出现了现今所知的最后一份象形文字铭文。

395—640年：拜占庭统治下的埃及行政区划小于先前的"诺姆"。公元500年之后，处理地方事务的长官除了负责文职、军事和教会的官员之外，还有一名地区官员。

400年：此时，埃及各地都有宏伟的教堂和大型修道院。

400年（以后）：基督教意识形态对人死后的尸体毫无兴趣。被迫放弃旧宗教习俗的人们不再关心木乃伊，并且逐渐忘却木乃伊的制作方法。

400年（以后）：基督教开始影响埃及人的生活和思想。

400年：此后不久，埃及历法吸纳了闰年的太阳历——儒略历被引入。

400年（以后）：在拜占庭帝国皇帝的统治下，基督徒的数量远远超过了遵循宗教旧例的埃及人。与此同时，随着来自地中海世界各地的移民不断涌入，希腊人口的比例越来越高。涉及警察和监禁内容的文件证据日益增多。

400年：早期的埃及教堂采用了罗马廊柱大厅式教堂的形式：末端呈半圆形的大厅、柱廊将空间纵向分为中央正厅和侧廊。

- 埃及最早的一些教堂，比如带有古典风格的大理石柱的阿布·萨尔加（圣赛尔吉乌斯）教堂，都位于开罗老城区。丹德拉的早期教堂同样参照了柱廊大厅式设计，一端设有三叶草形状的避难所。

400年（以后）：三维雕像不再是一种受欢迎的艺术形式。

法老时代的城镇

底比斯

从中王国时期开始,还只是一座小镇的底比斯就成了国家的政治中心。不过,这一时期的房屋大部分都埋在新王国时期的各类建筑之下。城市中心是位于卡尔纳克的阿蒙神庙,神庙周围有砖墙(建于第三十王朝时期)环绕。在新王国后期,包括第十八王朝王宫在内的许多现存建筑都是被拆毁后重建的。城市扩张后可能有4万人口。大部分住宅区的地面都低于神庙建筑群。

从第十八王朝开始,一直到第二十王朝结束,这座大城市对面的西岸是墓葬和葬礼祭庙所在地。陵墓是在沙漠悬崖上凿岩建成的。每位统治者的祭拜神庙都与其凿岩墓分开,更靠近耕种的冲积平原。

尼罗河东岸的居住区中央应该是王室成员的宅邸,只不过现代卢克索城已将其覆盖。北部是卡尔纳克神庙建筑群,南部是卢克索建筑群,中间是连接卡尔纳克和卢克索的斯芬克斯大道两侧的居民区。卡尔纳克神庙围墙的东面是古王国时期的房屋,再往东南方向是拉美西斯时期(第十九和第二十王朝)的房屋。第二十王朝末期(前1060年),以及公元前350年之后,底比斯的大片区域两度被废弃。

位于底比斯王国中心的卡尔纳克遗迹。这座城市建有宏伟的阿蒙神庙。

在新王国期间,新建的神庙建筑强调阿蒙神的至高无上。王室的祭庙也供奉给阿蒙神,因为人们相信法老死后会与阿蒙神融合在一起。在一年一度的节日里,装载着阿蒙神像或其象征的神船会被带到尼罗河西岸,参加在代尔·埃尔-巴赫里举行的仪式。

壁画上的图景显示,有时一所房子的底层上方可能还有两层,屋顶有盛放谷物的容器;接待室在底楼,编织以及称量之类的活动也是在底楼进行。

圣凯瑟琳修道院

400年:在这一时期,位于代尔·埃尔-巴赫里的哈特谢普苏特神庙可能被改造成一座教堂,但严格来说其功能并没有持续很久。

- 在西奈山脚下的西奈沙漠中建造了希腊东正教的圣凯瑟琳修道院。这座修道院如今保存得相对完好。

400年:一篇名为《沙漠教父们的生活》的文章用希腊语或拉丁语写成(我们从一本17世纪的拉丁文副本中得知)。它描述了圣安东尼(死于356年)和阿塔纳修等人的生活状况,以及他们有关羡慕、贪婪、嫉妒和性欲的"语录"(一种新的体裁)。这些"语录"是文章中最有趣的部分。

圣奥古斯丁

亚历山大里亚

亚历山大里亚的罗马剧院观众席遗迹。这座剧院很可能建于公元3世纪,后来经过了改建。

亚历山大里亚是亚历山大大帝于公元前331年在三角洲西部的埃及北部海岸建立的。它虽位于埃及国土上,但依然是一座希腊城市。除了附近有一座名叫拉科提斯的古老村落居住着埃及人之外,亚历山大里亚的居民都是希腊人。这座亚历山大长眠于此的绝妙城市如今已所剩无几。

在公元前331年之前,孟菲斯是埃及的宗教和政治中心,但从公元前330年开始,一直到公元640年,埃及的行政中心换成了亚历山大里亚。这座城市因其地理位置的优越性而在经济上非常繁荣:埃及腹地的财富促进了健康的贸易发展。贸易产品主要有纸莎草、玻璃和亚麻布。本土工业包括纺织、浮雕雕刻、玻璃制造、镶嵌艺术和造船。港口上有一个商场和若干货栈,还有造船者的工作区域。挖掘运河是为了让船只能够从地中海进入尼罗河三角洲,然后向尼罗河上游航行。亚历山大里亚最令人惊叹的事物是被称为"法洛斯"的灯塔。它是托勒密王朝所建，位于一条将港口分成两部分的堤道的尽头。灯塔的第一层呈矩形，上面是一个八边形的平台；最上面的一层呈圆柱形，总高度约为394英尺。利用放大镜和反光镜，灯塔顶部燃烧的火焰在数英里之内都能看见。"法洛斯灯塔"被称为古代世界的七大奇迹之一。

这座城市的三面都有围墙，街道呈网格状分布，宽度足以容纳直角相遇的双向四轮马车行进。城市中有很大一部分区域被豪宅和公共建筑占据。剩余的空间除了一些小树林之外，主要被分成若干住宅区。住宅区内挤满了普通住宅，房屋之间只有一英尺的距离。人们在一处向外界开放的小型住宅区发现，一些简陋的房屋隔着一条狭窄的巷道相望。这些房屋是以石灰石建造的两层住宅，供水来自地下蓄水网络。

在公共建筑中，有一座建于公元前1世纪的剧院，其中很大一部分保存至今。托勒密王宫后来被埃及总督占据。公元272年，一批来自亚洲的入侵者将王宫摧毁。在神庙中，萨拉皮姆建筑群有柱廊（构成图书馆的正面）和大理石柱子。萨拉皮姆神庙后来破败不堪，被改建成施洗者约翰教堂。

克利奥帕特拉为恺撒建造的华丽的恺撒瑞姆神庙被改成圣迈克尔教堂，后来成为亚历山大里亚大主教（主教）的驻地。在拜占庭时期，亚历山大里亚有几十个浴场，还有一个举办战车赛的圆形竞技场。赛事对公众的吸引力类似今天的职业体育竞赛。赛队双方的支持者们常常互殴。获得冠军者便成为市民心目中的英雄。

亚历山大里亚的暴徒臭名昭著。公元前59年，一名罗马人因其战车碾死了一只猫而被人私刑处死。公元前80年，托勒密十世被人从其王宫拖到体育馆杀死。暴民在法庭上可以成为任何一个无良派别手中的工具。公元250年，这里发生了一场大规模暴乱；公元415年，一伙基督教徒在宽厚仁慈的基督面前，借口数学家和哲学家希帕蒂亚为一名非基督徒教授哲学而剥光了她的衣服，然后将她拖到街上直到她死去。

然而，亚历山大里亚在促进和延续希腊（而非埃及）的知识传统方面做出了最持久的历史贡献。托勒密王朝是作家、思想家和科学家的重要赞助者。亚历山大里亚的大图书馆在城市建立之后不久就建造了。随着藏书量的增加，一部分藏书在公元前250年左右移至萨拉皮姆神庙。在受欢迎的馆藏手稿中，《伊利亚特》是其中之一（拥有一本书在古埃及被认为是很有声望的标志，这是在坟墓中发现纸莎草的重要原因）。公元270年，帕尔米拉人的入侵使大图书馆和王宫均遭到摧毁。萨拉皮姆神庙及其所藏文献资料在公元391年被焚毁。

被误称为"庞培柱"的建筑如今依然矗立在亚历山大里亚的萨拉皮姆神庙前。它是在公元299年左右为纪念戴克里先皇帝而建造的。

罗马对埃及的行政管理

在罗马驻军的协助下，埃及由一位只听命于罗马皇帝的总督进行统治。作为一个外来者，出自骑士阶层的总督在埃及没有什么既得利益。作为一名军人，总督亦负有司法责任，每年须前往各地司法中心巡访，听取各类诉讼与冤屈。不用说，他还负责处理财政事务。总督之下是其法律顾问、首席祭司与神庙长官、财务官员和军事指挥官。再往下是埃及行省下辖四个地区的行政长官。

军队在乡村维持法律与秩序，监督沿河粮食运输，监督承包商的采矿或采石业务。为军队安排营舍意味着当地社区必须为他们提供食物和燃料，而这些常常令人无法忍受。

随着农业领域货币化程度的提高，一些农民变得很富有，而另一些农民则变得很贫穷。与托勒密时代主要由农民构成的社会体系相比，罗马时期的阶级差异扩大了。这样的态势对其他生活层面也产生了影响。在很短的时间内，尼罗河流域的行政系统从原先的旧制度转向了罗马制度。统治者不再派遣队伍到遥远的地区开采金属或石头。这样的工作现在外包给了有钱的承包商。

新制度在地区层面上表现得尤为明显。君主政体或国家不再关心地方上的福利职责与福利开销，而将这些事务留给了当地的有产阶层。公元200年之后，城镇议事会由几十个至少拥有特定数量土地的男子组成。他们每月聚在一起，组织征收各种税费、登记财产、规制市场和城镇的粮食供应、为某位皇帝的来访筹集资金，以及组织各种

一份城市管理布局图。图中显示了三角洲地区城镇各级官员的徽章以及他们所在诺姆的符号。

罗马世界中的伊西丝女神

伊西丝是埃及众神中古老的神灵之一,在埃及广受崇拜。她的形象是一位美丽的保护者、伟大的母亲、魔法的守护神。她的儿子是年轻的荷鲁斯。她是天空之神努特的女儿,嫁给了哥哥奥西里斯。传说,当奥西里斯被邪恶的弟弟塞特杀死后,伊西丝锲而不舍地寻找他的尸体,直到她发现尸体被冲到了毕布罗斯海岸。她使奥西里斯复活并助他成为冥界之神。伊西丝和奥西里斯的神话与美索不达米亚地区的伊什塔和杜穆齐的神话惊人地相似。与杜穆齐一样,奥西里斯战胜了死亡:不断上涨的尼罗河河水便是他的象征。

罗马帝国时期,至少到了公元3世纪,人们依然信奉多神论。在数十种信仰中,"神秘宗教"仅为那些新入会者提供救赎。伊西丝崇拜是秘传宗教中的一种,不仅在亚历山大里亚和雅典流行,而且延及小亚细亚和罗马:很明显,是水手和士兵将信仰传到了远方。卡里古拉(37—41年)在罗马为伊西丝建造了一座神庙。她的雕像有很多,符号被刻在了珠宝上。来自奥克西林库斯的一份公元2世纪的纸莎草上写着她在阿拉伯、叙利亚、塞浦路斯、卡里亚、波斯、印度、罗马和其他地方的不同名字。

描绘伊西丝女神的一幅凸雕

节日庆典活动。罗马制度背后的实施原则是:富裕意味着一个人必须为公共利益而支出,无论这种支出是用于在困难时期进口粮食、修建一座剧院,抑或是为某个节日提供花费。

然而,到了公元300年左右,城镇议事会制度很明显无法再维持下去。许多城镇议员不堪长期的重负,纷纷逃往他乡,所遗财产被没收充公。

一位晚期罗马皇帝的半身塑像

203

埃及的基督教

科普特教会是埃及的基督教会，"科普特"就是埃及的基督教徒。英语中的"Coptic"一词源于阿拉伯语"Gibt"和希腊语"Aigyptos"（意为"埃及"）。在基督教传统中，埃及是约瑟、玛利亚带着刚出生的耶稣躲避希律王的避难之地。基督教信仰似乎在其产生阶段就已传到了埃及。第一批皈依者可能是希腊化了的犹太人，即亚历山大里亚城中人口最多的民众。一些历史学家认为，基督教是圣马可（40—68年）传到埃及的。他的第一个信徒是一名鞋匠，后来成为亚历山大里亚的宗主教。从那时起，埃及教会的首脑一直由连续相传的宗主教担任。

来自基督教埃及的一幅浮雕楣饰。上面描绘的古埃及"安卡"符号构成了基督教十字架的原型。楣饰可能来自中埃及，那里有许多基督教修道院和礼拜场所。

科普特文献

在公元2世纪的纸莎草纸残片中发现了以科普特文字写成的《圣经》的部分章节，包括部分《约翰福音》。科普特文字是埃及文字发展的晚期字体，与基督教关联密切。它用希腊字母书写埃及语，并且借用了大量的希腊语元素。科普特文字可能是埃及人在皈依基督教的过程中发展起来的一种书面语言。科普特文字的《圣经》译自希腊语。科普特文献包括一些宗教论述以及有关修道院生活、异教徒与罗马帝国官员之间冲突的小册子，此外还包括一些布道、圣徒生活的描述，以及论述在修道院和教堂中不服从会带来何种危险的文章。在纳格·哈马迪发现了一大批有关诺斯替主义的科普特手稿。诺斯替主义是大约公元5世纪之前的一个重要思潮，此时，一大卷纸莎草纸卷已经被装订成册的书籍或手抄本所取代。

在这块拜占庭时期的石碑上，科普特十字架的两侧都出现了埃及的"安卡"符号。

修道院

位于沙漠中的修道院是真正的隐居之处。在男子修道院建立的同时，女子修道院也建立起来，其中有许多是在公元350年之后建立的。放弃了婚姻和生育的男女从日常生活中抽离后在修道院里沉思、写作或者寻求庇护。生活在埃及修道院里的人要么是离群索居的隐士，要么过着集体生活。他们要发誓守贞洁，还要经常斋戒。公元400年之后，那些加入修道院的人不只是穷人，而且往往包括一些具有真正宗教气质的人。基督教此时已成为一种大众宗教，埃及本土的神庙及其神灵崇拜趋于消亡。僧侣多达500人的修道院总体而言是一个自给自足的经济单位。院里的生活具有节俭、纪律和团体活动的特征。

- 圣奥古斯丁所制定的准则成为修道院宗教生活的指南，内容涉及祈祷、节制与克己、关怀社区和病人、宽恕、治理与服从，以及共同生活的目的。

犹大福音

2006年，一份现今被称为《犹大福音》的文稿的审查结果公示后，在全球引起了轰动。这份几十年前在埃及发现的纸莎草文稿大约誊抄于公元300年，包含一份希腊文原件的科普特文译本。原件写于公元200年左右，内容据称是丢失了的《犹大福音》的一部分。通过对笔迹和所用墨水的仔细查验，以及放射性碳的年代测定，都证实了这份文稿是货真价实的古物。

埃及的基督教

基督教的传播

　　学者们列举了一些早期基督教在埃及传播的原因。托勒密王朝和罗马几个世纪的统治先是消解了埃及的语言，继而瓦解了埃及的宗教。此外，早期基督教的许多观念对埃及人来说并不完全陌生：死后复活的观念（埃及人相信已逝法老死后会复活并与神灵永居）；死后审判的思想；刚出生的耶稣不得不躲避统治者恶毒意图的传说；玛利亚抱着婴儿耶稣的形象也与伊西丝抱着婴儿荷鲁斯的形象十分相像。

类似科姆·埃尔－沙库法建筑群的地下墓穴曾被用作皈依了基督教的埃及人的墓室。它们是古埃及主要宗教建筑的尾声。

有关基督特性的争议

　　公元451年，基督教的教义发生了分裂性的转变。在第四次大公会议上，教徒们围绕基督的特性问题发生了争论：耶稣基督到底具有人性还是神性？在这次卡尔西顿会议上达成的信条是，基督既有完全的人性，也有完全的神性，但这一观点遭到了埃及基督徒的拒绝，因为他们信奉基督一性论：基督不可能有二元性。科普特教徒认为，神性和人性在基督身上是统一的。今天，亚美尼亚、科普特、埃塞俄比亚、叙利亚，以及叙利亚－印度的教会在教义上都信奉一性论。基督的神性和人性从来就不是分开的，而是从一开始就结合在了一起。由于这种教义上的差异，科普特人在君士坦丁堡等重要宗教中心的教会圈子里并不太受欢迎。也许正是这种意识形态上的混乱帮助了阿拉伯人在公元641年之后将埃及民众转变成伊斯兰教教徒。

尽管基督教在公元1世纪传至埃及，但直到公元313年才由君士坦丁皇帝授予合法地位。君士坦丁本人在这一年皈依了基督教，此时，他已统一了包括埃及在内的罗马帝国。

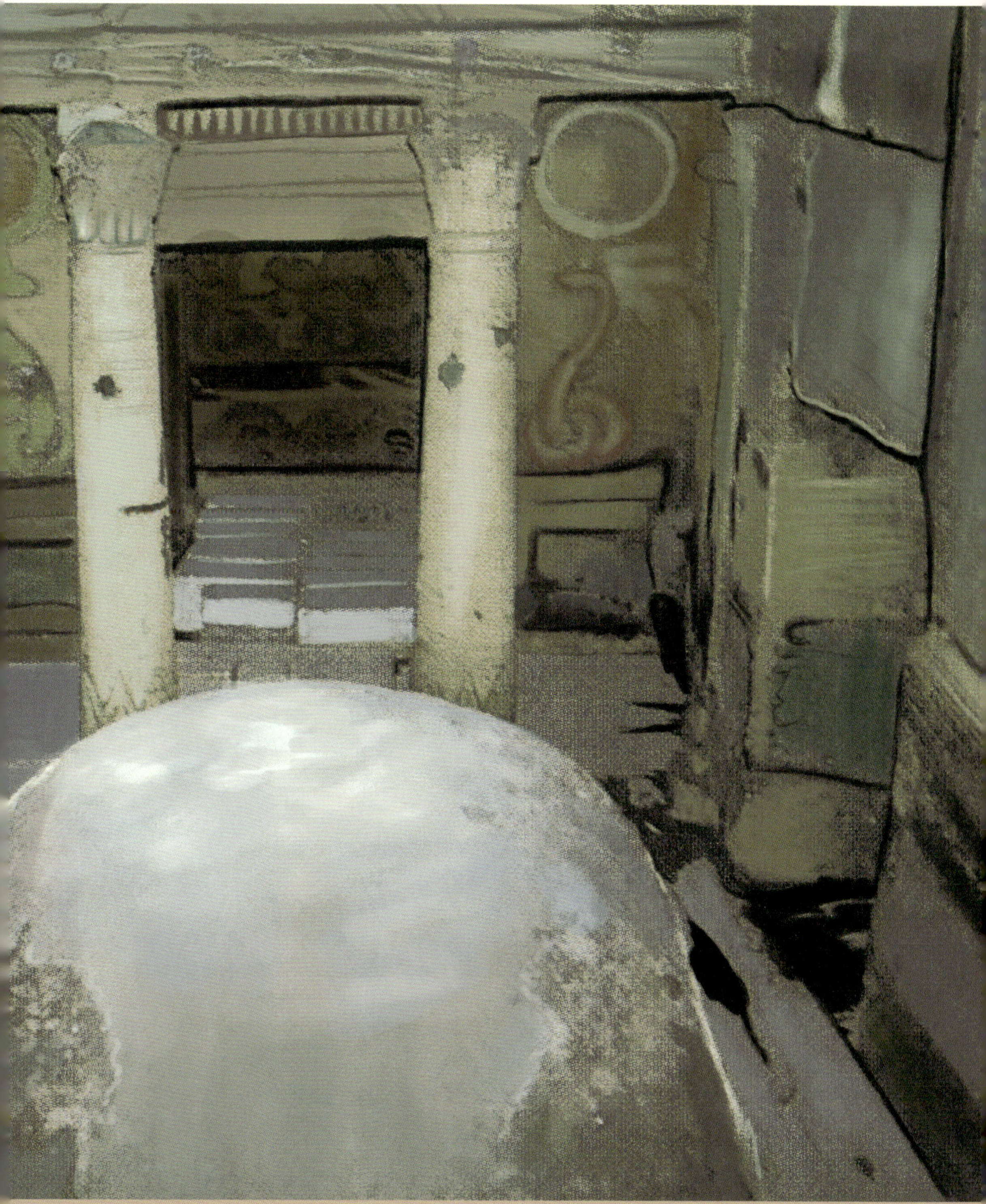

埃及的基督教

埃及的修道院

修道院是埃及对基督教的最重要贡献。隐修制度也许是由罗马对早期基督教徒的迫害所引发的，但埃及出现了很多修道院。公元4世纪的一份文献说，修道院在底比斯到处都有。埃及的修道院据说是圣安东尼在公元4世纪初建立的。可是，埃及这时候已经有了修道院。安东尼所做的只是把隐修机构设立在沙漠环境中。隐修制度背后的指导思想是：就算在物质上不匮乏，也要在自我否定和孤独中过苦行生活。有些修道院中的僧侣离群索居，另一些修道院中的僧侣则看重集体生活。修道院可以拥有大量土地，在经济上自给自足。

圣安东尼修道院：公元350年建立，位于离海边不远处的沙漠里。世人认为圣安东尼被葬在附近的一个洞穴中。在最早的一批修道院中，圣安东尼修道院位列其一。

圣凯瑟琳修道院：位于西奈山脚下。希腊东正教修道院。

圣马卡里奥斯修道院：位于下埃及的瓦底·埃尔-纳特伦。科普特教会唯其马首是瞻。

圣西蒙修道院：公元6世纪。位于阿斯旺附近。数百名教徒居住于此。修道院有自己的酿酒设备、马厩、榨油机、面包房、厨房和餐厅。

圣谢努达修道院：公元440年在上埃及的索哈杰（Sohag）州建立的一座白色修道院。居住在这里的数千名僧尼在巨大的田产上从事着农业经营。修道院中各类建筑物建

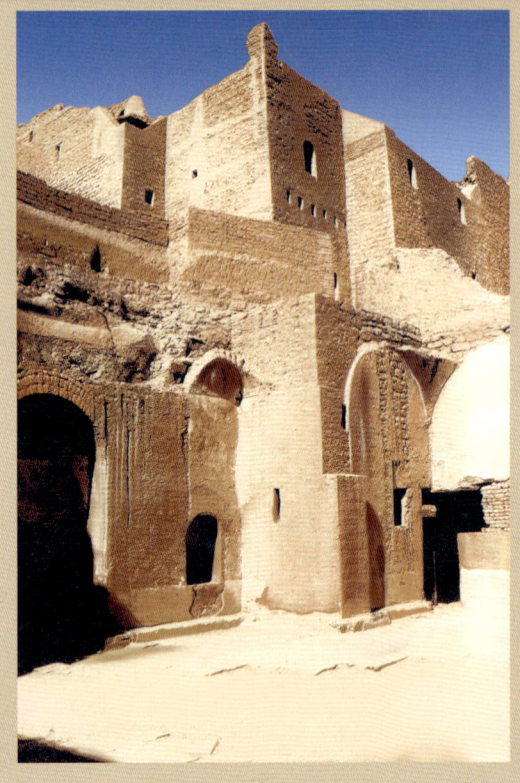

圣西蒙修道院。僧侣与修女居住的修道院是埃及人基督一性论信条的中心。在君士坦丁统治末期，修道院变得更加组织化。

早期教堂

在亚历山大里亚，基督徒每天都举行弥撒。他们挤进教堂聆听布道，在大街上向那些富有魅力的主教和牧首们欢呼。在基督教的盛会和节日期间，人们狂欢作乐，整个城市灯火通明。一些教堂建于洞穴之中，而公元5世纪建造的另一些教堂则采用罗马的长方形廊柱大厅式教堂形式。这种形式最初用于世俗建筑，其中，丹德拉教堂是一个很好的例子。在教堂最深处有一个半圆形的后殿，矩形的柱子在长长的两侧标出通道，两面很长的外墙上嵌有多个复杂的壁龛，且两侧都有入口。

一座科普特教堂中的彩绘湿壁画

造所用到的大部分石头来自附近的古庙，土地则来自私人的慷慨捐赠。圣·谢努达本人是一位多产的作家，其重要性不仅在于他是这座修道院的创建者，而且在于他是用科普特语（而非希腊语）进行文学创作的群体成员之一。这类文学后来成为文学体裁之一。

在亚历山大里亚扎根

与小亚细亚和罗马地区一样，埃及早期的基督教徒也受到了罗马统治者的迫害。如果他们拒绝奠酒、供香或向皇帝献祭，就会被扔给野兽。正是在这段时期产生了殉道制度。由此导致的一个结果是：早期基督教既没有在建筑中，也没有在文本中留下关于其重要性的证据——基督教徒之间的接触和敬拜都是在秘密中进行的，有些人甚至都不承认自己是基督徒。从第三世纪末开始，罗马皇帝认识到单纯的迫害无法阻止基督教传播的潮流。公元319年，当君士坦丁改变了宗教信仰并颁布了《米兰敕令》之后，形势出现了逆转。这一逆转确立了基督教神学在亚历山大里亚的发展背景。

St. SARGIUS CHURCH
The Oldest Church in Egypt
WHERE THE HOLY FAMILY LIVED FOR SOME TIME DURING THEIR STAY IN EGYPT

公元385年之后，建立在古埃及传统信仰基础上的宗教实践不再具有合法性。以前的神庙要么被用灰泥将外表重新粉刷后改造成教堂，要么被拆毁以获取用于其他建筑的石头。

400年：一份纸莎草绘本描绘了亚历山大里亚的牧首西奥菲勒斯行走在萨拉皮姆神庙的废墟上。

400年：埃及诗歌创作于古老宗教的环境中。许多故事都是以古代法老时期作为时间背景。

400—600年：埃及的很多修道院都处于独立状态，没有一个统一的中央权威。

400—600年：一些早期的教堂带有附属建筑，用于为朝圣者提供食宿、沐浴以及堆放杂物。就修道院而言，这些附属建筑包括食堂、卧室、工作室和毗邻的教堂等，共同构成了分布在两到四个院子周围的建筑群。

400—600年：在上埃及的圣谢努达修道院（俗称"白色修道院"）的废墟中发现了僧侣居住的小房间、储藏室和厨房。

400—600年：尽管基督教在不断发展，但许多文字材料显示民间流行着各类神谕、咒语和护身符。

400—600年：由于战车竞赛很受公众青睐，因此，即使在类似奥克西林库斯这样的小城镇也会建造战车竞技场。在两场竞赛之间安排马戏表演活动成了惯例。

• 埃及和希腊两套医学系统并用。

400—600年：位于下埃及的瓦底·埃尔-纳特伦的圣马卡里奥斯修道院产生了许多科普特教会领袖。

400—650年：法雍和亚历山大里亚都市区依然是埃及人口最密集的地区。

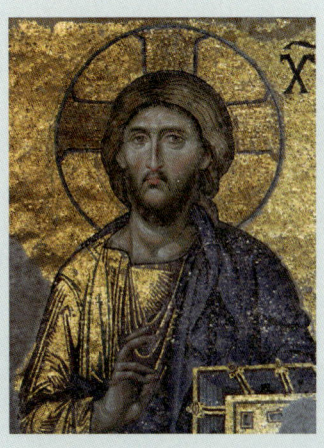

科普特绘画中的"基督圣像"

早期的埃及学年表

前30—395年：自从被罗马帝国征服和吞并时期开始，埃及便使世人着迷。从埃及回来的军团士兵成了伊西丝的虔诚信徒。不同时期的皇帝先后向罗马运送了十三座方尖碑。

前30—395年：在房屋的湿壁画和马赛克装饰中融入尼罗河风景以及伊西丝的描绘成为罗马的一种时尚。人们在家具表面刻上仿象形文字，在墓地建造小金字塔。某位贵族也许会将自己描绘成法老的形象。

1200年（以后）：在中世纪，许多欧洲人相信，埃及木乃伊的各个部位都具有治疗属性，因此，许多商人将木乃伊运至欧洲，卖给当地的药剂师。

1550年：对于欧洲而言，埃及成了充满奇迹、兴奋和魔法的神奇之地。

1600年：多米尼加的修士、波斯的艺术家、意大利的业余爱好者，以及那些寻求"神秘且难以解释的"象形文字背后的深奥含义的人纷纷前往这片神奇之地。

1714年：在学术层面上对埃及的重新发现开始于克劳德·西卡德（一位说阿拉伯语的耶稣会士）辨认出底比斯的位置。他描述了菲莱和埃利芬廷的遗迹。

1700—1800年：旅行者们出版了带插图的旅行记录。

1790年、1793年：让·弗朗索瓦·商博良、托马斯·杨出生。商博良是一位早期埃及学家，杨则是一位博学者。

1798年：拿破仑入侵并短暂地占领了当时属于奥斯曼帝国一部分的埃及。他建立了"埃及研究所"，并派遣167名专家从开罗往南对埃及进行系统研究，其中包括多米尼克·维方·德农——一位贵族、艺术家和作家。

1798—1799年：法国人被纳尔逊指挥的英国海军击溃。在撤退过程中，一位法国军官在拉希德（又名"罗塞达"）的一个垃圾场发现了一块玄武岩或花岗岩石碑，上面刻有象形文字、世俗体文字和希腊文三种文字。在开罗，石碑表面的铭文被制成拓本以供释读。

1801年：《亚历山大里亚条约》赋予英国拥有拿破仑军队所收集到的所有重要考古发现的权利。

1802年：德农出版了配有精美插图的旅行记录。

1802年：罗塞达石碑被运至英国。

1803年：伯纳迪诺·德罗维蒂以法国驻亚历山大里亚总领事的身份来到埃及。他与穆罕默德·阿里·帕夏及其儿子兼继承者建立了信任关系，并且多方收集古董，用以充实自己的收藏以及运往国外进行交易。

1809—1829年：拿破仑远征所带来的埃及研究成果出版，包括九卷本的文字和十一卷本的插图。

1815年：乔瓦尼·贝尔佐尼引起了帕夏的注意，因为他提供了一项"发明"，汲水灌溉的速度比传统的轮子更快。他同样涉足考古调查和古物交易。

1816—1827年：作为英国驻开罗总领事，亨利·萨尔特在德罗维蒂留给他的地区积极收罗古物。

1818—1819年：阿布·辛拜尔的宏伟神庙被发现并被绘制出来。

1821年：贝尔佐尼在伦敦展出了他的考古发现，展出首日便吸引了2000人参观。

1821—1833年：学者约翰·加德纳·威尔金森对"帝王谷"进行了系统的研究。

1824年：商博良出版了他的专著《古埃

拿破仑·波拿巴　　穆罕默德·阿里·帕夏　　亨利·萨尔特　　约翰·加德纳·威尔金森

位于巴黎协和广场上的方尖碑

及象形文字体系》。书中充分确立了埃及象形文字的破译原则。

1826年：商博良被任命为卢浮宫埃及文物馆馆长。

1829—1832年：商博良首次造访埃及，但四十出头便与世长辞。

19世纪30年代：在吉萨工作的理查德·霍华德·维斯分析了大金字塔的结构。

1836年：穆罕默德·阿里呈献给路易十八的方尖碑原本在卢克索神庙的入口处，后来被竖立在巴黎协和广场。

1837—1841年：商博良死后，其《古埃及文法》一书由他哥哥编辑出版。这本书是理查德·莱普修斯等学者着手研究埃及学的基础。

1837年：威尔金森出版了《古埃及人的礼仪与习俗》。

1849—1858年：理查德·莱普修斯出版了其12卷的鸿篇巨制《埃及与埃塞俄比亚的纪念碑》。

1850年：卢浮宫馆长弗朗索瓦·奥古斯特·费尔迪南·马利埃特（1821年出生）被派往埃及采购写有科普特体文字的纸莎草纸，他却转而进行考古挖掘。在萨卡拉，除了几副石棺之外，马利埃特还发现了一座萨拉皮姆神庙，几座狮身人面像形成了一条进入神庙的通道。

1878—1880年：图特摩斯三世的方尖碑被安放在伦敦的泰晤士河河畔。与伦敦的方尖碑本是一对儿的另一根方尖碑被竖立在纽约的中央公园里。

19世纪80年代：正如哈特谢普苏特的神庙被发现一样，底比斯墓区的许多陵墓和木乃伊都陆续被发现。塞索斯和图特摩斯三世的木乃伊问世后，包裹在外面的亚麻绷带被解开。

19世纪90年代：当着高级官员的面正式打开陵墓并且举行隆重的仪式成为一种惯例。

1881年：马利埃特死后被葬在开罗博物馆地下的一副石棺里。他的继任者是加斯顿·马斯佩罗。

1882年：为了资助田野工作而设立了"埃及勘探基金"。

1886—1961年：埃及学者哈桑·塞利姆在开罗大学开始从事埃及学的教学与研究工作。

1890—1892年：人们发现了刻在佩皮一世金字塔墓室墙壁上的"金字塔铭文"。其后，库尔特·塞瑟于1908年将其公之于众。

20世纪初：路德维希·博尔夏特在开罗创立了德国考古研究所。他在位于阿玛尔那的雕刻家图思摩斯（Tuthmose）的房屋里发现了涅菲尔提提的半身像。

1922年：卡尔纳文勋爵和霍华德·卡特打开了图坦哈蒙国王的陵墓。

位于伦敦泰晤士河河堤上的方尖碑

罗塞达石碑

1799年，当拿破仑的军队从埃及撤退时，一位法国军官在三角洲地区的"拉希德"（"罗塞达"）发现了一块玄武岩或花岗岩石碑，上面刻有三组不同的文字。最下方是希腊文，希腊文的上方是埃及文字的两种不同书写方式：象形体和世俗体。学者们发现，石碑上的铭文是托勒密五世埃庇法尼斯统治时期孟菲斯的祭司为感谢法老对神庙的慷慨捐赠而作。

1802年，罗塞达石碑虽然到了英国，但西欧的几位学者已经将石碑上的铭文制成拓本各自进行研究，并在此后几年中彼此竞争，都想成为第一个释读出优美的象形文字的人。让·弗朗索瓦·商博良于1808年开始努力破译罗塞达石碑。此前，一位名叫乔安·阿克布拉德的瑞典人已经认识到世俗体文字是科普特体的前身，而科普特体文字在欧洲仍有很多人通晓。

商博良认识到，除了象形文字和世俗体文字之外，还有一种僧侣体文字，且僧侣体同世俗体一样，都是图画文字的草书版或进阶版。他开始研究科普特体文字并且能够在罗塞达石碑上找到15个科普特体与世俗体相对应的符号。

商博良很快意识到，象形文字的一些符号具有表音功能，而不仅仅只是纯粹的象征符号：罗塞达石碑上有1410个象形符号，而希腊文字只有486个。此外，通过研究都灵的几十份铭文中的椭圆形王名框，他能够读出这些名字并且对各种符号的语音功能有了大致的了解。

商博良的发现使他成为最著名的破译者。作为商博良的竞争对手，托马斯·杨也在菲莱研究罗塞达石碑上的文字以及一份双语碑文，并且释读出了克利奥帕特拉的名字。1814年，杨首次宣称：椭圆形框中的符号是国王和王后的名字。

左图：罗塞达石碑可以追溯到公元前196年，高约45英寸，宽28英寸，厚11英寸。

400—700年：科普特绘画的主题是重生、胜利，而非受难的"基督圣像"、携子的圣母，以及受到公众极大尊崇的一些圣徒的生活。以鲜亮的色彩（绿色、黄色）呈现的优美肖像被织入绣帷，部分残片存留了下来——这些织带要么缝缀于服饰上，要么悬挂在房屋里。

- 带有镶嵌装饰的建筑包括陵墓和富人的住宅等。

412—415年：奥林匹奥多罗斯，一位来自底比斯的希腊人，作为皇帝的特使被派往匈奴人和布雷米斯人的领土。在旅行途中，他总是带着一只既能叫出他的名字又能唱歌跳舞的鹦鹉。

421年：邻近第一瀑布处的东部沙漠中的骚乱已到了非解决不可的地步。一位主教吁请保护，以抵御沙漠诸部落、布雷米斯人（贝贾人）和努巴德人的侵袭。

乡村

400—600年：一旦需要，大型庄园会雇佣多名砖匠和木工。庄园的席垫和绳索购自修道院。乡村的陶工提供陶器。农村人逐渐擅长的技能包括踩葡萄、修剪葡萄藤、运送橄榄等。诸如破土、浇田、除草、喂猪等各色工作都需要招募雇工并支付劳动薪酬。一些负债累累的农民只好将谷物在尚未完全成熟时就卖给收购者，他们构成了农民阶级中的最底层。农村地区不断加剧的贫困以及教会势力的增长引发了慈善机构和对穷人捐赠的增加。大地产是农村经济的一个重要构成，也是一种新的元素。庄园需要一位总管对所有租赁层面的事务进行监督，同时组织农产品的收缴与销售。

442年：索哈格附近的圣谢努达修道院最初占地仅5英亩左右，但几代过后占地12000英亩，拥有数百间房舍供其4000名僧尼居住。

450年（以后）：有了遗产、授地、土地租金和税收特权，教会的财富大大增加。公元500年之后，教会有权分享所有土地税。与此相应，主教变得有权有势。

早期的埃及学家

让·弗朗索瓦·商博良

商博良生于图书管理员之家，从小就对埃及着迷。他最具权威性的著作，即有关"罗塞达石碑"上的铭文释读的《古埃及象形文字体系》于1824年出版。1826年，他被任命为卢浮宫埃及馆馆长。1829年，他得以访问埃及。在那里，他做了许多细致的研究和精湛的绘描。1832年，他离开人世。

让·弗朗索瓦·商博良
（1790—1832年）

乔瓦尼·巴蒂斯塔·贝尔佐尼

贝尔佐尼是一位大块头意大利人。他长年不知疲倦地穿梭于埃及、努比亚和红海沿岸。像当时的其他冒险者一样，贝尔佐尼也经常洗劫陵墓和神庙，而且会毫不犹豫地在陵墓和金字塔的入口处写上自己的名字。贝尔佐尼有一尊拉美西斯二世（"奥兹曼迪乌斯"）的巨大雕像。雕像发现于底比斯，然后通过尼罗河向下游运送。偶尔他会详细记录某个陵墓的情况。他在45岁时去世。

乔瓦尼·巴蒂斯塔·贝尔佐尼
（1778—1823年）

希罗多德半身塑像

希罗多德

在安纳托利亚，哈利卡尔纳索斯的希罗多德（前484—前430年）著有《历史》（Historia）一书。在希腊语中，"historia"本义为"研究"或"探询"，后来成为"history"一词的来源。

希罗多德是一位精力充沛的旅行者，对异域风情和其他民族有着强烈的兴趣。他到过埃及、黎凡特、美索不达米亚和黑海沿岸，记载了各地的地理状况和文化习俗，以及所到之处的民众向他讲述的各种奇闻轶事。其隐含的主旨是要弄清楚希腊世界与东方世界发生冲突的文化根源。

在《历史》的第2卷和第3卷的前38节，希罗多德描绘了尼罗河与埃及的土地、金字塔及其建造者的传说、冈比西斯的入侵、使用泡碱制作木乃伊等。

书中有许多关于埃及风俗习惯的有趣描写，比如：去市场买卖的是妇女，男子却待在家里织布；埃及人用脚来和面，用手来和泥土……所有这些，他都感到好奇。他发现，埃及人是他见过的所有民族当中"最有教养的"。人们在街上遇见相互问候时不是称呼对方的名字，而是深深地鞠躬；当年长者走进某个场所时，年轻人会起立并给他们让座。

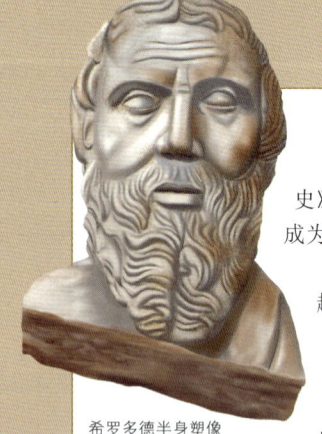

450—500

450年：一本书（手抄本）上的插图此时可能描绘的是希腊风格而不是埃及风格的战车驭手（战车赛冠军）。

451年：卡尔西顿会议就亚历山大牧首与君士坦丁堡主教之间的意识形态分裂进行了讨论（主要议题集中于耶稣基督的人性和神性方面）。在此之后，尽管科普特埃及基本上还是属于基督教区，但它受基督教的另一分支管辖，与希腊化的东正教或卡尔西顿教堂统治下的君士坦丁堡分道扬镳。

453年：拜占庭军队镇压了下努比亚部落的叛乱并且突袭了上埃及。当局势稳定之后，各部落获允参拜菲莱岛上的伊西丝神庙。

500年：一份授予圣谢努达修道院的契约表明，这座修道院即使到了公元6世纪依然十分重要。

500—580年：富人此时极其富有，且有资格担任公职。奥克西林库斯的一个富裕家庭既有成员在军队高层担任职位，又有成员在民政机构和宗教界担任要职。

- 到了公元550年左右，神庙地产、王室的土地以及公用土地都不是重要的土地类别，最令人瞩目的是大贵族的庄园。

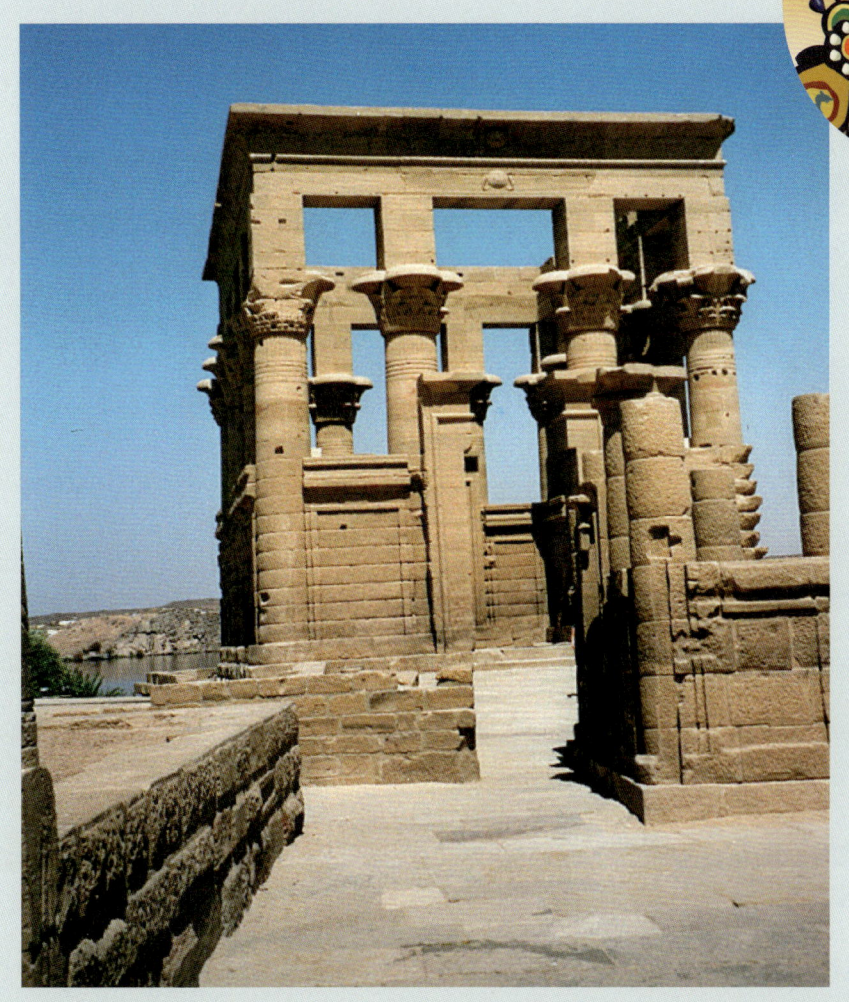

查士丁尼皇帝

菲莱岛上的伊西丝神庙的局部

早期的埃及学家

奥古斯特·马利埃特

马利埃特在埃及学领域留名是因为他发现了萨卡拉的萨拉皮姆。这是一座埋葬圣牛的地下墓穴。他毫不犹豫地用炸药扫清了通往地下墓穴的通道。1858年,他建立了埃及文物管理局,一年后又在开罗建立了埃及博物馆。1869年在开罗歌剧院上演的歌剧《艾达》的情节也是他设计的。马利埃特死后被葬在开罗博物馆花园里的一副石棺中。

奥古斯特·马利埃特(1821—1881年)

霍华德·卡特

作为一名英国艺术家的儿子,卡特起初来到埃及工作时是在贝尼·哈珊录制艺术作品。后来他在阿玛尔那跟着弗林德斯·皮特里学习考古挖掘。1908年,卡特遇到了风度翩翩的百万富翁卡尔纳冯勋爵并受雇与他一起在底比斯进行挖掘,女王哈特谢普苏特的陵墓由此为世人知晓。在卡尔纳冯的资助下,卡特继续他的考察并最终发现了图坦哈蒙的陵墓。此后,卡特花了十年时间将陵墓中的所有物件编成目录。他死于开罗。

霍华德·卡特(1874—1939年)

威廉·马修·弗林德斯·皮特里

皮特里是一名英国考古学家,也是对大金字塔做过权威的测量者之一。他发展出了一套精确测定大型墓地中各个坟墓的相对年代的方法,并且建立了一套对墓地中的文物进行分类的系统和古物类型学。在与他接触过的人的印象中,皮特里是一个非常古怪且极其吝啬的人。他将考古队成员的口粮压至最低,甚至在一次考古挖掘结束时将其临时住所的建造砖块卖给了他雇来的埃及工人。

皮特里在诺克拉提斯的发现

诺克拉提斯位于尼罗河三角洲的东部，靠近亚历山大里亚。它虽是公元前7世纪的一个希腊人定居点，但并非典型的希腊殖民地。公元前750年左右，出于人口增加和土地短缺的压力，希腊人开始移居地中海周边地区，并且建立了独立的贸易管理机构。诺克拉提斯不属于此类移民点。

大约在公元前660年，一些在海上遭遇沉船事故的希腊海盗充当了雇佣军，在帮助法老普萨姆提克作战之后获赐土地并在诺克拉提斯定居。(后来，法老阿玛西斯再次雇佣希腊人对抗他的内敌，并将希腊士兵带到孟菲斯。因此，孟菲斯的墓地里偶尔会出现希腊陶器)这座小城与希腊的一些中心城市如迈锡尼等存在各种贸易往来。

在诺克拉提斯进行考古挖掘的弗林德斯·皮特里除了发现了当地的各种器皿之外，还发现了带有斯巴达、罗德岛和开俄斯风格的陶器。他还确定了一处可能是用作仓库的场所。在诺克拉提斯，人们用彩陶制作埃及风格的圣甲虫以便销售到希腊市场，因为圣甲虫已经成为希腊人的一种消费需求。

威廉·马修·弗林德斯·皮特里（1853—1942年）

516年：一些战车比赛之后发生了骚乱。

527—563年：查士丁尼皇帝关闭了菲莱岛上的伊西丝神庙并且运走了神像。

530年：东部沙漠诸部落获得了一些补助金。

537—538年：查士丁尼对埃及行政体系进行全面改革，弱化了总督的权力。埃及村民可以直接向皇帝本人请愿，反映自己的诉求以及表达对当地官员的不满。

- 在行政改革中，民事权力和军事权力合并，以制衡权力日益增长的教职人员。地方官员则由最高层直接任命。

565—578年：拜占庭皇帝查士丁尼二世中断了对阿拉伯部落首领发放补助金（此举的目的是要阻止他们对叙利亚的袭击），结果适得其反，引发了更多的纷争。

569年：农业经济一片混乱：有些人变得极其富有，另一些人却快速沦为贫民。一名男子因为子嗣想要谋害他而与他们断绝了父子关系，并且剥夺了他们的继承权。

600年：截至此时，"诺姆"的旧贵族在各类文献中几乎销声匿迹——罗马的礼仪系统已使他们中的大多数人穷困潦倒。

600年：在马拉维附近的代尔·阿布·希尼斯有一座"矮子约翰"教堂。教堂是在一处古老的采石场的原生岩石上雕刻而成的。教堂内有很多壁画。

600年：阿斯旺附近的圣西蒙修道院以其防御工事而闻名。

600—610年：昔兰尼（北非）的军事指挥官在个人野心的驱动下侵占了埃及，企图切断对罗马的粮食供应。

618年：库斯老二世的波斯军队占领了亚历山大里亚。埃及于公元619年投降。

628年：在签订了一份条约之后，波斯人撤出了埃及。

639—641年：先知穆罕默德死后，他的一名将领率领阿拉伯军队对攻埃及。在赫利奥波里斯附近的战役中，拜占庭军队被彻底击溃。阿拉伯人随之占领了亚历山大里亚，将所掳贡品悉数装船运走。

约641年：阿拉伯征服埃及之后，有学者写了一篇有关亚里士多德物理学的论文。希腊化时期的思想与科学在日后的历史进程中逐渐被伊斯兰学者所吸纳。

641年（以后）：阿拉伯人以阿尔·福斯塔特（如今成为开罗的一部分）为新都对埃及进行统治。

博物馆

位于开罗的埃及文物博物馆

■ 法国巴黎：卢浮宫

1753年：路易十四等君主的王宫被改造成收藏各类艺术品的国家博物馆。
- 中央艺术博物馆获得了法国前国王收藏的多座埃及雕像。

1798—1801年：卢浮宫埃及馆中所收藏的文物并非直接来自拿破仑对埃及的远征，因为远征中所获得的大部分文物在海战败给纳尔逊之后都被英国人拿走了。

1826年：亨利·萨尔特将自己所收藏的一批重要文物卖给了卢浮宫，其中包括拉美西斯三世的石棺。

1827—1830年：藏品主要通过赠礼和收购方式获得：贝尔纳迪诺·德罗维蒂（法国驻开罗领事）出售了他的第二批藏品，包括80件黄金饰品、16块石碑、数百幅纸莎草纸和一些精美的石棺。

19世纪30年代：绘有黄道十二宫的丹德拉神庙的圆顶天花板先用火药使其分离，而后从神龛中凿出。此物起初由路易十八购得，但最终存放在卢浮宫。

19世纪50年代：奥古斯特·马利埃特向巴黎递送了近6000件文物。直到20世纪50年代，卢浮宫一直接收埃及文物的馈赠。

■ 意大利都灵：古埃及博物馆（都灵埃及博物馆）

古埃及博物馆专为法老埃及而设，是欧洲藏品数量较多、质量较好的博物馆之一（另外两家重要的博物馆分别在德国的慕尼黑和柏林）。馆中藏有皇家王典纸莎草文献、盖布林亚麻彩绘，以及盖布林官员伊提米修墓中的绘画。

1824年：馆藏品的核心部分来自萨丁尼亚国王，他购买了贝尔纳迪诺·德罗维蒂最好的收藏，包括102具木乃伊、169份纸莎草纸、485件金属工艺品、98尊雕像和2400枚护身符。

1903—1920年：博物馆收藏了意大利考古代表团在埃及挖掘到的多种物品。

1930—1969年：进一步丰富馆藏品。由于意大利参与拯救阿斯旺大坝威胁的多个纪念建筑，为表谢意，埃及将努比亚地区的埃莱西亚神庙作为礼物送给了意大利。

■ 德国柏林：埃及博物馆

19世纪30年代：博物馆购买了德罗维蒂的第三批藏品。

1842—1845年：博物馆从卡尔·理查德·莱普修斯那里获得了数千件埃及和努比亚的文物。

1865年：莱普修斯被任命为埃及文物的守护者，并且以此身份做进一步的探查与挖掘。

1911—1914年：路德维希·博尔夏特在泰尔·埃尔-阿玛尔那进行考古挖掘时发现了精美的涅菲尔提提半身像。

■ 英国伦敦：大英博物馆

1753年：在购买汉斯·斯隆爵士收藏的大量艺术品以及哈莱恩和科顿收藏的各种手稿的基础上建立而成。数十件埃及文物中有若干"巫沙布提"俑和圣甲虫。

1802年：博物馆获得"罗塞达石碑"。

1802年：核心馆藏品中的埃及雕像是1801年英国海军在尼罗河战役中击败拿破仑之后的收获。当时，英国人查封了法国军队所劫掠的大部分战利品。

1817年：英国驻开罗总领事亨利·萨尔特雇用乔瓦尼·巴蒂斯塔·贝尔佐尼将拉美西斯二世的巨大花岗岩半身像从拉美塞姆运往开罗，然后送给了大英博物馆。

1818—1838年：大英博物馆从萨尔特那里购买了数件艺术品，包括来自底比斯的一些大型雕像以及努比亚的一些重要文物。后来，获自萨尔特的馆藏品涵盖了图特摩斯三世、阿蒙诺斐斯三世、拉美西斯一世和塞托斯一世的巨大雕像。

1839年：瑞典驻开罗的领事乔瓦尼·阿纳斯塔西出售了107座石碑和50份纸莎草文献。

1914年：弗林德斯·皮特里发现了"拉呼恩宝藏"，包括中王国时期一位公主的五箱珠宝和化妆用品。他向大英博物馆要价8000英镑，而博物馆经查验后只出价2000英镑。

1916年："拉呼恩宝藏"到了纽约的大都会艺术博物馆（1870年建立）。

20世纪初：英国人在阿拜多斯和萨卡拉的考古挖掘中发现了一些雕刻过的调色板和标签。这是有关前王朝和早王朝时期政治发展的重要史料。此外，他们还发现了一个罗马早期的青铜容器，容器中安放着的木乃伊猫的鼻子和双耳上都戴有金环。

■ **埃及开罗**：埃及文物博物馆

1858年：埃及赫迪夫或统治者赛义德·帕夏建立了由奥古斯特·马利埃特负责的埃及文物管理局。

1858—1859年：博物馆馆藏的核心部分是马利埃特的收藏品。这是整个西亚和北非地区的第一个国家考古博物馆。

1863年：马利埃特是埃及古代纪念建筑的首任主管，同时兼任博物馆馆长。只有他才能对遗址进行考古挖掘。

1880年：收藏品被转移到伊斯梅尔·帕夏的王宫（博拉克宫）和城堡中的一家商店里，1900年又被转运到一座新建筑中。

1902年：现今的埃及文物博物馆建筑落成。

1902年：法国考古学家加斯顿·马斯佩罗接任馆长，出版了五十卷馆藏品目录。博物馆内此时展出了大约13.6万件展品，还有更多的藏品。图坦哈蒙美术馆展出了金面具、棺椁和大约3000件来自这位年轻的法老陵墓中的物品。博物馆中还设有一座图书馆，现已成为全球埃及学家的一个主要研究中心。在埃及，负责考古学的机构是"最高文物委员会"。

1908年：在开罗老城区建立了科普特博物馆，1947年进行了扩建。它收藏了大约14000份纸莎草文献、纺织品、陶瓷、圣像、金属制品和公元7世纪的修道院湿壁画。

■ **荷兰莱登**：古代文物国家博物馆

该博物馆由国王威廉一世于1818年建立，主要收藏19世纪早期的一些私人藏品。最好的艺术品是在19世纪40年代获得的。

■ **美国纽约**：大都会艺术博物馆

这里收藏了从石器时代到罗马时期的物品，数量超过36000件，其中有许多是由博物馆于1906年开始自行挖掘获得的。

埃及文物保护法

1805年：奥斯曼土耳其的军队被拿破仑击溃之后，穆罕默德·阿里·帕夏接管了埃及。热衷于推进国家现代化进程的帕夏发现，埃及文物是送给欧洲国王和到访的工程师与科学家的绝佳礼品。

1810年（以后）：穆罕默德·阿里将自己收藏的一批文物藏在开罗城堡中的某处，并将其中的一些物件用作馈赠的礼品。从1803年开始，阿里允许法国领事贝尔纳迪诺·德罗维蒂对埃及遗址随意挖掘并将所得文物运至法国。他不仅对埃及的历史遗产漠不关心，还允许拆除古代建筑以获取石料。

1897年：赫迪夫阿巴斯·希勒米下令，任何占有政府所属文物的人都将被罚款并下狱。

1909年：赫迪夫伊斯梅尔·塞里颁布了一项法律，规定所有的古建筑和文物都是埃及政府的财产。然而，一些持有许可证的人可以从文物局购买古物。

1923年：所有的考古发现此时都必须留在埃及。原先由考古挖掘者与埃及文物局共享文物的做法被废止。

1951—1952年：规则虽有变动，但总体而言，购买古代艺术品的行为仍未受到禁止。

1983年：通过了一项法律，禁止购买、销售和出口文物。此后，埃及的艺术品经销商需要登记他们的个人拥有物。

知识遗产

埃及法老时代的许多学识与科学通过希腊人传到了欧洲。一些希腊人很早就移居埃及；另一些希腊人则是在托勒密和罗马时代成为亚历山大里亚的本土居民，并且与古老学术中心的祭司们相互交往。

埃及人非常重视自然生活，这一点由艺术作品中出现的大量动植物可见一斑，另外也反映在他们编制了众多有关植物名称的名录上。

埃及历法

古代埃及祭司的一项重要知识成果是创造了一套历法。这套历法经罗马帝国和中世纪欧洲修正后一直传至今日。

在古埃及神庙中，观察夜空是一项常规事务，一位专职祭司会据此宣布黎明前的宗教仪式开始的时间。当太阳从地平线升起时，主持仪式的祭司会先沐浴净身，然后吟诵咒语并打开神龛的门。为了能够完成白天的特定任务，计时至关重要。

星空：有些星星只在特定的季节出现，而另一些"永不休息的星星"则全年可见，如耀眼的金星、光彩夺目的木星、荷鲁斯公牛土星和红色的火星。从中王国时期开始，星星便被绘在神庙的天花板上和棺盖的内侧。古埃及星座的名称（大腿座、鳄鱼座、河马座）与现代的不同，后者是巴比伦晚期的天文学家的创造。

季节：某些星星与季节的关系更加重要。在太阳崇拜的中心赫利奥波里斯，祭司们注意到，每年夏天天狼星或"索普代特"（希腊人称之为"索蒂斯"）在消失约70天之后会再次出现。其首次出现恰逢尼罗河河水上涨，并被视为一年的开端（由此有了"天狼星历"）。一年分为三季，每季四个月。每月（基于月球的运动）由三十天构成，并被进一步分为三个星期，每星期十天。每天从日落时分开始。

民用历：埃及人在其早期历史阶段就依据太阳节律制定了民用历。每年年末另外增加五天，后来成为庆祝五位神灵的节日。公元前237年，托勒密三世颁布了一项法令，在原先五天的基础上又增加了一天。教会采用了这一历法，使圣诞节与庆祝伊西丝的节日相吻合，而许多古老的节日则被纪念一些

圣徒的节日所取代。

　　此后，尤里乌斯·恺撒在咨询了亚历山大里亚的一位天文学家之后，用埃及历法取代了罗马阴历，但每隔四年增加一天。这一儒略历在西欧一直沿用到16世纪时被进一步修订，以使春分总是出现在3月21日，由此产生的格里高利历被当今世界大多数地区采纳。

> **自然世界**
> 　　古埃及文明的一个独特之处是词典的编撰（按不同种类将词汇编成目录）。这一工作始于中王国时期，很可能是对书吏进行词汇和拼写强化训练的一种手段。所列对象（包括植物、液体、鸟类、鱼类、动物、面包、谷类、人体构成、要塞和城镇等）反映了埃及人对世界的分类。表达各种动物和鸟类习性的艺术作品和文本材料同样揭示出埃及人对丰富多彩的自然界的颂扬。

知识遗产

医学

埃及人对植物的属性和各种动物的行为有着全面而深入的了解。此外，制作木乃伊的悠久传统使他们具备了特定的人体解剖学知识，这在古代世界很罕见。在象形文字写成的文本中，学者们发现了大约100个解剖学术语。埃及人已经意识到心脏是一个人灵魂和情感的寄居之处，非常重要，因此在制作木乃伊时不会将其移除。埃及人也知道大脑被一层膜所包裹，以及复杂的脑回连接着不同的功能。泻药、灌肠剂的使用以及饮食调节也很平常，只是埃及人对血液循环或神经系统一无所知。药品包括植物叶子、花、根和果实，动物骨骼、龟甲和牛脂，再加上泡碱、明矾和孔雀石等矿物质。这些药物若要口服，通常研成粉末混在油膏、清水、牛奶或蜂蜜中，吃起来味道通常很糟糕。

味道之所以糟糕，其中的一个原因是，即使很好地了解了某些疾病的病因，埃及人还是相信病人体内有恶魔盘踞，必须要用令人恶心的药物驱赶。医学纸草书还结合使用了符咒、护身符、结绳，以及治疗过程中的其他一些必备装置。即便如此，一些文本所开列的系统治疗程序可以被当作真正的医疗科学的发端。与此同时，解剖学的知识通过希腊人对医学的研究传播到了欧洲。古埃及人很可能还是最先使用敷布、绷带和夹板的人。

数学

在埃及语中，"计数"和"点头"用同一个词表示；从1到10的数字也没有特定的对应符号——所涉对象的数量以该对象书写的次数表示；也没有"0"这个数字；就分数而言，除了"2/3"之外，"1"是唯一的分子。

埃及人简化算术的方法是减半或者加倍。例如，要想求得15×13的结果，可以按照以下程序：1×15=15；2×15是1×15的两倍，即30；4×15是2×15的两倍，即60；8×15是4×15的两倍，即120。然后将1、4、8相加得到13，将15、60、120相加得到195的最终答案。

也可以用减半的方法运算。如何在6个人之间分配5片面包？先将5片面包各分成两半，分给6个人每人半片面包；剩下的4份半片面包再分成8份1/4片面包，最后将剩下的2份1/4片面包分成6份1/12片面包平均分给6个人。每个人最终得到1/2+1/4+1/12片面包。

数学练习还包括平方和平方根的计算。

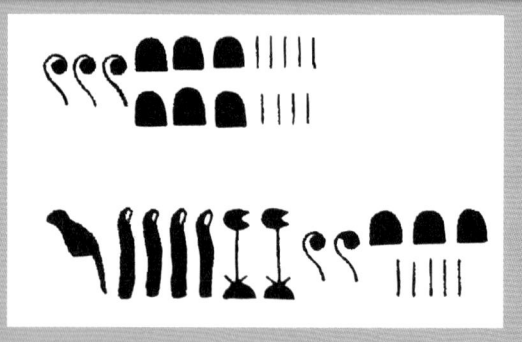

独特的计数系统

法老时代埃及的许多复杂数学与巴比伦尼亚地区的数学一起，经希腊人的中介，传到了阿拉伯世界和中世纪的欧洲。

右图：用来存放药品的木制或石制药膏罐

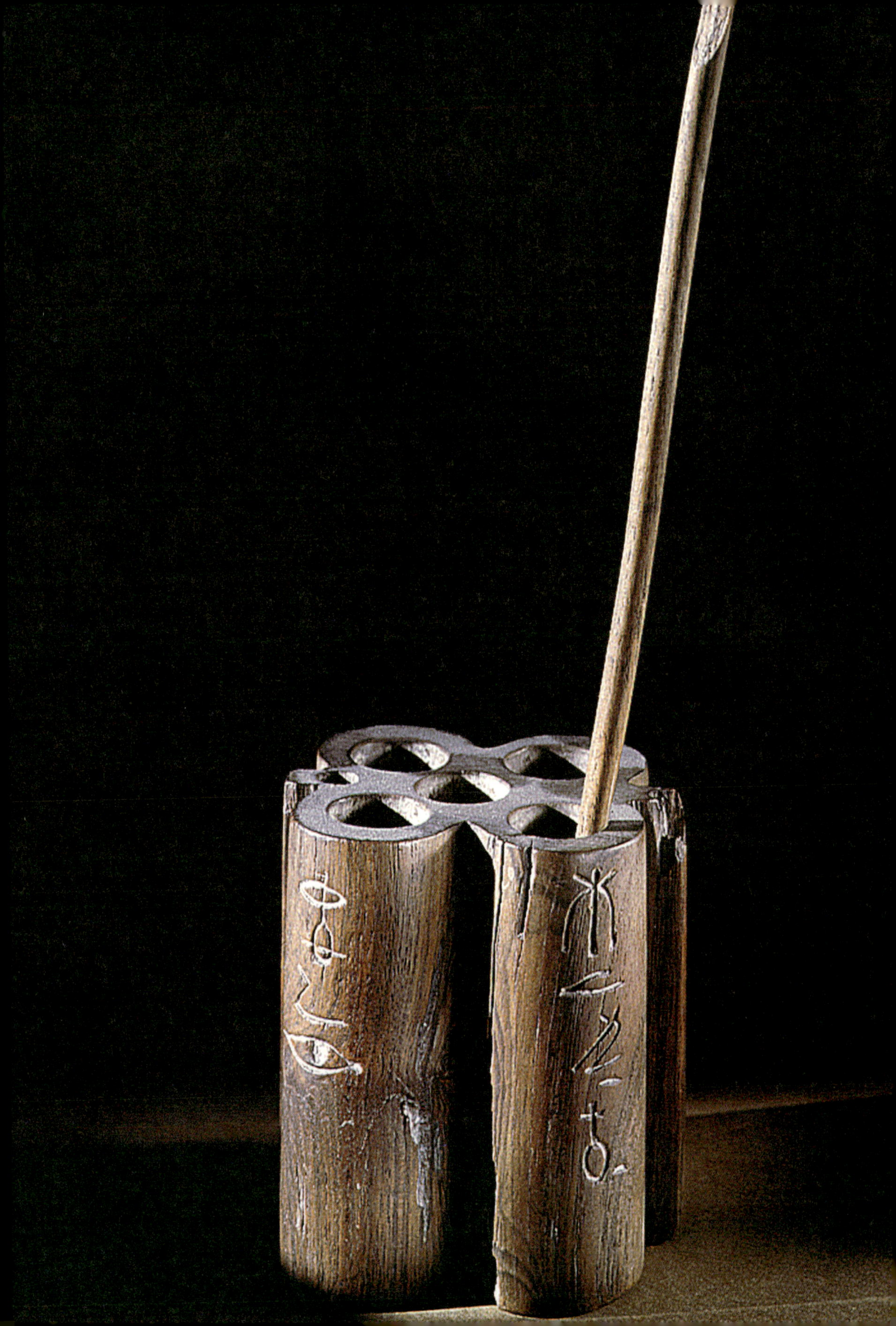

文化延续

古埃及的传统发展与繁荣的时间很长，从公元前3000年左右一直持续到至少公元400年（如果不是更晚的话），时间跨度超过了3000年。这样的文化连续性之所以成为可能是因为以下原因：
- 宗教意识形态为艺术和文学创作提供了框架，为此类创作提供支持的王朝机构本身也得到了宗教规范的支持，并且一直保持着活力。
- 农业与行政体系稳定。没有人质疑这套体系背后的运作原则。
- 阿斯旺以北的尼罗河谷地在古代大部分时间内保持着政治上的统一。

在埃及没有出现类似公元前3千纪和公元前2千纪美索不达米亚地区出现的因各城邦及其统治者之间的争斗而导致的长年战争，因此，城墙和城市神庙的周期性破坏以及大规模的生命损失并非埃及早期历史的重要方面。

位于阿拜多斯的拉美西斯二世神庙里的王表。此前的国王（阿玛尔那时代的"异端"王国国王除外）名字被刻在一排王名框中。

历史意识

有几位法老完成了其前任的建筑工程，或者在他们的神庙里加建了塔门、石碑或雕像。第十二王朝的塞索斯特里斯一世（前1974—前1929年）为生活在公元前3千纪早期的知识分子伊姆荷太普建造了一座纪念雕像。即使到了后期，这一历史意识依然保留。盖布林铭文显示，当三角洲地区第二十一王朝的建立者斯门德斯（前1064—前1038年）获悉400年前图特摩斯三世修建的一处柱廊被洪水淹没时，他派了3000人前去凿石修复。

旧建筑材料的重新利用

一些现存建筑中的石块被拆除，用于修建新的建筑工程。如果石块上刻有铭文，有铭文的一面就被翻转朝内。

刻在图特摩斯四世（第十八王朝）的"梦碑"上的一段文字写道："荷鲁斯神在图特摩斯的梦中劝诫他修复巨像，作为回报，荷鲁斯会把他扶上王位，尽管他不是嫡长子。图特摩斯夸口说，他让人清理干净沙子之后，将巨像涂成多种颜色。"记录这一事件的石碑本身是从哈夫拉（第四王朝）的祭庙中拆运过来的。

王表

　　大约公元前2430年到公元前250年之间，多位法老下令在阿拜多斯、萨卡拉和卡尔纳克等地编撰王表和大事年表。这些王表有的刻在一些起源不详的石碑（如帕罗姆石碑）上，有的用僧侣体文字写在一份被称为"都灵王表"的纸莎草纸上。王表按时间顺序将此前历代国王统治时期发生的历史事件以列表形式呈现，并且附上每位国王的统治时限。阿拜多斯的浮雕与铭文记载意义非凡。作为铭文的赞助者，浮雕中的第十九王朝国王塞索斯一世正在向76位先王供奉祭品。这些先王的名字都被刻在王名框中。

　　由于对已故法老的崇拜以及对此类崇拜的资助，历史记录贯穿于整个法老时代并延续至托勒密时期，成为我们了解法老时代历史状况的主要史料来源。

以铭文装饰的木棺。棺柩的前部画着两只眼睛，躺在里面的木乃伊借此可以透过彩绘的门观察外部世界。死者的灵魂可以通过彩门自由进出。

主要王表

- **帕罗姆石碑**

　　约前2470—前2360年：第五王朝。至少由三部分构成的一块闪长岩石碑。记载的时限始自第一位国王美尼斯，终至第五王朝。

- **卡尔纳克王表**

　　前1550—前1300年：第十八王朝。王表记载了61位先王的名字，但先后顺序有误，且喜克索斯统治者因其合法性不被认可，名字没有在王表上出现。

- **阿拜多斯王表**

　　前1296—前1279年：第十九王朝（塞索斯一世）。王表选择性地记录了美尼斯以来的76位国王（他们的名字被刻在王名框内）。起初，王表和一幅浮雕都在阿拜多斯的神庙中。19世纪，刻有王表和浮雕的墙壁被剥离。

- **萨卡拉王表**

　　前1279—前1212年：第十九王朝（拉美西斯二世）。王表记录了57位拉美西斯二世敬重的已故法老。令人费解的是，王表竟是在孟菲斯一名官员的墓中发现的。

- **都灵王表**

　　前1279—前1212年：拉美西斯二世命人以僧侣体文字写成的一份纸莎草文献，列出了此前国王的名字，并提供了每位国王统治年限的详细情况。王表上所记载的历史事件早至公元前15世纪。

- **曼涅托的编年史**

　　约前300—前200年：托勒密时代早期。编年史按时间先后列出了亚历山大之前31个王朝的王表，成为我们最完整的史料来源。

文化延续

文明的衰落

在外族占领时期，埃及文明逐渐失去了原先的凝聚力，走向了终结。古代埃及文化的消亡不是因为内部矛盾或对环境的滥用，也不是因为重大的自然灾害，而是因为他处的历史环境。

喜克索斯人与"海上民族"：来自西亚的喜克索斯人在公元前1650年至公元前1535年期间统治着埃及。作为外来的统治者，喜克索斯人在融入埃及文化的同时又对埃及文化做出了自己的贡献。公元前1200—前1190年左右，"海上民族"进攻埃及北部。他们最终被击退，没有导致埃及国家制度的终结或者引发埃及诸多城市的废弃。希腊的移民则迥然不同。

希腊人：早至公元前750年，希腊和安纳托利亚西部地区的希腊人由于耕地不足不得不向包括埃及在内的地中海周边地区移民。大约公元前660年之后，第十六王朝的法老们赋予爱奥尼亚希腊人在诺克拉提斯居住的权利，以此回报他们在内部争斗中的助力。慢慢地，埃及社会中的特定阶层开始希腊化，人们开始学习希腊语，甚至给自己起希腊名字。

波斯人与亚历山大：从公元前525年开始，埃及遭受到波斯人的入侵和征服，没有一位本土的精英人士能够独立自主。继阿黑门尼德波斯人的统治之后是公元前332年亚历山大的入侵。此后，希腊人、波斯人和犹太人加快了移民进程。

托勒密诸王：尽管崇拜兼具希腊和埃及特性的神灵萨拉皮斯，马其顿托勒密诸王（前332—前30年）在各种纪念艺术中仍然是传统的埃及法老形象。三百年间，除了克利奥帕特拉说埃及语之外，托勒密王朝的官方语言一直是希腊语。不会读写希腊语的埃及人无法在行政体系中获取职位。从地理位置来看，政治中心亚历山大里亚更面向希腊世界而非埃及。

罗马人：公元前30年之后，埃及受到罗马法律和行政体系的管辖。罗马人使用奴隶劳动，雇佣妇女研磨岩石和淘金。这一生产与分配体系使贫困达到了新的程度，基督教则与这一体系如影随行。在亚历山大里亚设了宗主教一职。

一个外国部落，很可能是"海上民族"，败于拉美西斯三世之后被带走。

基督教：基督教完全不重视对人死亡之后肉体的处理，这是木乃伊制作技术逐渐失传的主要原因。公元312年至公元640年之间，许多埃及人转变了宗教信仰。基督教成为官方宗教。后来，狄奥多西下令禁止各种异教徒的宗教信仰：埃及许多古老的神庙被关闭、多个偶像被亵渎，一些神庙被改造成教堂。埃及完全成了一个基督教国家。

拯救与修复

2005年，埃及文物最高委员会秘书长扎黑·哈瓦斯博士来到欧洲，向位于布鲁塞尔的比利时皇家历史艺术博物馆索要一块第五王朝时期的石碑。他的要求得到了满足，因为这块石碑是在20世纪70年代被人购买后非法运出埃及的。在此之前，已有数十件文物归还给了埃及，比如，150年前被偷走的拉美西斯一世的木乃伊从佐治亚州的亚特兰大运回至开罗。与此同时，埃及向大英博物馆索要罗塞达石碑，向柏林博物馆索要涅菲尔提提的半身雕像。

一幅将天花板绘成葡萄叶样式的坟墓壁画描绘了冥界之神阿努比斯和奥西里斯坐在堆满供品的桌前（约前1186—前1070年）

位于卢克索的阿蒙神庙的出入口被后来的统治者不断扩建和改建，这一状况甚至延续到了罗马皇帝哈德良和戴克里先统治时期。

19 世纪的劫掠

19世纪，继拿破仑的进攻与科研考察之后，许多欧洲人利用文物保护立法缺失的机遇，大肆收购或出售石碑、雕像、木乃伊、石棺以及其他各类物件，掠夺埃及的文化遗产。在帝国主义的鼎盛时期，西方世界掀起了一股对埃及的"发现"热潮。早期的考古学——如果可以这么称呼的话——经历了"收藏者的心态"、埃及人的冷漠和遗产保护法律的缺失等多种因素相互作用的结果。在尼罗河上巡游的19世纪的欧美游客会购买一具木乃伊，但是，当木乃伊开始腐烂之后，他们就将其扔到河里。（即使如弗林德斯·皮特里这样的"现代"考古学家也认为，替他的某位赞助人买一具木乃伊并送到伦敦无可厚非）

由于欧洲人在埃及的政治斗争，来自"帝王谷"的拉美西斯三世的粉红色花岗岩石棺的棺盖可能被运至剑桥，而石棺的其余部分被卖给卢浮宫。大约在1817年，意大利探险家乔瓦尼·贝尔佐尼觊觎菲莱岛上的一根托勒密时代的红色花岗岩方尖碑。他决定将其切割成石块，并用船运至亚历山大里亚。然而，他回到菲莱岛时发现，有人恶意将石块砸成了碎片。

不道德的机会主义

在19世纪20年代，英国探险家威廉·班克斯自己出资在阿拜多斯进行考古挖掘。当他发现了拉美西斯二世神庙墙壁上的珍贵王表时，他只是抄录了王表而未使之受损。然而，后来的"考古学家们"来到这里的目的其实是将刻有铭文的石板从神庙墙上切割下来卖给大英博物馆。更糟糕的是，他们使用了击锤或者炸药把各种古物从他们的背景中剥离。对于用强力拆除乔塞尔建在萨卡拉的层级金字塔上的陶瓷装饰砖，理查德·莱普修斯应负主要责任。我们必须感谢某些古文物研究者，因为他们在进行考古挖掘时做了详细的文字描写和绘图。在许多情况下，这些记录和描绘是某些资料存在的唯一证据（威廉·班克斯将菲莱岛上的一座方尖碑竖立在他自己位于英格兰南部的庄园里）。当人们发现了木乃伊并激动万分地解开绷带时，速度如此之快，以至于埃及死者的残躯注定会在很短时间内迅速腐烂，无一例外。

在西奈半岛，古代法老们留下的浮雕和岩石雕刻在1850年左右遭到毁坏。当时，很多英国公司企图在塞拉比特·埃尔-卡迪姆附近重开铜矿。

在19世纪，尼罗河上的游轮和在埃及度假被广为宣传。

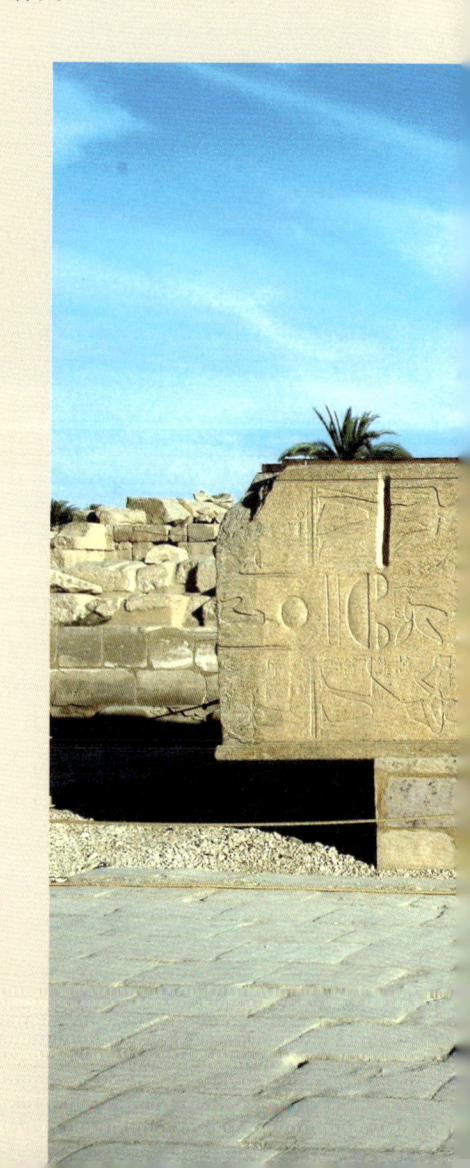

罗塞达石碑

人们最近才知道，罗塞达石碑上层饰面中的象形文字符号最初是用红色粉末颜料填充的。发现石碑之后，考古学家在开罗组建了三个小组，以制作易于识读的文字拓本。一位学者先将水洒在刻写的文字上，然后将墨水涂于整个表面。文字排斥墨水，由此制成一份拓本：黑色的背景上呈现出白色的文字，看起来像是镜中的影像。另一位学者将动物油脂填在文字中，然后用石墨制成拓本。第三位学者用硫磺制作了模本。存放在大英博物馆里石碑上的文字被涂白，表面出于保护的目的涂上了一层蜡。直到最近工作人员才使石碑恢复到原先的状态，有一小片区域故意未去处理，以显示反复摆弄对石碑所造成的损害。

一座倒下的方尖碑，象征着很多古埃及纪念碑和雕像的命运。它们被部分或整体运至其他国家，有几座方尖碑被带到了意大利和法国。

拯救与修复

古代埃及：毁灭还是保护？

某种程度的损毁在古代就已经出现。在新王国时期，不止一位法老在卡尔纳克进行"重建"或"修复"时，会拆除某个建筑群中部分最漂亮的建筑（如第十二王朝时期建造的"白色祭堂"，或者哈特谢普苏特的"红色祭堂"）中的大石块（当代考古学家们已经寻回一部分被重新利用或者被丢弃的石块并将其放回到原建筑中）。取自图拉的石灰岩薄石板原先镶嵌在吉萨的金字塔表面以增添其光泽，罗马人将这些石板拆除，研磨之后用以制造胶泥。中世纪的开罗居民拿走了剩下的石板。

尽管结构坚固，但就算是金字塔在19世纪也没有逃脱劫匪、盗贼和狂热的考古学家的洗劫。

然而，法老们也常常意识到其先辈所留下的建筑物的重要性。许多法老为此类纪念建筑进行了扩建（增加了出入口、塔门、石碑等），有些法老还采取措施对古老的纪念建筑进行保护。拉美西斯九世（前1123—前1104年）时期的一份报告提到了对部分先王王陵进行的正式巡视。报告中记载，到第十一王朝的一位国王建在某个特定地点的金字塔陵墓视察时发现，"金字塔倒在了上面，……刻有国王肖像的石碑矗立在墓前，……今日视察完毕，发现完好无损"。

舍易斯王朝尤其重视保护数个世纪之前的哈夫拉国王的祭祀建筑。大约公元前1060年，当底比斯的高级祭司意识到尼罗河两岸的陵墓正不断遭到洗劫时，他们决定将所有剩下的棺椁和木乃伊藏匿起来，将棺椁贴上标签，用僧侣体文字标明棺椁的主人、被重新安葬的时间，以及安葬的人员。整个"代尔·埃尔-巴赫里藏匿点"随后被封存，时间是斯门德斯国王统治的第10年，即公元前1054年。

法老们自身的文化实践有时候也有助于埃及遗产的保护。许多纪念建筑和仪式都是专门为来世的某位已故国王准备的。因此，当王朝发生更迭，新来者面临被视为篡位者的危险时，他们会关注对早期国王的记忆维持，以此宣称与早期国王的联系。这一做法在一定程度上赋予了他们持续的政治合法性。例如，第十二王朝的法老们虔诚地关注对第十一王朝法老的记忆。

勘探与挖掘

如今，埃及文物最高委员会在监督勘探与挖掘工作的同时，也在积极组织保护和修复工作。委员会的工作包括：
- 清理诸如美杜姆和卢克索等陵墓和神庙群附近的村庄。
- 将开罗博物馆中一座雕像的头部放回到位于卢克索的柱廊式"太阳庭院"中的原始位置。
- 对代尔·埃尔-巴赫里的哈特谢普苏特的漂亮神庙进行清洁与翻新。
- 偶尔向游客关闭金字塔以进行修复和清洁。

1843年，当卡尔·理查德·莱普修斯发现图坦哈蒙国王的司库马雅的坟墓时，他进行了挖掘并绘制了墓中的浮雕。1975年，一支由荷兰人和英国人组成的联合考古队对坟墓再次进行挖掘。他们每年在萨卡拉工作一个季度，寻找霍列姆海布、某位建筑师、某位音乐家的陵墓。直到1986年，他们终于发现了黄金并且再次发现了马雅的陵墓。后来，他们发现了太阳神阿吞高级祭司的坟墓，加深了我们对阿玛尔那时期文化风格的理解。他们在萨卡拉还发现了第二王朝时期一位不知名法老的陵墓。其他近期的一些保护项目包括：
- 保护提伊女王（第十八王朝）的父亲尤亚的镀金"卡腾涅齐"面具。尤亚及其妻子图尤的棺椁现在都在开罗博物馆。
- 清洁和记录几类重要的纸草书。
- 艾哈迈德·优素福·穆斯塔法修复了一艘杉木船。原船在古代被拆分成651个零件并葬在大金字塔附近的一个坑中，1954年被发现。目前，船只被罩上玻璃放在原坑展出。

拯救与修复

现代的拯救与修复

1925年，当哈佛大学的乔治·芮斯纳在吉萨工作时，他的一个同事差点儿跌入大金字塔东部一座深98英尺的竖井中。在这里，芮斯纳发现了一些埃及法老时期的王室家具。椅子、华盖和轿舆的木料已经解体，但轮廓依然清晰可辨，因为它们的外层被镀金，且有镶嵌装饰。文物管理局首席保护员艾哈迈德·优素福·穆斯塔法将它们拼接在一起。现在，家具在开罗博物馆展出，其复制品存放在波士顿美术博物馆。

阿斯旺大坝

最壮观的拯救与修复项目是由联合国教科文组织进行协调的阿斯旺大坝工程。建造的水坝实际上有两座。第一座建于1902年，因随后河水多次溢流，因此，1964年在上游四英里之处又建了一座。从1960年开始，二十四个主要纪念建筑被转移到了更安全的地方（一些小型神庙被送到了曾参与救援工作的国家那里），其中包括：

- 位于阿布·辛拜尔的拉美西斯二世神庙：连同神庙所在的悬崖面一起转移至离河仅650英尺远的地方。3000名员工参与了搬迁工作。他们将神庙分解成2000块石头，五年后在新地点将这些石头重新组合。
- 菲莱岛上的伊西丝神庙综合体：在第一瀑布之处（1—2世纪）。公元6世纪，神庙被改造成教堂。
- 位于阿玛达和卡斯尔·伊布利姆的法老神庙以及位于布罕（第十八王朝）和塞姆纳的要塞。这些古迹以及其他一些纪念建筑先是被拆分，然后转移到洪水不及的高水位之处，或者南、北方向离河谷不远的沙漠里，最后将它们分成六组，一块块、一片片地重新拼合在一起。

为了防止阿斯旺大坝所泄洪水淹没伊西丝神庙遗迹，人们大费周章地将其拆成石块后转移到新的目的地。

运往他处

罗马皇帝奥古斯特献给伊西丝的一座小石龛（公元710年变成教堂，公元1200年之后荒废）被拆分之后送往位于荷兰莱登的古代文物国家博物馆重建。

拉美西斯二世是十九王朝时期的一位伟大国王，在位66年，留下了众多建筑物。

获得修复的拉美西斯二世

在所有现代探索中，最具戏剧性的也许是1976年拉美西斯二世的木乃伊对巴黎的仪式性访问。访问期间，这位前任君主获得了仪仗队的待遇。拉美西斯二世的皮肤当时正在恶化，并且显示出真菌和感染的迹象。在巴黎人类博物馆，裹布和尸体都经过了仔细的清洗和伽马射线消毒。八个月后，一具焕然一新的木乃伊回到了他那位于开罗的现代家中。

埃及学现状

长期以来，埃及考古学一直过于强调法老及其家族的事迹。这种强调的部分原因在于，尼罗河冲积平原上未经烧制的砖块和其他城乡遗迹没能保留下来，而沙漠边缘的祭祀建筑则保留了其他考古遗址中很少出现的有机残存。另一个原因是民间手工制品一直被忽视。直到19世纪80年代，考古学家弗林德斯·皮特里才开始系统研究细小的发现，并且基于普通民众使用的日常用品发展出了一套年代测定体系。

吉萨的金字塔群和大斯芬克斯成为古代埃及的文化坐标

金石学

与处理印度的岩石铭文或美索不达米亚地区写在泥板上的楔形文字相比，记录和发布埃及的象形文字铭文要困难得多。象形文字可能会覆盖整个墓墙，并且如19世纪的埃及学者发现的那样，记录这些文字需要不俗的绘画技巧。考古学家们只能借助铅笔、纸和简单的测量工具，耐心地绘制这些铭文，并且力求忠实地复制古代的绘制风格。比如，他们用阴影表示凹陷或浅浮雕中的符号。

在神庙或陵墓里，文字具有同等的重要性，与绘画表达方式融为一体。一些符号或只言片语可以用来标明某个人的叙事场景，因此，文字与艺术是组合在一起的沟通渠道。除非知晓铭文在某个结构中的位置，并且能够辨别结构中的绘画或浮雕，否则，我们很难充分理解这些铭文的含义。结构本身可能是在很长一段时间内建构起来的。

20世纪早期虽然出现了照相技术，但如果拍摄对象的表面反光或者有污渍，照片上的符号就不够清晰可辨。另外，一篇铭文可能很长，需要拍摄多张照片。因此，仍有必要参照彩色照片来绘制摹本。很少有人能成为造诣颇深的埃及学家，这并不奇怪。

重心转移

皮特里从1880年开始在埃及工作。他一方面确立了一套精确测量大金字塔的方法，另一方面对诺克拉提斯、哈瓦拉、卡呼恩以及泰尔·埃尔-阿玛尔那等定居点进行了挖掘。皮特里在许多方面取得了新的突破。首先，他不再关注宏伟的纪念建筑，转而挖掘普通定居点，并且仔细搜罗所有的人工物件，而不是仅仅关注博物馆和赞助商会感兴趣的主要物品。其次，在涅伽达和阿拜多斯早期遗址的田野工作中，他发展出了一套分类和排序的方法，并且测定出了各个墓葬的相对年代。

然而，就算是皮特里这样的考古学专家也会有一些失误。在卡呼恩进行考古挖掘时，他将偶然发现的一些废船的木材（这些木材在建造第十二王朝法老塞索斯特里斯二世的金字塔期间曾用于坡道建设）用来建造自己的营房。对此，他也没有觉得有什么不妥！

正在干活的劳动者模型，这样的个体或群体模型制作十分常见。

放射学调查

19世纪晚期的一些业余爱好者打开木乃伊并研究骨骼是为了寻乐。从20世纪60年代开始，对木乃伊的大多数调查都不是破坏性的，并且使用最初由现代医院发展起来的技术，其中包括：

- 放射学或X射线
- 使用CT或CAT（计算机轴向断层成像技术）进行全身影像扫描，无需解开亚麻绷带即可截取横断面。

古代大量使用防腐的泡碱确保了细小的软组织得以存留（用于DNA鉴定），但是，研究人员在对尸体进行检查之后发现了肺结核、天花、麻风病、疟疾、关节炎，以及常年存在的绦虫、几内亚龙线虫和血吸虫问题。

埃及的经验

泰尔·埃尔-阿玛尔那

在泰尔·埃尔-阿玛尔那，考古学家试图验证他们从文献和写实艺术中得出的关于经济运作的推断。人们通常认为，为国王或神庙工作时，工人的生存资源主要由政府部门提供。因此，考古学家试图确定泰尔·埃尔-阿玛尔那的工匠所消费的肉类是自己生产的还是由政府提供的。他们在阿玛尔那城区发现了一些泥砖建造的猪圈，并且确定了该处的猪骨头骨龄不一，雌雄兼有。由此可以推断，猪是工匠自己养的。与此相反，牛骨的类型单一，只来自牛身体的一个部位，表明牛肉配给由国家系统提供。与此同时，这一居民点的其他文化层面，如玻璃制造技术等，也得到了实地的研究。

卡斯尔·伊布利姆

该遗址位于纳赛尔湖畔。异常干燥的土壤使毛发、纤维、布料、纸莎草、纸张、绳索、木材和其他材料保存完好。在对这个长期定居点进行挖掘的过程中，考古学家们就某个聚居点如何随时间推移而累积成土丘的过程有了许多重要发现。

吉萨

这里离大金字塔不远。挖掘工作集中在工人的生活区和附近的一个墓区。考古学家发现了一处大型烹调和烘焙场所。他们研究了动物的骨骼，并且对植物材料进行了浮选。令人惊讶的是，这里还出现了冶炼铜的明确证据：矿渣、木炭和小熔炉。

韦斯特·达赫拉

考古学家在这座难得一见的古王国时期的村落里收获到了陶器、石器和植物残存。

赫利奥波里斯（开罗）

2006年，考古学家在拉美西斯二世为太阳神拉建造了一座巨大神庙的地方进行挖掘。他们发现了一些破损的巨像，其中包括身穿豹皮的拉美西斯的雕像。这座雕像可能是第十二王朝时期的某位法老的，拉美西斯只是简单地做了修改。

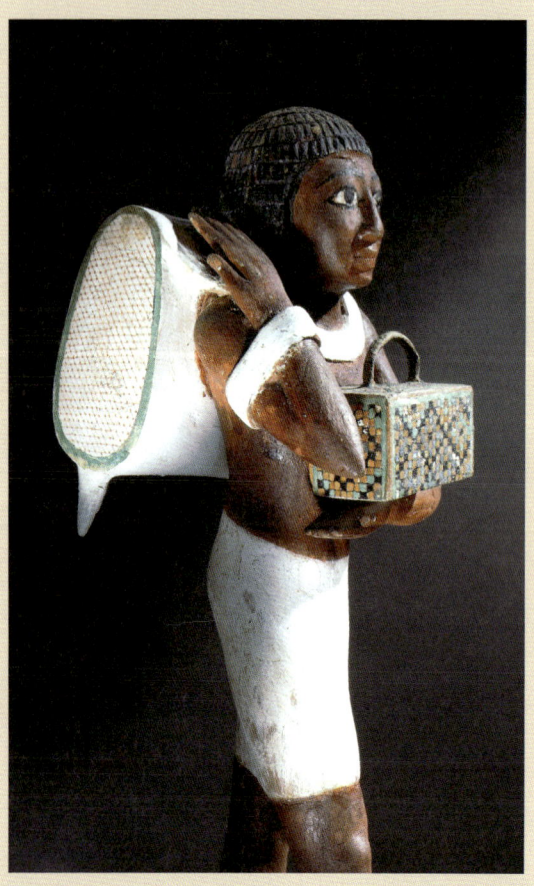

背着背包、捧着箱子的男子塑像。

古埃及研究机构

埃及国内

1. 开罗法兰西东方考古研究所 (Institut Français d'archeologie orientale du Cairo)
37 rue el-Cheikh Ali Youssef BP Qasr al-Ainy 11562, Cairo

2. 卡尔纳克法国-埃及神庙研究中心 (Centre Franco-Egyptien d'Etude des Temples de Karnak)
63 BP Luxor

3. 德国考古研究所开罗分部 (Deutsches Archaologisches Institut, Abteilung Kairo)

4. 荷兰佛莱芒研究所 (Netherlands Flemish Institute, or NVIC)
1 Mahmoud Azmi Street, Cairo

埃及之外

1. 大英博物馆 (British Museum)
Great Russell Street, London WC1B 3DG, United Kingdom

2. 埃及中心 (Egypt Centre)
University of Wales, Swansea, Singleton Park, Swansea, SA2 8PP, United Kingdom

3. 埃及探索协会 (Egypt Exploration Society)
3 Doughty Mews, London, WC1N 2PG, United Kingdom

4. 牛津格里菲斯研究所 (Griffith Institute, Oxford)
Sackler Library, 1 St. John Street, Oxford, OX1 2LG, United Kingdom

5. 麦克唐纳考古研究所 (McDonald Institute for Archaeological Research)
University of Cambridge, Downing Street, Cambridge, CB2 3ER, United Kingdom

6. 芝加哥大学东方研究所 (The Oriental Institute, University of Chicago)
1155 East Fifty-eighth Street, Chicago, Illinois 60637, United States

除上述机构之外，美国、意大利、比利时、奥地利、加拿大、瑞士和澳大利亚的一些学术机构也拥有埃及学研究项目。

古埃及研究期刊

《卡尔纳克手册》(Cahiers de Karnak, 开罗，法国-埃及中心)

《埃及考古学杂志》(Journal of Egyptian Archaeology, 开罗大学考古学系；以前由伦敦的"埃及探索协会"主办)

《德国考古研究所开罗分部通讯》(Mitteilungen des Deutschen Archaeologischen Instituts, Abteilung Kairo, 开罗)

《埃及编年史》(Chronique d'Egypte, 布鲁塞尔)

《埃及学杂志》(Revue d'Egyptologie, 鲁汶和巴黎)

《建筑研究与古代研究文集》(Beiträege für Bauforschung und Altertumskunde, 威斯巴登)

《埃及与周边地区考古杂志》(Zeitschrift für Ägyptische Archäologie und deren Nachbargebite, 维也纳)

参考书目

芭芭拉·亚当斯、K. M. 夏洛维奇,《早王朝时期的埃及》,里斯伯勒王子城:夏尔出版社,1997年。

西里尔·艾尔德雷德,《埃及人》(第3版),伦敦:泰晤士与哈德逊出版社,1998年。

迪特·阿诺德,《古代埃及的建筑:法老的石工》,纽约:牛津大学出版社,1991年。

简·阿斯曼恩,《寻找古埃及的神灵》,D. 洛顿译,伊萨卡:康奈尔大学出版社,2001年。

亚历山大·鲍德威,《埃及建筑史》,伯克利:加州大学出版社,1968年。

克劳斯·巴尔,《古王国时期的分层与头衔》,芝加哥:芝加哥大学出版社,1960年。

约翰·贝恩斯、J. 马莱克,《古代埃及地图集》,牛津:牛津大学出版社,1980年。

阿兰·K. 鲍曼,《后法老时期的埃及》,伦敦:大英博物馆,1986年。

J. H. 布雷斯特德,《埃及的古代记录:历史文献》(共5卷),芝加哥:芝加哥大学出版社,1906—1907年。

卡尔·W. 巴策尔,《埃及早期的水利文明》,芝加哥:芝加哥大学出版社,1976年。

J. M. 库克,《波斯帝国》,伦敦:JM Dent 出版社,1983年。

A. R. 戴维德,《古代埃及金字塔的建造者》,伦敦:鲁特利奇与开根·保罗出版社,1986年。

I. E. S. 爱德华,《埃及的金字塔》(修订版),哈默兹沃斯:企鹅出版社,1985年。

I. E. S. 爱德华、C. J. 盖德、N. G. L. 哈蒙德编,《剑桥古代史》(第3版),第I、II卷,剑桥:剑桥大学出版社,1970年。

R. O. 福克纳,《古代埃及亡灵书》,伦敦:大英博物馆,1985年。

阿兰·加迪纳,《法老的埃及》,牛津:克拉伦登出版社,1966年。

希罗多德,《历史》,A. 德·塞林科特译,A. R. 伯恩修订,哈默兹沃斯:企鹅出版社,1977年。

麦可·A. 霍夫曼,《法老之前的埃及》,纽约:多塞特出版社,1979年。

南茜·简金斯,《金字塔下的船》,伦敦:泰晤士与哈德逊出版社,1980年。

D. 琼斯,《船》,伦敦:大英博物馆,1995年。

巴瑞·坎普,《古代埃及》,伦敦:鲁特利奇与开根·保罗出版社,1989年。

米里亚姆·利希特姆,《古代埃及文学》(3卷),伯克利:加州大学出版社,1973—1980年。

A. 卢卡斯,《古代埃及的材料与工业》(第4版),J. R. 哈里斯修订,伦敦:爱德华·阿诺德出版社,1962年。

保罗·T. 尼科尔森,《埃及的彩陶与玻璃》,里斯伯勒王子城:夏尔出版社,1993年。

E. D. 奥兰,《喜克索斯人:历史与考古新视野》,费城:大学博物馆,1997年。

R. 帕金森、S. 科尔克,《纸莎草》,伦敦:大英博物馆,1995年。

R. 帕金森,《来自古代埃及的声音》,诺曼(俄克拉荷马州):俄克拉荷马大学出版社,1991年。

马腾·瑞文、韦本·塔科尼斯,《埃及木乃伊(莱登博物馆)》,蒂伦豪特:布雷波利斯出版社,2005年。

D.B.雷福德,《牛津古代埃及百科全书》(3卷),纽约:牛津大学出版社,2001年。

盖伊·罗宾斯,《古代埃及的艺术》,剑桥(马萨诸塞州):哈佛大学出版社,1997年。

拉什迪·赛德,《尼罗河》,牛津:培格曼出版社,1993年。

杰克·萨森编,《古代近东文明》(4卷),纽约:查尔斯·斯克里布纳出版社,1995年。

伯恩德·希尔,《埃及的金属加工与工具》,里斯伯勒王子城:夏尔出版社,1989年。

伊安·肖编,《牛津古代埃及史》,牛津:牛津大学出版社,2000年。

阿尔伯托·西里奥提,《古代埃及的发现》,开罗:开罗美国大学出版社,1998年。

A.J.斯班瑟,《尼罗河河谷文明的崛起》,伦敦:大英博物馆,1993年。

弗兰西斯科·蒂拉德里提,《古代埃及:艺术、建筑与历史》,伦敦:大英博物馆,2002年。

布鲁斯·特里格、B.J.坎普、D.B.奥康纳、A.B.劳埃德,《古代埃及:一部社会史》,剑桥:剑桥大学出版社,1983年。

乔伊斯·泰尔德斯雷,《涅菲尔提提:埃及的太阳王后》,伦敦:企鹅维京出版社,1998年。

——.《女王哈特谢普苏特》,伦敦:企鹅出版社,1998年。

——.《法老们的私人生活》,伦敦:企鹅维京出版社,2000年。

——.《埃及:重现失却的文明》,伦敦:BBC丛书,2005年。

E.尤菲尔,《埃及的城镇与城市》,里斯伯勒王子城:夏尔出版社,1998年。

S.文森,《埃及的船只》,里斯伯勒王子城:夏尔出版社,1994年。

芭芭拉·沃特森,《古代埃及的妇女》,伦敦:萨顿出版社,1991年。

A.威尔金森,《古代埃及的珠宝》,伦敦:梅休因出版社,1971年。

I.沃尔德林,《埃及的艺术》,伦敦:泰晤士与哈德逊出版社,1967年。

词汇表

巴：人死后以人首鸟身形象呈现的人格或灵魂，能穿过坟墓飞往来世。

奔奔：据说是在创世时期形成的原始土丘。

亡灵书：新王国初期形成的古代丧葬文本与符咒，部分源于早期的"金字塔铭文"和"棺椁文"。"亡灵书"刻于坟墓和棺椁上或者放在死者身旁，为他们的来世生活提供指南。

"卡诺皮克"罐：存放经过防腐处理的内脏器官（胃、肝、肺、肠）的四个容器。这些器官在木乃伊制作之前从尸体上移除。第十九王朝之后，卡诺皮克罐的盖子采用了不同的形状且与神灵联系在一起：人头形盖子的罐中存放肝，狒狒形的罐中存放肺，狼首形的罐中存放胃，隼头形的罐中存放肠。

卡腾涅齐：经石膏灰泥硬化的多层亚麻布或纸莎草纸。表面通常有彩绘。

王名框：写有王名（偶尔写有神的名字）的椭圆形装饰框，据说可以提供象征性保护；王名框也用于装饰家具或其他物件。

棺椁文：从早期的"金字塔铭文"发展而来的丧葬铭文，中王国时期写在棺椁上。

强制性徭役：为君主提供免费劳动的义务。

祭庙：为供奉神灵而设计的标准宗教建筑，只有祭司才可进入，通常建在尼罗河东岸。

戴斯瑞特："红土地"，指贫瘠的沙漠地区。

假门：在坟墓中，死者的灵魂在现世与来世之间穿梭、享用墓中所供祭品的通道。

陵庙：通常建于尼罗河西岸，用于为死去的法老举行纪念仪式的宗教建筑。

象形文字：来源于希腊语"神圣的雕刻"，古代埃及用于正式场合的图画文字，主要刻写在坟墓和神庙的墙壁上。

多柱式大厅：密集排列着巨大石柱的神庙大厅。

卡："灵魂"或生命的精气，是与人一同出生的影像，在人死后继续存在，依靠生者提供的食物和其他供品维持生存。

凯麦特："黑土地"，指尼罗河两岸的沃土区。

马斯塔巴："长凳子"，用以描述建在地下墓室上方的泥砖坟墓建筑，后来发展成金字塔。

奈米斯：法老所佩戴的一种黄蓝色条纹相间的头巾，通常在头后扎成马尾状。图坦哈蒙的黄金死亡面具上的奈米斯最为有名。

诺马尔赫：埃及42个诺姆的本地总督（州长）。

诺姆：来源于希腊语，指埃及的42个州。其中，上埃及有22个州，下埃及有20个州。

方尖碑：自下而上逐渐变窄的单体巨石柱，顶部呈锥形，外表镀金以反射阳光，通常成对置于神庙附近，表面刻有大量铭文。

开口仪式：葬礼中最重要的仪式，由法老的继承人或葬礼祭司象征性地代表阿努比斯神主持，使用咒语和器具作用于木乃伊，使其恢复意识。

欧派特节：每年在卢克索神庙举行的庆祝活动，目的是通过与阿蒙神的秘密会晤来恢复法老的权力。

陶片：古代埃及用作书写材料的陶器或瓷器碎片。

纸莎草：下埃及的标志性植物。将纸莎草的芦苇状茎秆剖成薄片且分层叠放、压制后可以制成像纸一样的薄片，以供书写。

法老：对埃及国王的称呼。源自古埃及语中的"宫殿"一词，意思是"大房子"。

塔门：带斜坡的高大门户，构成神庙的入口。

金字塔铭文：古王国晚期刻在金字塔墙壁上的丧葬铭文，仅限于王室使用。

石棺：源于希腊语，意为"吃肉"，指用来放置木乃伊及其木制棺材的大型石棺。

圣甲虫：这种神圣的粪甲虫被人们认为能像它推动粪团滚过地面一样推动太阳圆盘穿越天空。

塞德节：为庆祝王权更新而举办的宗教典礼，通常在一个国王统治了30年之后举行。

萨拉皮姆：位于萨卡拉的庞大地下墓穴网络。阿匹斯公牛被安葬于此。后来，萨拉皮姆与托勒密的神灵萨拉皮斯联系在一起。

塞尔达布：源自阿拉伯语中的"地窖"一词，指马斯塔巴坟墓中用来放置死者雕像的狭长小室。供品是向雕像供奉。

塞拉赫：埃及王权的一个早期象征符号，以王宫形状表示。

沙布提（巫沙布提）：与死者同葬的一些陶俑。在来世，它们将代表主人生前的仆人听从召唤，从事任何形式的体力劳动。

沙杜夫：一种简单的手动操作的杠杆，在横杆长长的一端绑上皮囊或水桶，用来提水灌溉。

太阳船：太阳神拉遨游太空时乘坐的船只。现实世界中的太阳船被葬在金字塔附近，供法老的灵魂使用。

碑柱：石头、木料或灰泥制成的厚板，通常用于丧葬、纪念或祈愿。祈愿碑上刻有感恩的祷文或者希望从某个钟爱的神灵那里寻求恩惠。丧葬碑为死者提供了一扇象征性的门户，使其能从今生前往来世。祈愿碑以死者在神前的场景装饰。有些碑柱被认为具有治疗功能。

乌加特（瓦杰特）之眼：别名为"荷鲁斯之眼"的乌加特或瓦杰特被描绘成人的眼睛和眉毛的样子。它象征着传说中的荷鲁斯为了给死去的父亲报仇，在与塞特搏斗时失去了左眼。智慧与魔法之神托特找到了已被损毁的眼睛残片，将其重新组合成一轮圆月。乌加特之眼是保护的象征。

蛇标：眼镜蛇女神瓦杰特的化身。王室成员将其佩戴在前额上方可以象征性地向敌人的眼睛喷射火焰，从而达到保护自己的目的。

瓦底：季节性河流的干河床。

称量心脏：由奥西里斯担任判官，以玛阿特之羽称量死者心脏的仪式。如果罪孽很少或者没有罪孽，此人便被认为值得进入来世；如果罪孽深重，心脏便会被冥界的怪物吞噬，死者会被永远打入地狱。

韦塞赫：具有保护价值的装饰性衣领，由黄金、宝石和金属制成。从第十八王朝开始，它被当作一种荣誉的标志授予官员、显贵和士兵。